店舗設計製図講座

大橋正明 著

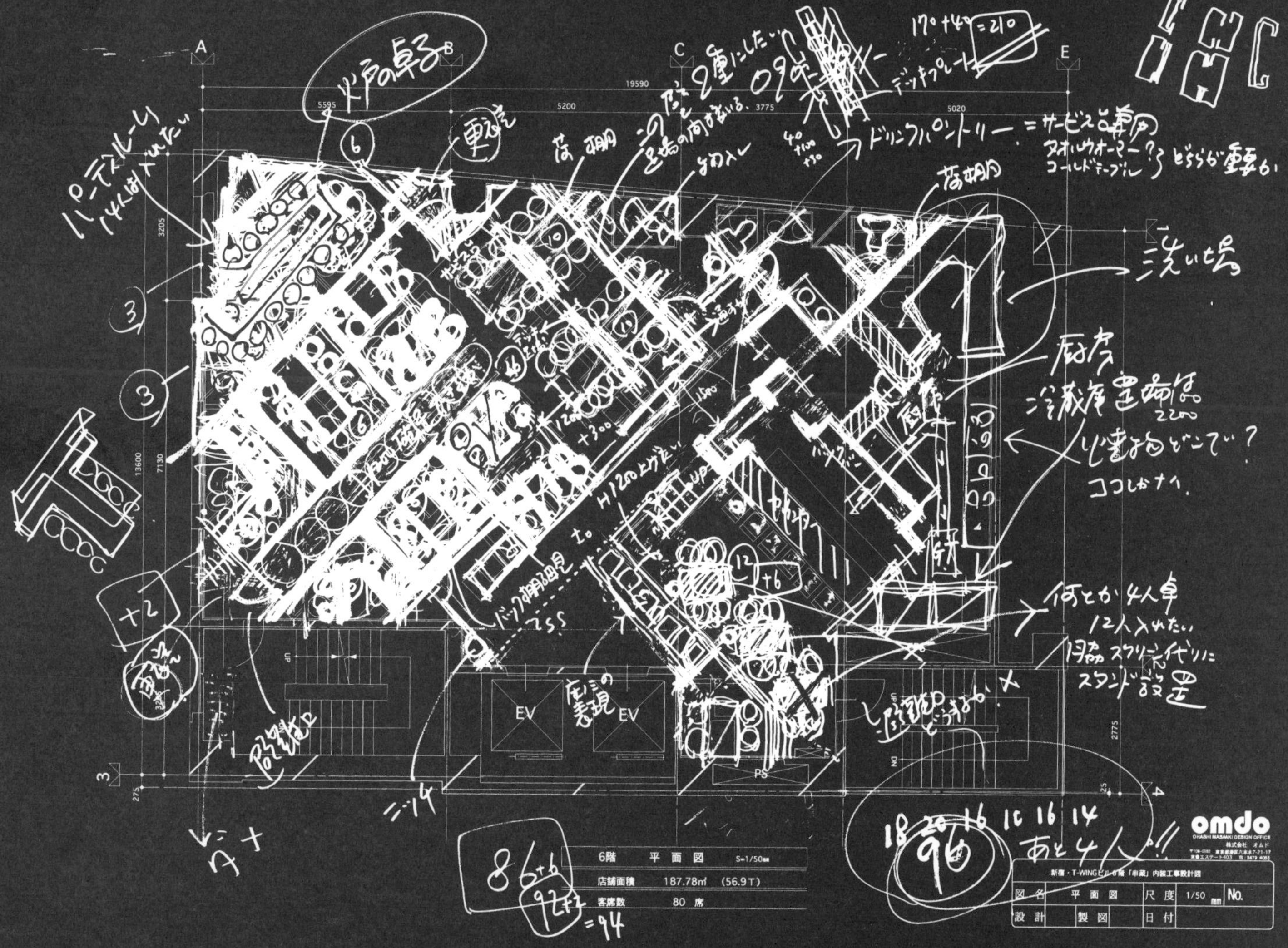

Contents

序にかえて	004

第1章　ショップインテリア／設計製図の基礎知識

a) 縮尺の意味・エスキースのとらえ方	008
b) 設計図の意味・何のために描くのか	010
c) 作図表現、製図表示図例	012
d) 製図法・図面の種類と役割	018
e) 設計製図、作図の順序	026

第2章　ショップインテリア／設計製図の計画知識

a) 店舗の用途施設とその機能	030
b) 躯体把握と現場調査と計画	033
c) 計画から引き渡しまで；設計整理	035
d) 厨房スペースと客席とのバランス	037
e) 計画設計と実施設計	040
f) エレベーションの実現性	043

第3章　ショップインテリア/平面・空間計画の実践

- a) ゾーニングの基本；ゾーニングエスキース　048
- b) 中小および大規模店のカウンターによる分類　051
- c) 客席の基本形とバリエーション　061
- d) バックヤードの考察　066
- e) 色仕様、そのタイミングと押さえどころ　068

第4章　ショップインテリア/各部機能のデザインの実践

- a) ファサードの印象、導入アプローチ　072
- b) アプローチから客席へ、店内動線の考え方　076
- c) 建具デザイン、間仕切りデザイン　078
- d) 箱物家具、造り付け家具　084
- e) キャッシャーカウンターの考察　090
- f) 照明計画と照明配灯　093
- g) 個室・個室化の考え方　097
- h) トイレ・化粧室の考察　101
- i) カウンター席考察　105

第5章　ショップインテリア/設計作業の関連知識

- a) 事前計画とスケジュール立案　110
- b) 設計着手時の問題点　113
- c) 厨房設備の条例と問題点　115
- d) 見積書のチェックと仕様変更　118
- e) デザインの安全性と素材の決め方　121

資料編

- 設計・施工に使われる実戦的専門用語＆現場用語　124
- 合板の規格寸法　135
- 木材の規格品と木取り法　136

コラム

- 検図にやりすぎはない　025
- インテリアの壁、入り隅と出隅　050

序にかえて

1982年吉瀬宗直氏著、別冊商店建築12『店舗デザイナーのための設計製図入門』からは25年、さらにそれを引き継いで、1993年7月30日にこの書の前身である別冊商店建築67『店舗設計製図チェックポイント』を著した。それから14年、それ以前に比べて、すっかり店舗設計の環境も変わり、手描きだった時代から、現在のようにCADで作図が当たり前の時代になったが、その当時は思いもよらなかったことである。いや、いずれそうなるだろうとは思っていたが、コンピュータの津波は予想以上に早く押し寄せてきたという感がある。今ではCADでなければ夜も日も明けない。図面の相互のやり取りもままならない。設備設計との関連でのメールのやり取りもCADだからこそ可能なこと。空調換気計画だけではない。給排水衛生、照明配灯から厨房計画まで、設計された図面を設備の担当者に投げかけられないことになる。各設備の担当者が、そのつどトレースして描き起こしていては、手描き時代の労力を強いることになり、むしろ時間がかかり過ぎるだけでなく、間違いのもとにもなる。その点では、速さだけでなく、正確性についてもCADの時代の恩恵を受けていると言える。

一方では、常に新しいオリジナルなデザインが主流で、同じものはないと思っていたのに、意外に同じ客席構成や同じ機能など、あるいは過去の厨房のスペースと比較すると…という、その差を瞬時にコピーペーストで判断できるのもCADならではである。同時に、今までの手描きでは、計画設計のあと、実施設計に移ると最初からの描き直しが当然であったのに、CADでは計画設計のプランを基に加筆修正を重ねることで、実施設計の平面図ができるという、まさに正確なるがゆえに、時間の短縮を図れるというのもその効用のひとつである。

極端に言えば、手描きで3日かかっていたのが1日で出来るというのもあながち誇張とは言えない。もっとも、仕事として経験則という実績や、過去の図面の積み重ねがあってのことで、それだけのデータがない新人では望むべくもないことだが…。

ある日、授業の合間に学生と歓談していたとき、彼らが手描の図面に憧れているという話が出た。留学生を含む5人の学生だったが、彼らは同時に異口同音に「CADはつまらないんです」と言う。一生懸命描いた割には、その努力が独自のものとして図面に反映されないのがその理由のようだった。つまり、それが彼らが「手描き」の図面に憧れる理由でもある。確かに手描きの図面は、描き手の人格が滲み出ているものと捉えることが出来るから、彼らの手描きへの憧れは個性への回帰願望であろう。

彼らが、著名な建築家の展覧会に好んで出かけると聞くが、それも手描きの図面に直に触れたいがためで、そういう図面を見るとその人に敬意を払ってしまうとのこと。

そのように学生が感じていることに驚くというよりも、つい最近までの手描き図面が、今や遠い過去のものとなっているという現実に突き当たる。

また、月刊商店建築誌の編集者から、昔は掲載するための図面を見ただけで、誰の図面か識別できたという話を聞くに及んでは、現代が如何に個性埋没の時代であるかということを、改めて感じないではいられなかった。とは言え、パソコン万能で、ノウハウやデータの共有化が当たり前の時代である今、デジタル化で根底から価値観が変わるのは、何も設計手段のみに限らないが、あまりに早い変わり身を冒頭の「津波」の速さという表現で喩えたわけである。

クライアントに対しても、その変化は如実に現れている。計画設計での打ち合わせの変化は、変更による修正後の図面などはいちいち出力して図面を持参し、提示説明する前に、メールで図面やパースを送って確認を求めるということが日常茶飯事である。パースなど、クライアントの会社のデジタルカラーコピー機の方が綺麗に出力できたりする。催促の電話に対しては、少し前までのように、今荷台に積んでいるところですとか、たった今出たところですとか、蕎麦屋の出前持ちのような言い訳は利かない辛さがあるとはいえ、打ち合わせの往復に要する時間に比べれば、この程度のことは小さなことである。メールで送った図面に対しての返答や要望は、ファックスなりメールで送られてくるわけで、そのためのソフトなどのアプリケーションは、クライアントと共有することにもなる。もっともこのような例は、それなりの規模を持ったクライアントの場合に限るのかもしれないが…。

以前は、図面のノウハウの流失とか、原図の著作権認識の希薄さが問題であった。しかし昨今では、情報の共有化が不可欠となり、また仕事の量やスピード、か

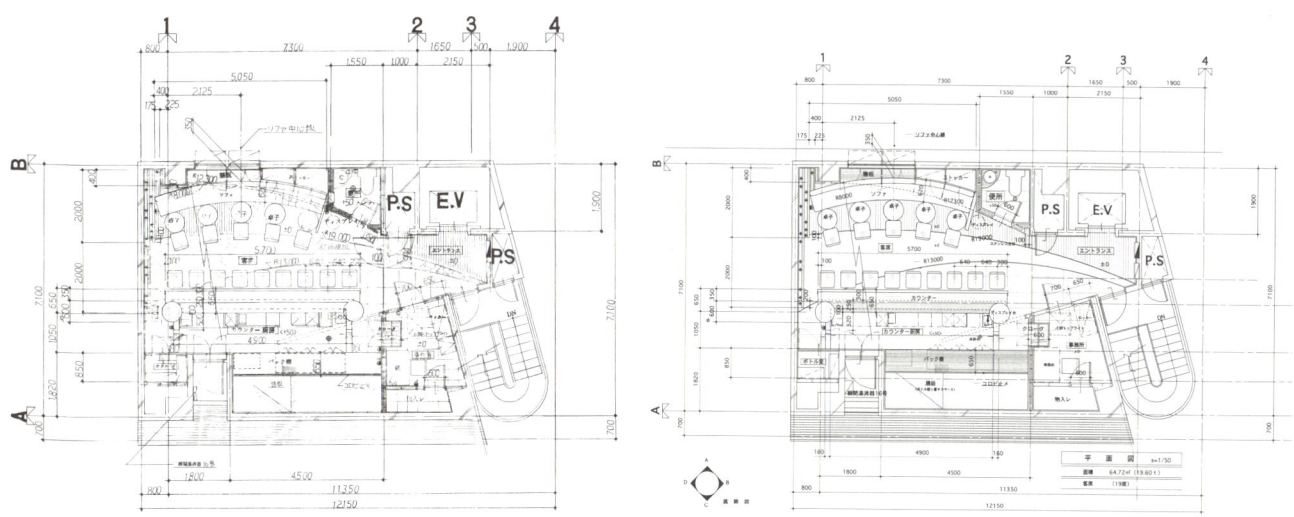

1993年頃の手書きの図面　　　　　　　　　　　　CAD化の必要性から起こした図面

つ進捗変化の激しい専門分野の知識、情報の収集確立などの必要性は、単独で出来る限界を遥かに超えることが多くなっているから「認識の問題」という視点も自ずと変わってこよう。

出力した図面でなく、データで欲しがる各業者が悪用しないとは言い切れないことも事実だが、ノウハウの流失を危惧するよりも、新しい情報や専門の知識などを吸収することが如何に大切かという考え方のほうが、コンピュータ時代の発展、スピードについていけるということであろうか。原図というオリジナルな図面がどれであるかより、日付の新しい方が、加筆された図面として大事であるという、そのくらい変更修正が簡単に行えるということに、CAD化の便利さと同時に恐ろしさが隠れているような気がしてならない。

今や「原図」という言葉は死語に成りつつある。それは、遅かれ早かれ「決定図」はどれかという言葉に取って代わるであろう。

思えば、1993年は、バブル崩壊の翌年の不況の真ったた中であった。飲食店舗の環境も、その年から急に女性対象として狙いが変わり、一方で安かろう、悪かろうの「もつ鍋屋」が流行ったり、折からの古材ブームもあって、モダンなシンプルなデザインより、趣味性を打ち出した何々風的な女性主流の店舗が多くなり、デザートやスウィーツの店がもてはやされた頃である。素材も本物志向で、無垢の板でなければという一方で、大理石や御影石などの贅沢さの象徴のような材料には見向きもされなくなり、メンテナンスフリーの良さがあったにもかかわらず、むしろ使い古された良さが見直されたりといった、混沌とした目標の定まらない時代となった。しかし、それでも建築製図とは少なからず異なる、ショップインテリアの製図という書籍は少なかった。当時の話であるが、ある時、若いビストロの経営者が、私の著した本の内容や設計手法に共感を覚えたからと言って、相談に来られたことがある。既に設計を依頼した人がいたのだが、その図面の内容が腑に落ちない。何が問題だったかと言えば、この人の現場のビルをよく調査しなかったとみえ、小梁のある位置に専用階段を設けたり、ダムウエーターの位置を大梁の存在を無視して壁沿いに設置したり、素人の経営者でも分かる図面に信用が置けなくなりました、という話であった。

この若い経営者の疑問も然りで、ショップインテリアとは、設計者がその店にどれだけの想いが込められるかというような、何か大事なことを忘れていたのではないか。相手をよく知らなくてどうしてこの店の存続を図れようか。相手、すなわち現場への認識が足りないというのはプロ意識の欠如ということに他ならない。物事が思いどおりにいかないのは、何も人の気持ちだけではない。モノづくりで思いどおりにいくと思うのは、思い上がりも甚だしいと言わざるを得ない。現実を十分把握してこそ、現場の器を熟知してこそ、ぎりぎりの範囲で実現化を追求するという意味を悟るべきである。

建築を人間の着る洋服に喩えるならば、店舗の設計は、キメ細やかな、肌に直接触れる肌着である。暑さ寒さに敏感で、生地の柔らかさ、汗の吸収率など風邪を引かない快適さは、ショップインテリアの分野であると喩えることができる。むしろそのような複雑さは、生

活の動きのインテリアと同様に感じられるが、住宅設計とはまた違った問題点を抱えていると言えるのは、絶えず新しい空間の提案が必要というサイクルの短さがあるからである。店舗の寿命が短いのではなく、その存在は、大衆にもてはやされるかどうかにかかっているからである。流行ればいつまでも永らえるのに、流行らなければ明日をも知れない身となる。儚さもあるが、華もあるというのがショップインテリアの良さである。現実に、撤退した後の新しい業態の改装に何度立ち会ったことか。1993年に私がある店舗を設計したが、その後経営者が変わり、その新しい経営者の下で、自分の過去に設計したこの店のリニューアルを、2006年に依頼されるという皮肉な経験もある。さすがに全部壊すということは忍びなく、生かすところはうまく生かして、自分の設計だけに設計図書も残っており（ただし手描きの図面をCAD化する必要はあったが）、設計しなおすという形で再びリニューアルということが出来た。

今回、前設計を見直してみて思い出すのは、リカバリーの経緯ばかりである。そもそも設計に失敗という言葉はない。設計ミスはあってはならない。分かっていればこんなことにならなかった。設計は、いろいろな段階を踏んで前に進む。ゆえに、事前に設計の手直しができるチャンスは何回かあるということである。かりに間違いに気づいたとしたら、あるいは、現場で工事上のミスを見つけたとしたら、そこにこそ設計者としての実力を推し量ることができる。設計の最後の砦は、リカバリーである。工事中にもしものことが起こった時に、どのように対処したら、最初から予定していたかのようなデザインに仕上がったと人に思わせられるか。ひょっとしたら、失敗が成功の元というのではないが、リカバリーによって当初の設計より良くなるという経験は決して少なくはないのである。

リカバリーデザインという言い方ができるとしたら、リカバリーすべき何かのミスは、自分のミスだけとは限らない。他人のミスであっても、やり直すことのダメージより、そこに何かを付け加えることによる別なデザインを発想するとか、設計手法の考え方を変えるといった方がいかに大事なことか、むしろその方が修復に対して協力を仰ぐことができる。いずれにしても、いち早くミスに気づくためには、足繁く現場に通うことなのかもしれない。

本書は、製図以外にも、設計の実務ということにその一つ一つを初心者対象で書き著したものである。その技術や知識、そしてそのノウハウなどについて、これから商業施設のデザインを学ぶ人はもとより、現役のデザイナーの方々にも、実戦に役立つ本として、またおぼろげな内容を再確認の意味を込めて手に取っていただければありがたいと改めて思う。

本書は、通常の製図法だけでなく、実戦に即して、今まで曖昧だった設計の実務についても言及したつもりである。例えば「予算オーバーについて」「見積書のチェック」「仕様落としについて」「事前スケジュール」「何から取り掛かればいいのか」「用途施設とその機能」「現調について」「デザインの安全性」など、その上、初心者が戸惑う事柄や、専門用語についても、これを丹念に読んでいただければ大方の自信がつくことと思う。新人の質問の多くは、この「自信がつく方法は何か」ということであるが、設計者は、若かろうが新人だろうが、現場からは質問攻めに合うのが当然で、ベテランなら即答できるのに、新人なるが故に、事務所に戻って所長に聞いて返事しますというのでは信用がた落ちである。

本書は、言うなれば新人の強い味方であると自負する。実際のショップインテリアの作図法として、実例の図面も加えてあるから、設計製図の入門書としてお役に立てていただければ望外の幸せというものである。

今にして思えば、まだまだ語り尽くせないことも多々あるが、モノづくりの意識が正確な、そして整合性のある図面によってより良く語られることを望んでやまない。

大橋正明（おおはしまさあき）
2007年3月

協力者／古沢法子　二川みづ来　植松京子

参考文献
『店舗設計製図チェックポイント』大橋正明 著　商店建築社刊1993年
『店舗のディテールVol.4 Vol.5 Vol.6』大橋正明 監修　商店建築社刊1997年
『アプローチ＆エントランス』　商店建築社刊2005年
『ダイニングバー＆居酒屋』大橋正明 監修　商店建築社刊2002年
『建築製図』冨塚信司編　実教出版社1990刊年
『建築・インテリアの製図』三川栄吉著　彰国社1991刊年
『インテリアデザイン教科書』教科書研究会　彰国社1993刊年

1 ショップインテリア｜設計製図の基礎知識

a｜縮尺の意味、エスキースのとらえ方

縮尺は小人の世界

私は図面を折りたたむことが好きではない。丸めて持つか、広げたままのサイズが入る鞄で持ち歩く。同じ丸めて持つにしても丸まった癖がつくと扱いにくいことも事実。むしろ私は通常と反対に最初から表を外側にして丸める。そうすれば、広げるとき、癖を取るために逆に丸めなおしたりしなくても、広げて押し付けるだけですむからである。

何故折りたたむのが嫌なのか、それは縮尺で描いた図面は何ミリかのズレがあってもその差は大きく、三角スケールを分一（scale a drawing）で当てると折り目のせいで正確に寸法を読み取れないとか、折り目が邪魔をしてそこに表現した内容の理解度に影響すること、さらには食べ物でいう「鮮度」が落ちることが問題なのである。「鮮度」とは、折り目のない出来上がったばかりの真新しい図面のことである。設計者・デザイナーが描き上げた図面を最初に見せる対象者＝クライアントに対し、折り目のない真っさらな状態で見せたいという敬意の現れである。

新鮮な気持ちで「縮尺の世界」に入り込んで欲しいという私＝設計者の意図と言えよう。

縮尺の世界はいわば小人の世界である。一枚の紙の上に空間の広さや三次元の立体を表現することができるのは「縮尺」のお陰である。人間のスケールを超える大きな空間を1/20、1/50、1/100といった縮尺比率で現すのでどんなスペースでも掌の内にできる。

A2のサイズの紙の上では1/50の縮尺なら600m²＝180坪の広さまで現すことができる。同じく1/100なら6000m²、1800坪である。広さが一目で見渡せるということは、50mや100mの高みから見下ろす世界ということになり、まさに上空から俯瞰の効く目でそのスペースの有効性を図るというまさに神がかり的視点ともいえよう。

現実の世界でいえば、今立っている人の目の前の壁の向こう側は、何がどうなっているのか分かるわけがない。上下階層についても床下のことや、天井の上について予測すら立たない。しかし縮尺の世界では、上空から透視眼で見て周りの関係を新たに構想したり計画したりする。それが設計やデザインという行為である。三次元の建物や空間の全体構想を縮尺比率の点や線に換えて「図面」で二次元の平面図上に置き換えて表現する。上から見下ろした図、見上げた図、横から見た図などでひとつの構築された空間を知ることができるように描き現す。それが、平面図であり、天井伏図、展開・断面図・立面図という種類に分かれた縮尺の図面である。イメージの伝達にはスケッチやCG、模型という方法があるが、有効かつ正確な制作に必要な伝達手段としては、現在のところ縮尺で寸法とバランスを表現できる図面に勝るものはない。

エスキースとは手を動かすこと

とは言っても、即座に1/50の世界でこれがどのくらいの広さなのか分かってエスキースすることは最初からはできない。エスキースはフリーで描いてこそで、やはり何かの大きさの目安があって、その対象との比較で寸法をとらえて、時々1/50の目盛りのスケールを当てる確認作業をすることで進めていくと次第に慣れてくる。

かりに1/20や1/30に変わっても、そのつど同じ方法でその縮尺に早く慣れて寸法感覚を育ませることである。

ショップインテリアの空間把握の目安にちょうどよいのは椅子である。一般椅子は500mm角、あるいは450×500mmのサイズでほぼ上から見た人間の大きさと同じと考えて、人が椅子に腰掛けた状態でレイアウトをしていくと、意外に早くその空間を把握できる。すなわち納まるかどうかの判断がしやすい。椅子と椅子との間の通路を余白としてみても、広いか狭いかの空間の認識が掴みやすくする。部屋の広さにしても椅子、テーブルに合わせて什器を配することでその部屋の広さを決定しやすい。最初はスケールを当てることも頻繁だが、繰り返し行うことでだんだん慣れてきてフリーで描いても正確にスペースを現すことができるようになる。椅子ひとつの大きさを人の大きさと考えると、椅子のまわりのスペースに人の行動がその余白を通して感じられるようになる。どのくらいのスペースを空けて丁度いいのかが分かってくる。そうなればしめたものである。

エスキースをCADで最初から行う場合は、いわゆる平面図にパズルのようにモノのサイズを当てはめていくだけなので、アイデアを模索していくには手を動かすほうがよい。しかし、前もってある程度の数の椅子や、客席構成を入れ込んで出力しておくと、それが目安になって考えやすいことも事実で、いろんな方法を駆使して進めてみるとよい。

要は、スケールアウトにならないように進めることである。往々にして三角スケールがない状態で、フリーのエスキースしたプランを縮尺に合わせて入れ込んでみると、スケールアウトしたり、現実に当てはまらない空論になったりということが多い。まして1/20と1/30を間違えたり、1/50と1/60を取り違えたりしては無駄な努力になってしまう。CADでレイヤーによって縮尺比率を変えている場合はこういうミスもあり得るが、エスキースではプランそのものが成立しないから分かるが、図面上でのスケールアウトは、空間の広さ自体が変わってしまうので決してあってはならないことである。

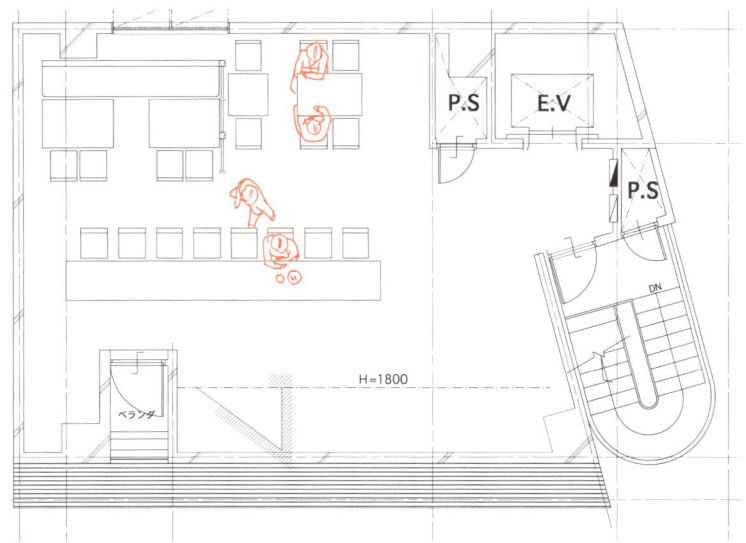

椅子ひとつを人間の大きさと同等と考えて、空間の単位として考える。座った状態の椅子の位置は、これ以上後に引かなくてすむ寸法として卓子の縁から50mm離して考えるようにしたい

ここまでの必要はないが、ある程度のゾーニングが決まったら、前もっていくつかの椅子を入れ込んで出力したものでエスキースすると、目安になって考えやすい。一目で全体の広さを把握しやすい

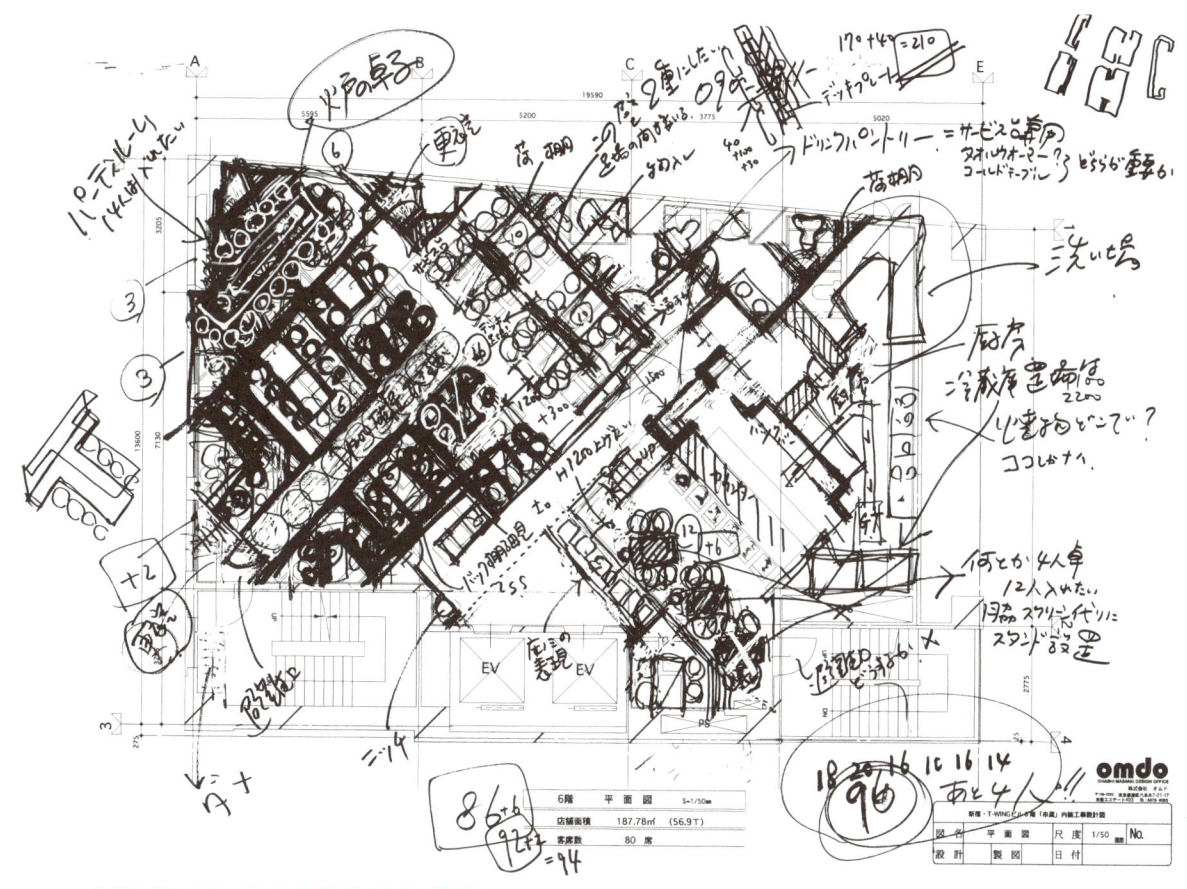

手を動かすことで自由な発想が生まれる。黒くなって分かりにくくなったら、カラーペンや修正液までペン代わりに動員してエスキースした例

b｜設計図の意味・何のために描くのか

図面で伝えたいこと

図面は誰のために描くのかと問われれば、真っ先に自分のためにと答えたい。むろん、本来クライアントや造り手である施工者に伝えるための手段であることは間違いないのだが、まず設計者・デザイナー自身が納得いく図面にならなければ意味がない。図面は、自分の考えを実現できるかどうかの検討手段のひとつとして自分のためにある。スケッチやエスキースを重ね空間のイメージを膨らませても、実際はその具体性や実現性の根拠は未だ明快ではない。寸法という数値に置き換えてこそ成否が判断できるのである。

数値に置き換えるとは、各図面との寸法の整合性はむろんのこと、高さなどのエレベーションや、人体とモノとの適合数値を求めたモジュール、同時に、納まりを求めたディテールの検討ができてこその設計図であるし、それは設計者自身においても具体化するのに図面で可能性を確認することになるからである。そのアイデアが初めてのことであればあるほど断面図による推敲を重ね、詳細図による寸法精度を求めざるを得ない。その上で初めて設計者の考えに確信が持てるといえるし、第三者、すなわち施工者に正確に伝達される設計図として認知されなければ図面の意味がない。

ショップインテリアでは、立地条件に設計上の条件を踏まえた上で、こうしたいというデザイナーのイメージからコトを起こす。陶芸家やクラフトデザイナーのように、デザインから制作まで一貫して自分自身で作品を造ることとは異なって、図面を経由して施工の専門家、すなわちそれぞれの分野の専門の職方を通じてモノを造るのである。それだけ多種類の素材を駆使して計画的にひとつのものを組み立てていくには、スケジュールや段取りといわれる手配の専門家も必要となり、多くの人たちとのコラボレーションでの製作となる。その上、設計図に立地条件や現場の環境が反映されているわけで、複雑な内容を盛り込んだ密度の高い図面が求められるということは、即ち分かりやすい・見やすい・読み取りやすい表現、指示でなければならない。図面の基本であるが、いかに正確に描くかということは近年CADにより精度が飛躍的に向上しているから、むしろいかに具体的に表現するかを優先して考えるべきである。特にショップデザインではユニークなアイデアが多く、そのデザインの意図を的確に現すには独自の表現スタイルをとることが多いからなおさらである。

そうは言っても、施工者に伝達できなければ意味がないので、基本的には共通の約束事に則って製図されることには違いない。それもCAD化により可能性が高くなったが、図面で伝えたいことは、製図の符号化より具体的に理解が深められる描き現し方こそが必要と言える。

点と線で面を現す

正面図に1本の線を引いたとしたら、それは1枚の薄い紙を横から見たものと思うか、または平面図として見ても1本の線だとしたら、髪の毛（？）と思うだろう。そうすると断面図で見ると点にしかならないはずだ。しかし、1/1の原寸図だとしたら紙でも何ミリかの厚みがあるし、髪の毛でも太さがある。すなわち1本の線とか、ひとつの点というのはモノを現しているとは言えないということである。

そうすると紙1枚でもその厚みを、髪の毛もその太さを現すのに2本の線で描かなければならない。髪の毛の断面図は点ではなく、その太さの丸でなければならないわけだ。要は、点や線でモノという面を現すのが図面である。1本の線で表現するモノはないと考えなければならない。例えば1/50の図面をCADで、厚み10mmのガラスを現すには太さ0.10mmの線でぎりぎりに二本の線を引くことになる。また開閉する扉を平面図に描くにしても木製なら0.15〜0.18mmの線で33mmの厚みで描く必要があるのに、製図のJIS規格の表示符号では1本の線である。それは1/100で描く図面を対象にしているためであるが、ショップデザインの製図では1/50、1/30、1/20、1/10と大きく描き現すことが基本なので面を意識して図面を引くことが必要になってくる。

ただし、例外として図面の中にも1本の線としての役目のものがある。柱や壁の中心線、通り芯線、また寸法線である。一点鎖線は寸法を明示するための基準線であり、点線は注意喚起の想像線である。これらの線は各図面に同位置の共有制を持たせるためのもので、モノを現すための線ではない。よって0.08〜0.10mmくらいの太さが適している。同じように仕様を示すのに引き出し線を使うが、他の線と紛らわしくないように45度の角度をつけて引き出す。その角度は統一することは言うまでもない。

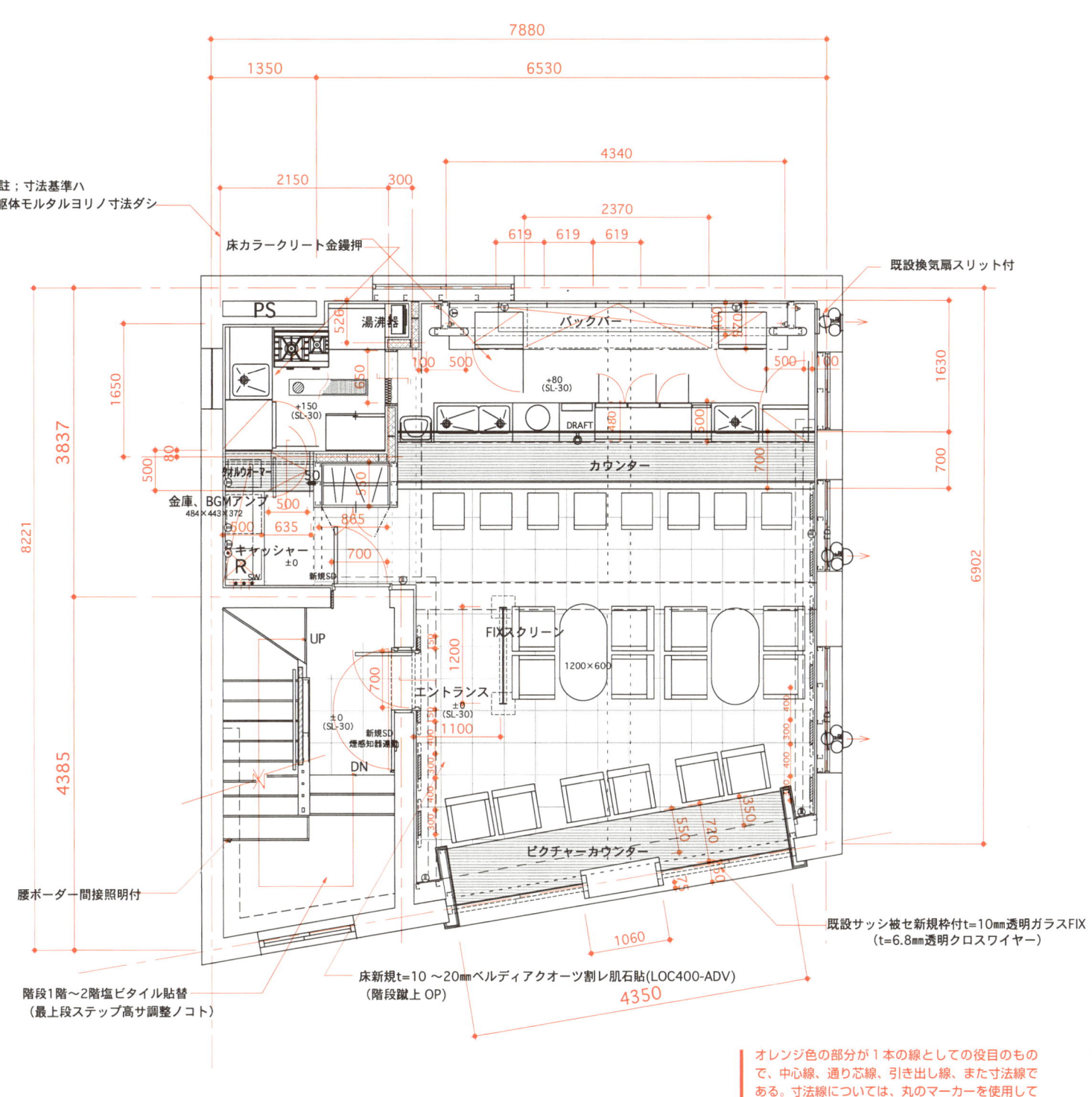

c｜作図表現、製図表示図例

開口部は最優先

ショップインテリアの図面に表現する共通の約束ごととは、何が基準となっているのだろうか。

平面図における壁の現し方ひとつとっても、天井まで塞がった状態か、天井に届かない途中で止まった壁なのかの違いや、家具ならば固定された椅子か、置き家具か、引き戸やスイングする扉、折り戸など動きはどう表現するのか、展開図の場合もしかりである。特に注意したいのは床の変化である。各床の高低差は平面図では現しにくい。天井についても展開図で探し回らなくても天井伏図一枚で天井高さの違いが分かるようにするにはどう描き現すか、といったことを工夫しなければならない。

「平面図は床の上1mのところで切った図と習ったけどそれより上にある窓は描くべきですか」という質問を受けたことがある。基本的には床上1mの水平面で建築図の場合はよい。しかし、ショップインテリアでは壁の造りひとつとっても複雑な例が多いので工夫がいる。あくまでも平面図は、床に接した位置をベースとして考えて、窓などの開口部は最優先するということである。例えば壁が傾斜して倒れ掛かるような状態であっても、床に接した位置の壁厚を描くことが正しい。壁の傾斜の範囲は点線で現せば、それが何を意味するものか施工者が気にして別の図面を見てくれる。また、宙に浮いて天井から吊り下がった壁なら、点線で現して注意喚起を促し、床素材の定尺寸法の実線を優先する。

開口部については、扉や掃き出し窓のように床に接した状態でそのまま描くし、腰窓、欄間などの窓については開口部を優先してその位置づけを現す。よって壁の飾り窓のようなニッチスペースについても、またビルトインの壁に嵌め込みの収納戸棚についても然りである。

建築製図通則（JIS-A-0150）のJIS規格では、開口部の表示図記号を取り決めている。主に可動のもの、移動するものに対しての方向指示の標準的表現であり、「動く」現象を図示したものである。建具などでは、可動範囲を示し、扉はどちら側に開くのか、あるいは両開き、両自由開きの違いの指示という意味で開放された状態を描く。また引き戸は閉じた状態で可動範囲を点線で現し、折り戸は開放された折り戸のタタミ代（しろ）の寸法を重視している。階段やエスカレーターも矢印で人の動きを表現し、UP、DNの記号を入れることで昇降の違いを現している。

もっともこれらの表現はどのような縮尺でも当てはまるが、通常、図面は縮尺によって表現方法が変わる。それはどこまで詳しく描くかによってその図面に求める用途が異なってくるからである。CADでは、部分的に拡大して描けるだけにどこまでも詳しく描けてしまう。しかし、ショップインテリアの図面は、CAD図を出力して、分一（scale a drawing）で当たりやすい1/50を基準にしている。そのため1/50で表現できる範囲の詳しさで描くことが理想である。前述のガラスの厚みがぎりぎり表現できるという点でも1/50は的確な縮尺比である。もちろん躯体のスペースにもよるが、ショップに多い規模からすると、A2サイズで

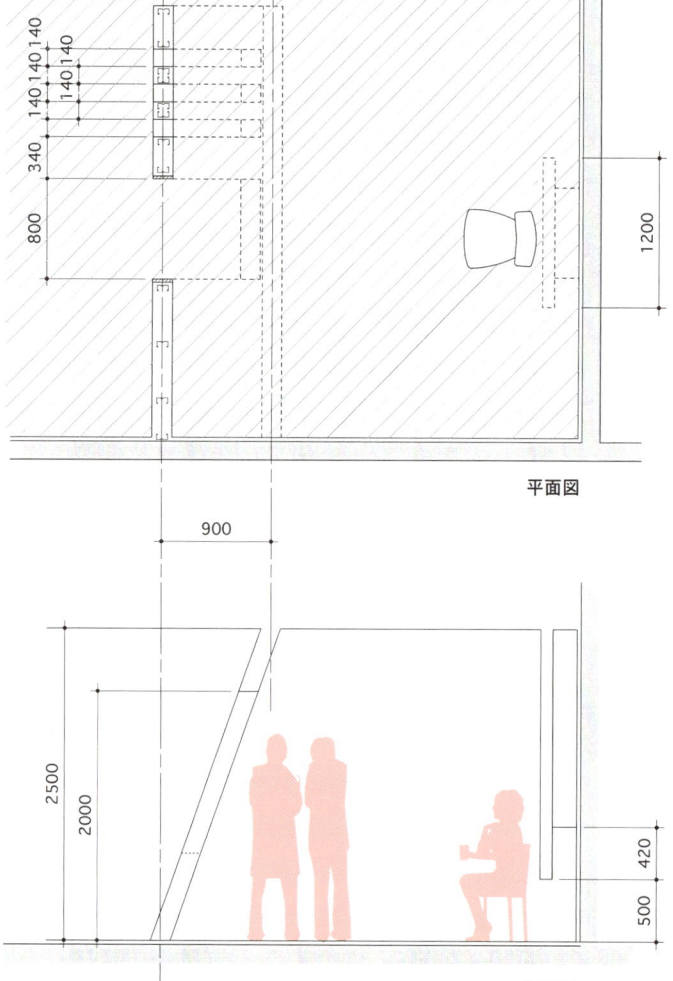

傾斜して倒れかかるような形状の壁や、宙に浮いたイメージで天井から吊り下がった壁も、平面図では点線でその位置を現す

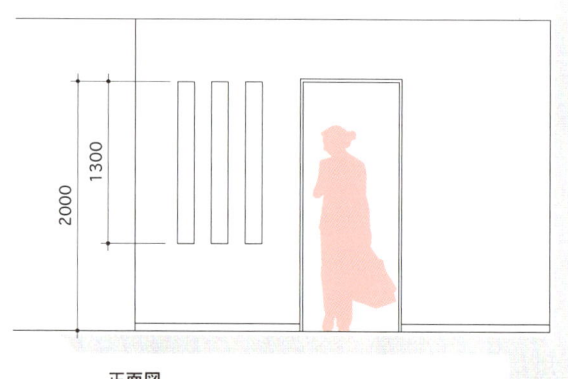

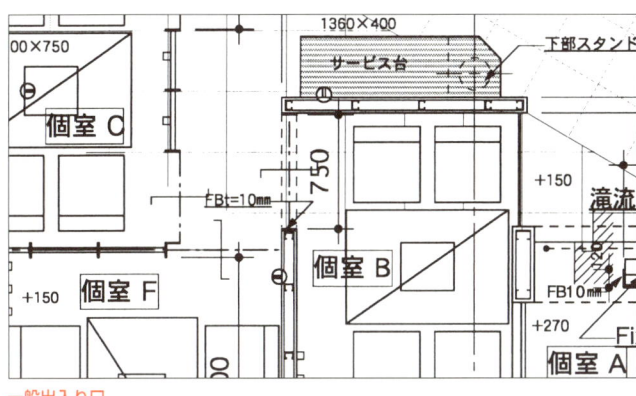
一般出入り口

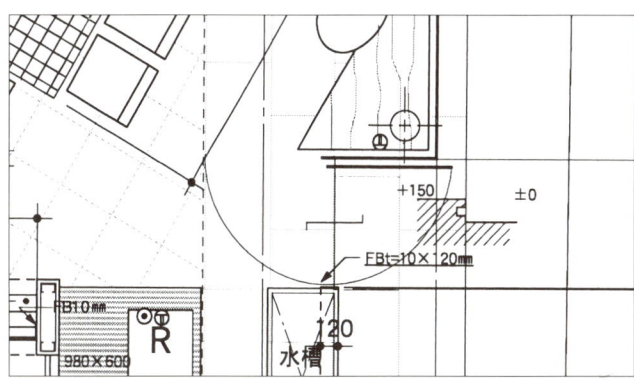
強化ガラス扉(フロアヒンジ)

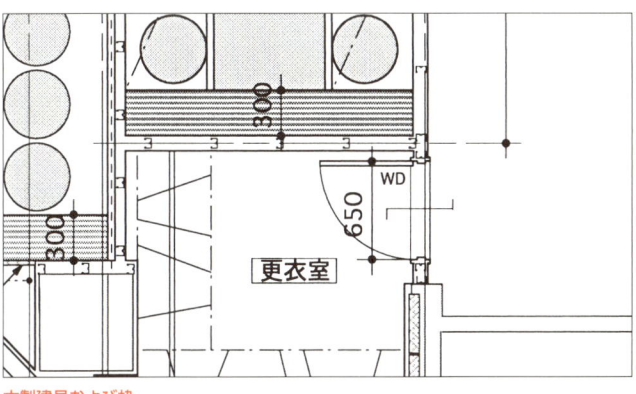
木製建具および枠

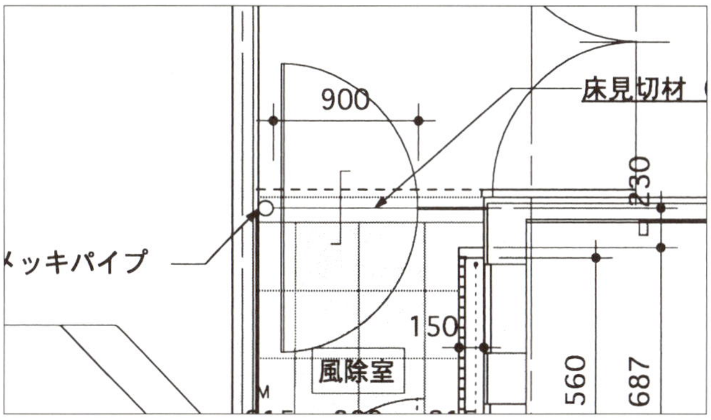

強化ガラス扉(フロアヒンジ)

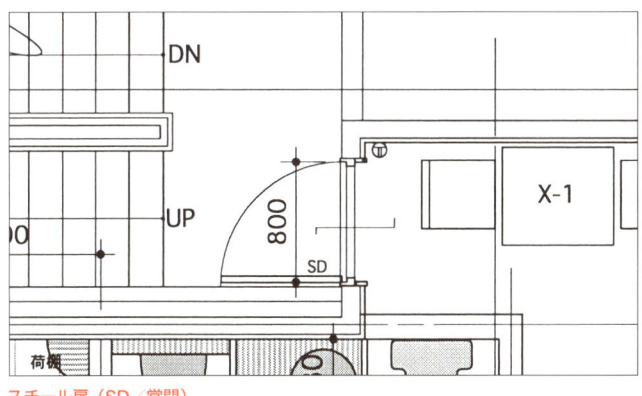
スチール扉(SD／常閉)

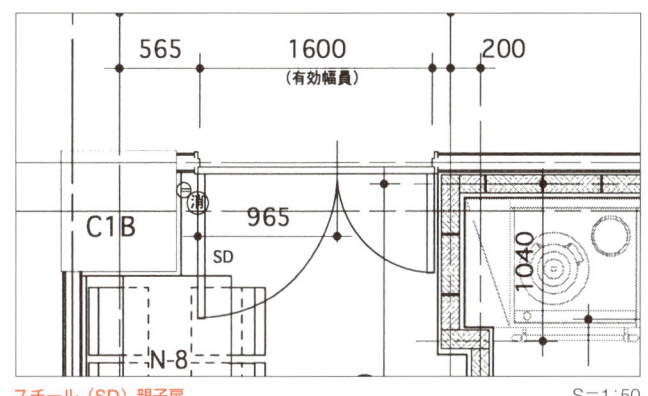
スチール(SD)親子扉

S=1：50

出力するのに最適である。出力時に1/100や、A3、B4サイズに縮小することは構わない。逆に1/30や1/20に拡大しても見られる密度はやはり1/50であると言える。

材料構造表示・立面表示・設備図示記号

他に、平面図に表現する約束ごとは壁の構造の表示である。

その種類は、躯体であるコンクリート、内壁であるコンクリートブロックやスタッドによる壁造りといった違いを現すことである。同時に柱が、H鋼かコンクリートか、木製かの違いも同様である。

それぞれの表示記号としては、線によるパターンであるが、CAD図では似た模様を当てはめて色のトーンを薄くしてその差をつけることが多い。

いずれにしても、これらは柱芯や壁芯といった通り芯と抱き合わせである。

立面図や断面図では、素材の表示でレンガや石材、金属やブロックを横から見た図の表現で、材料としての塊の表現としている。厚みがあるから2本の線で表示すると面が感じられなく、誤解を生みやすいからである。それは、平面図における台や膳板などの甲板も同じようなことが言えるので、これらもCADの模様ツールを利用することが適している。

一方、設備における表示記号は、特殊な記号である。マークなどを説明した図表＝凡例欄を設けて数量などを書き記す。もっとも、基本的には別個に設備図に描き現されるものだが、平面図では、最低コンセントの位置や電話のマーク、スイッチの位置など、また分電盤の位置もスペースを確保するために入れておく必要がある。天井伏図では、照明器具をはじめとして空調換気スリットやフード、防災器具の煙感知器やスプリンクラー、音響関係のスピーカーなど設備の図記号が集約しやすいので、各設備図のバッティングを避ける意味で機器全部の集合図を描き現してみる必要がある。いずれにしても設備の専門家が絡むことになるので、凡例欄があるとはいえ、設計者・デザイナーは基本的な図記号は頭に入れておきたい。

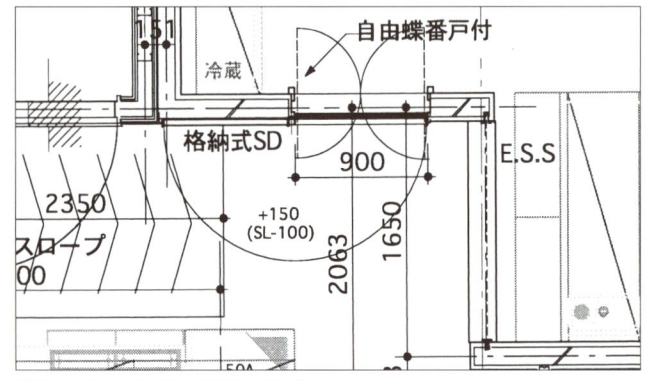
格納式スチール扉（SD／常開）と防火シャッター

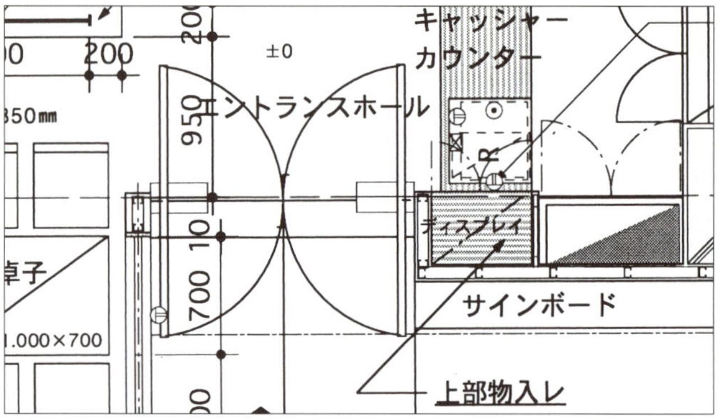

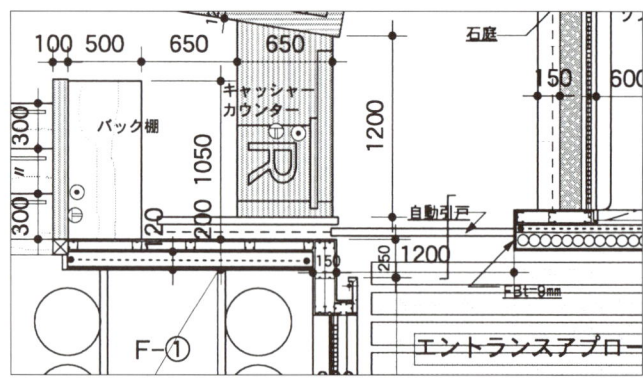
観音開き戸

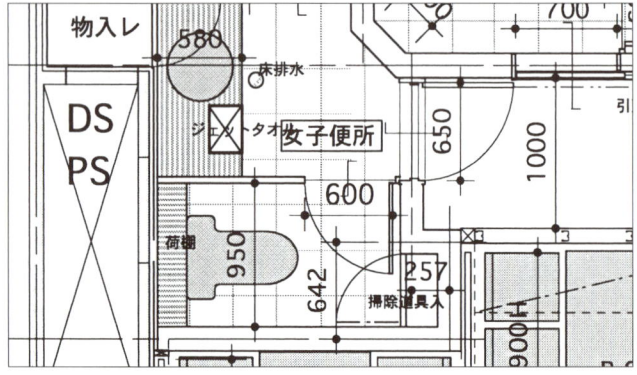
トイレブース建具

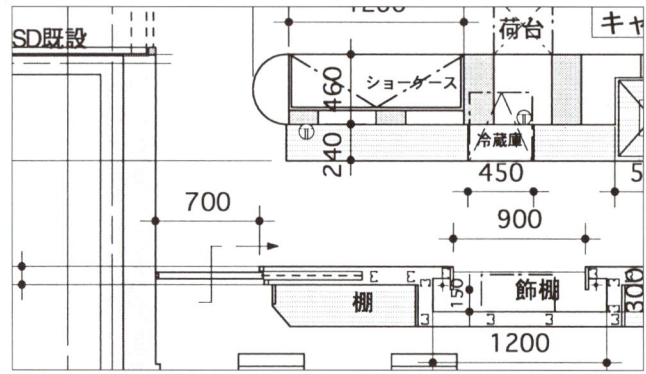
オート引き戸

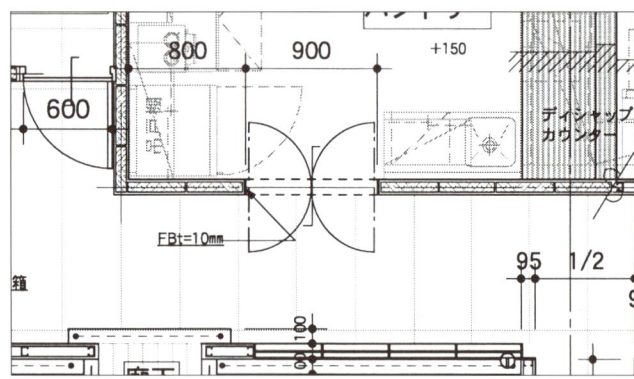
自由蝶番戸

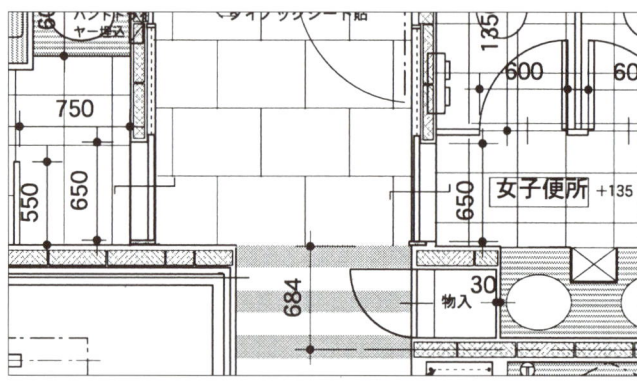
引き込み式引き戸

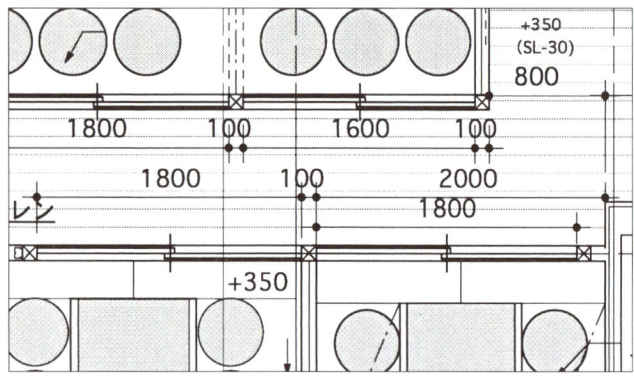
建具引き違い戸

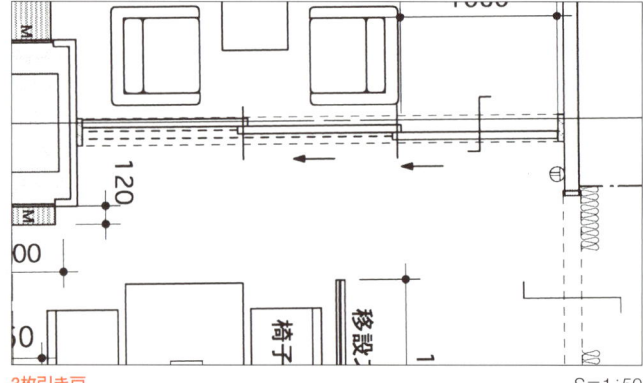
防水絡みの引き戸

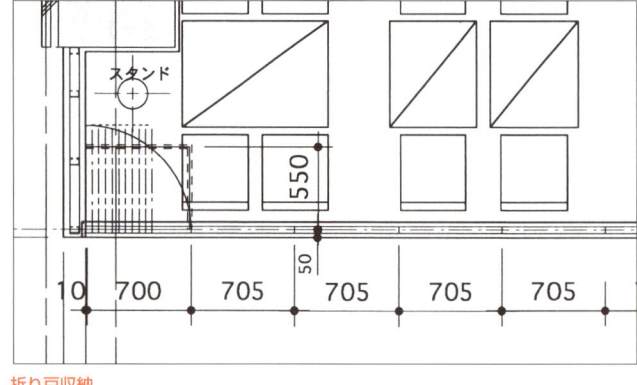
折り戸収納

3枚引き戸

S＝1：50

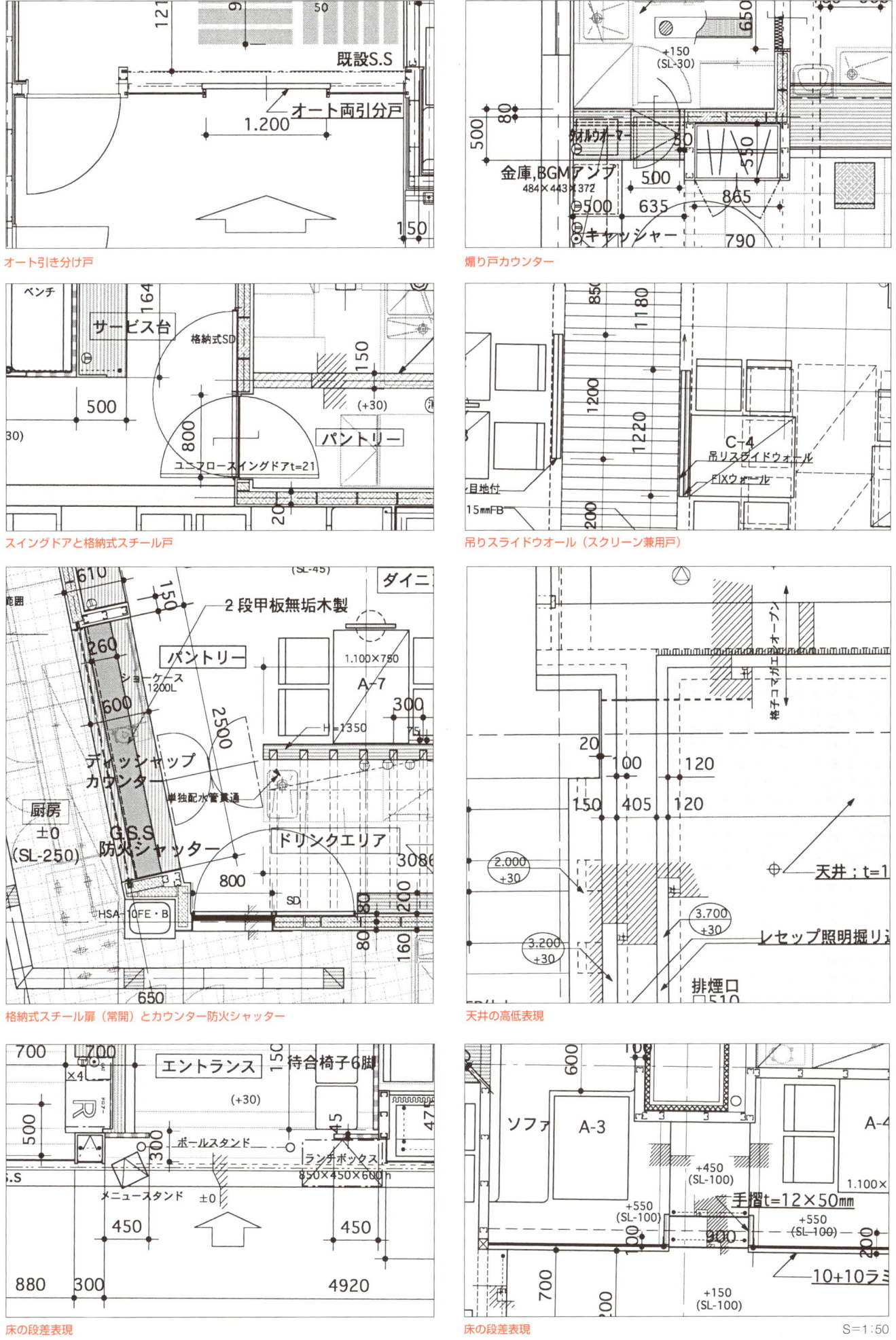

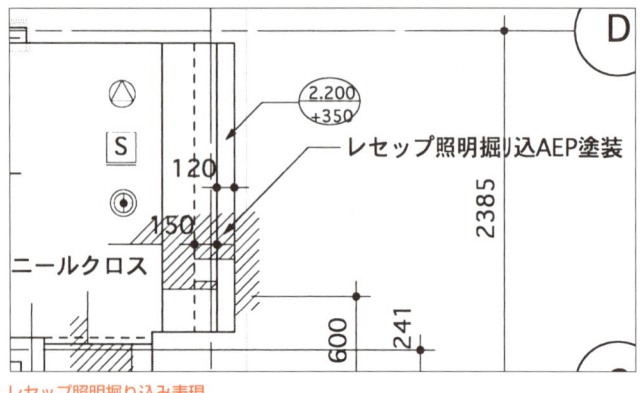
レセップ照明掘り込み表現

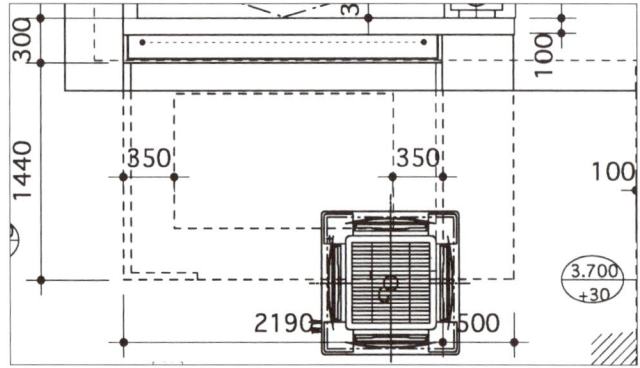
天井伏図における注意喚起（点線表示）

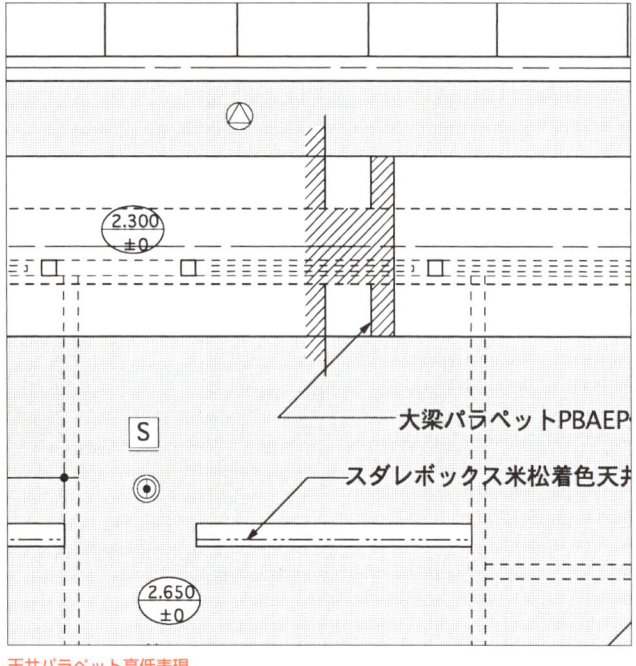
天井パラペット高低表現

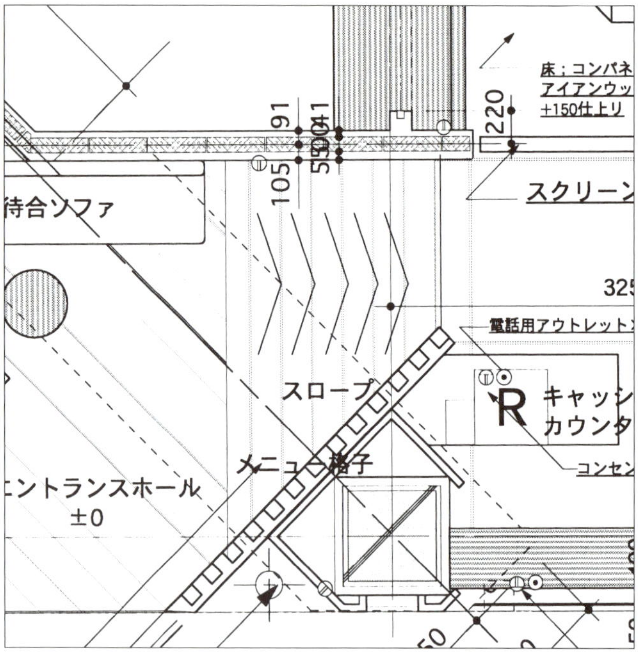

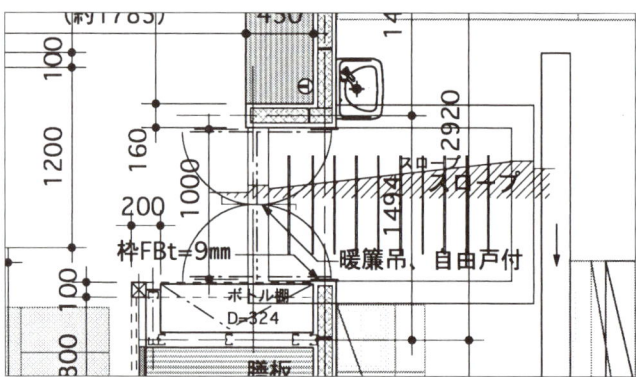
床スロープ平面表現

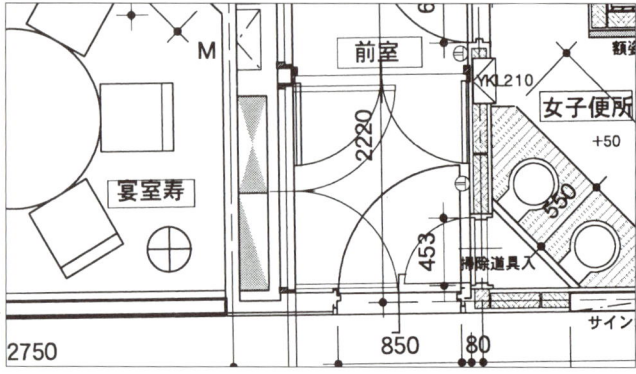
床スロープ平面表現

分電盤表示記号

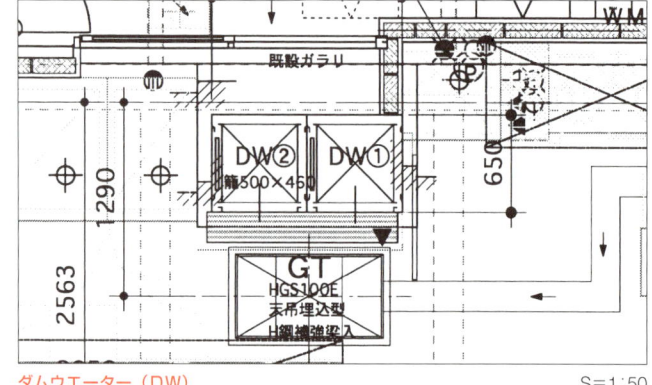
ダムウエーター（DW）

S=1:50

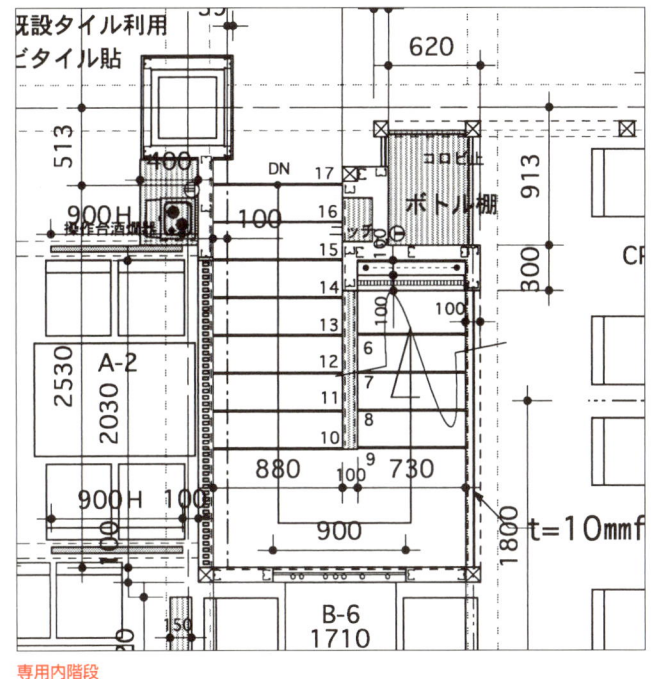

専用内階段

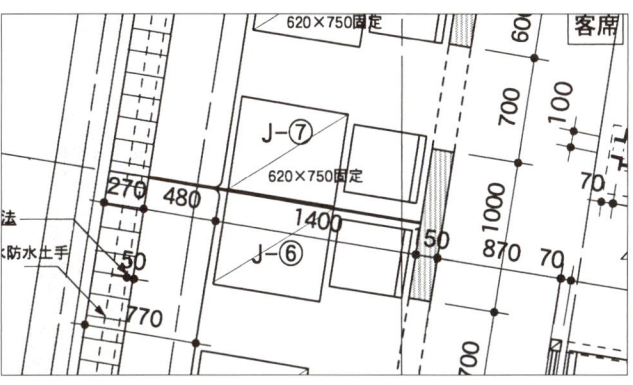

ガラススクリーン表現

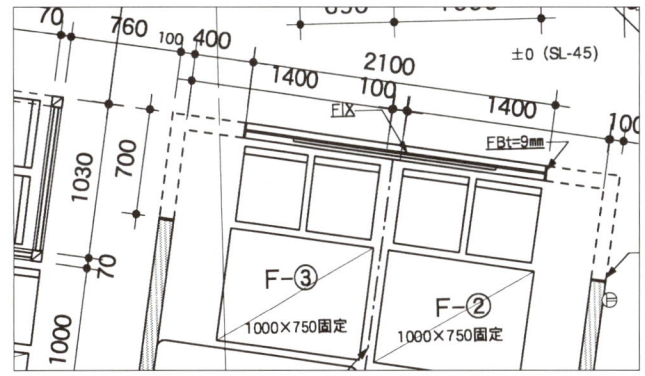

ガラススクリーン表現

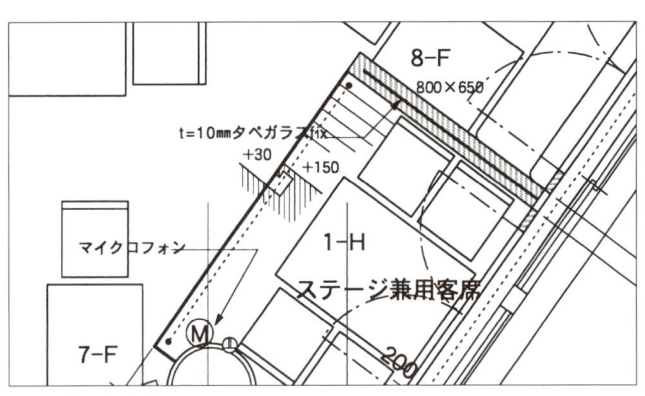

ステップライト表現

ハンガー表現

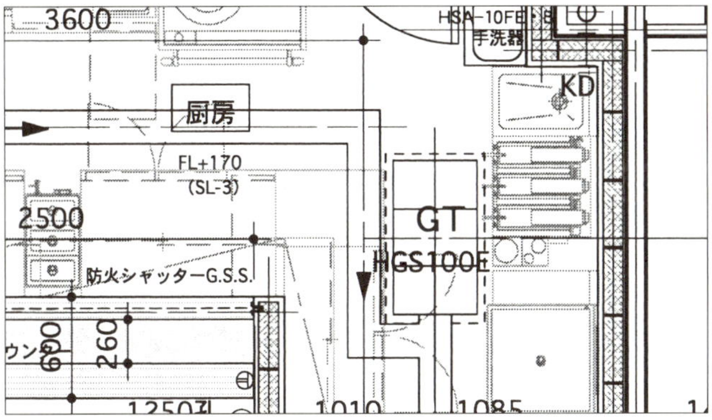

グリストラップ（GT）と側溝の表現

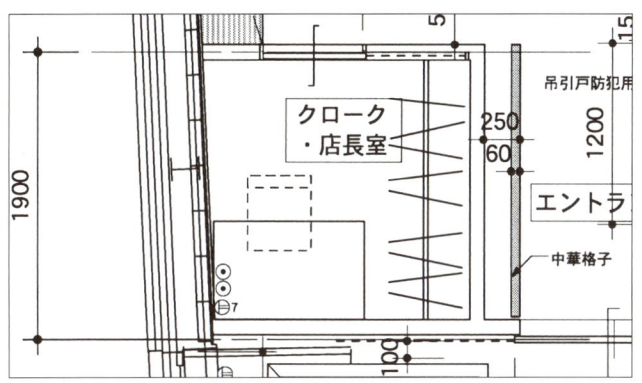

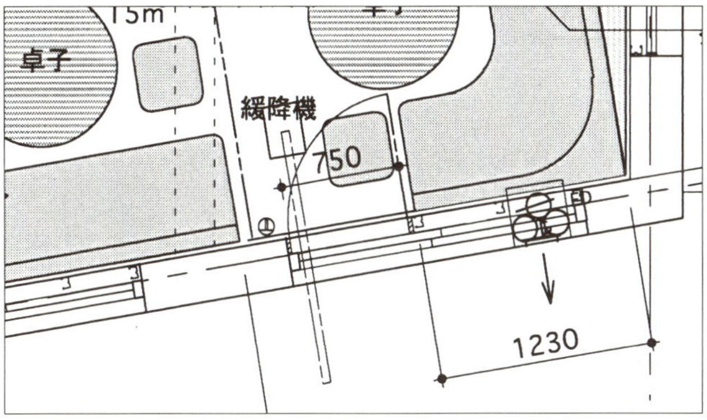

緩降機（オリロー）

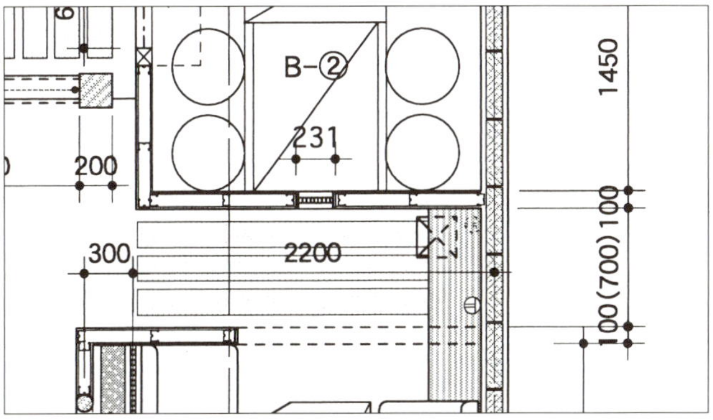

コンクリートブロック（CB）とスタッドの軸表現

S＝1:50

d｜製図法・図面の種類と役割

立体を現すために各図面の役割を考える
通常、一般の人が目にする図面の多くは、平面図である。ご多分に漏れずクライアントもその傾向が強い。言ってみれば平面図しか見ないのである。一番分かりやすく、取りつきやすいだけでなく、一枚で完結するためでもある。他の図面は、何枚かを操って相互に関連して見ないと理解できない面倒さがある。展開図を見るにしても、キープランを見て平面図の向きを変えて、しかも反対側の展開図の面はさらに2～3枚先までめくらなければならない。まして詳細図や断面図なんて頭が痛くなるだけである。天井伏図に至っては、表示記号ばかりで何の図であるかも分からないのではないかと思う。

ちょうど見積書を見るのにトータル金額の鏡（決裁総額が記入されたおもて紙）しか見ないのと同じで、何ページにもわたる内訳書を真剣に見るのは設計者ばかりである。とはいっても、立体をしかも空間を現すにはいろんな役割を持つ各種の設計図書が不可欠である。イメージを図面化して、製作者に読み取ってもらわなければならない。何枚もの図面が相互に関連しあって、全体像をやっと浮かび上がらせる空間である。当然お互いの図面間の整合性がなければ、何が正しいか分からなくなってしまう。変更があればすべての図面に絡んでしまうので、修正加筆の作業が繰り返されるのは日常茶飯事である。それだけに描き上げた図面のチェックリストを作り、記載漏れや勘違い、修正忘れがないか、モニター上では気づきにくいところを絶えず出力して確認することを念頭に起きたい。

設計の取りかかりから施工にいたるまでには、いろいろな図面が作成される。大別すると、構想を練って計画案として作成される計画設計図書、設備との関連性チェックのための基本設計図書、そして実際に使用される実施設計図書である。その他、現場での確認のために施工図が作成される。

以下は、実施設計図書のそれぞれの役割と、考え方のポイントを箇条書きにしたものである。

（1）表紙
名称として現場ビル名、階数、それに店名を明記する。すでにロゴタイプやシンボルマークが決定しているならば、看板やサイン製作者に指示の必要もあるのでそれらを使用したい。右下の図名表題欄は各種図面との共有のため記載しておきたい。同じ名称を書くことになるにしても、設計デザイナー担当者名や日付を記入する欄があるためである。

（2）仕様表
各室やコーナー、用途に分類して下地や仕上げの素材を一覧表にしたものである。仕上げ欄には決定していれば製品番号、材料の不燃材認定等級や、近年問題になっているシックハウス対策でのF☆☆☆☆（フォースター）ランクなども記載する。このような仕様表は、消防署に防火対象物使用届け書を提出するとき添付する。同時にその立会い検査に必要なためである。

また、ショップインテリアでは、建築素材だけとは限らない特殊な素材を駆使するので、特記欄を設けてメーカー名、担当者名、連絡先を明記すると、問い合わせを受けるわずらわしさがなくてすむ。そのほか特記欄には、既設、移設の違い、別途事項などの工事範囲も記述する。

（3）透視図
完成予想図のことで、何枚か計画設計時にスケッチしたものを使うことが多い。店舗の全体像を図面から読み取るには時間がかかるので、工事担当者の手助けのために添付する。むろんアイソメ図や模型写真であってもかまわない。

（4）平面図
作図表現・製図表示図例の項（P.012）に前述したが、建物を水平に切断したときの水平面の投影図である。

平面図は、あらゆる情報が詰まった、そして設計図書のベースとなるものである。図示できないものは引き出し線で仕様や注意点を書き込む。それは他の図面と照らし合わせて欲しいという注意喚起にもなり、設計者自身のためにも忘却防止にもなる。それゆえ平面図に描き込みすぎということはなく、図面の密度アップとして歓迎される行為である。何故ならショップデザインは、たくさんのおかずを少しずつ食べる食事と一緒で、建築に比べると小さなスペースに使用する素材や要素がはるかに多い。きめ細やかな配慮があってこそのショップインテリアなので、図示しにくい部分であっても何らかの形で、すべてのサイン（合図）を平面図に示しておくことが肝心である。平面図を見て、これは何？という意識が生まれれば、必ずその関連の図面と照らし合わせてくれるだろうということが狙いである。

平面図に記入する設備には、コンセントの位置と電話の端子位置がある。通常、キャッシャーカウンター、サービス台などのコンセントは、戸棚内や作業スペース上の壁付けとする。床のモップや甲板を拭く濡れ雑巾でショートすることのないように、いずれも高さを十分に確保しておきたい。掃除用のコンセントは、床から250mmの高さを基準にしている。また、給排水の設備については、グリストラップやその側溝位置を、厨房の平面上押さえておかなければならない項目で、同じようにトイレやドリンクコーナーの床排水の目皿位置も描き込みたい。また手洗い器も設置しなければならず、これも設備工事なので設置位置を指定しておく必要がある。

また平面図の役割は他にもあって、搬入経路、積載荷重の確認、チェックである。大きなガラスやカウンターの甲板、かさばる厨房器具などの搬入経路なども検討しなければならない。開口部の形状によっては出

タイトル名	「〇〇〇〇」 内装工事仕上表
	現場住所；東京都目黒区鷹番〇-〇-〇　〇〇ビル1F

室名称	床 下地	床 仕上	巾木・床巾木	腰	壁 下地	壁 仕上	天井 下地	天井 仕上	仕上レベル 床	仕上レベル 天井	備考
ファサード	照明内蔵地板上ゲ 内部VP塗装 モルタル下地	鋳鉄板15×200×500 オトシコミ（カネソウGF）御影石t=30㎜バーナー仕上		内部大平板下地	t=12㎜透明ガラスFIX 裏面飛散防止フィルム貼 大津80瓦石劑割乱形貼		t=12.5㎜PB下地	AEP仕上 (F☆☆☆☆)	±0～+150	2.200	耐水ベニヤ下地絵小節 板貼リマリンオイル仕上 下部遮型カット加工間接照明入リ （光漏ら玖山ノ為斜形板水ベニヤウラ打チノコト）サンクロイド一為頓照明BOX：メラミン焼キ付ケ ホワイトライト入リ
エントランス	スタイロフォーム シンダーコンクリート打	御影石t=30㎜バーナー、トップコート仕上	大谷石t=20㎜ チェーン引キt=60㎜		t=40㎜尾池石劑乱乱形貼	キャッシャーカウンター上 16×24㎜スプルス材横椅子 (セルテック/倉仔)	全上		+150	2.200	
カウンター客席	全上	ベルディアクオーツ t=10～20㎜ (LOC-400)	足掛集成材OS		メラミン化粧板貼	t=12.5㎜PB下地	漆和紙貼ミミ畳ネ20㎜ (F☆☆☆☆)		+150	2.300	ボトル棚及び備え付リ外し 分電盤組シ戸熱通守札代、クイックキャッチ ホワイトカーター香色リ キャッシャーカウンター…、バック戸棚ハンガー付
通路	全上	大谷石t=20㎜ チェーン引キt=150㎜				照明壁埋=10㎜ツインカーボ 家絵イラスト入リ (F☆☆☆☆) t=12㎜ホワイトバーチ木色	全上		+150	2.300	カウンター甲板t=90㎜フォルフタイル アイスペット御影石 t=30㎜
個室A	全上	御影石t=30㎜バーナー、トップコート仕上、足＆ t=5㎜FBSUSHLステップライト	全上			上下ケンドン式 タモ材組絹時代塗 養賣染色（黒）80％テンション張	全上		+270	2.180	コート掛20個付スガツネ (WB-901146 @¥360)
客席C/D	全上	ベルディアクオーツ t=10～20㎜ (LOC-400)	h=70㎜堅木材OS 堅木材OS=60			t=20㎜×90㎜格子組星塁スプルス材木色 =10㎜タペストリーガラスFIX	全上		+150	2.300	上下ケンドン式 タモ材組絹時代塗 養賣染色（黒）80％テンション張
客席B/E/F	全上	全上	全上			タモ材巾100×1=50 巾75×18㎜・巾50×25㎜ ランダム横貼リ時代塗 （コゲ色）			+150	2.300	スクリーン全面カガミ貼H=100 吊引戸共カガミ貼、ディスプレイ日照明 曲ゲ加工組絹ミミ畳紙重量安定骨格組
廊下	全上	段鼻=5×70FB SUSHL ステップライト入t=12㎜ ×150×909カパフローリング t=（材=¥9,000）	堅木材OS=30				全上	全上	+350	2.200	タモ板振子平番色
裏座敷A/B/C/D	木軸床上ゲ堀リ込ミ席 コンパネ下地	全上	上ガリ框集靴入スペース t=9㎜SUSHL折リ加工 パイブレーション仕上	h=400㎜タモベニヤ着色	t=12.5㎜PB下地	半遮和紙20㎜ミミ畳み貼リ (F☆☆☆☆) 大津80瓦/INADA15：50G (セルテック/倉仔) =12㎜耐水PB下地	全上	漆和紙貼ミミ畳ネ20㎜ (F☆☆☆☆)	+350	2.500	スダレ地1250ロールアップ式（大湖屋）富士地=40㎜×ホワイトバーチ着色 中棒タプルスマガエシ21×4㎜ 迪リ板付及び裏リポスト式アール壁棚板
パントリー	SL-50 シート防水保護モルタル シンダーコンクリート打	スタイロフォーム入 カラークリート防滑仕上	h=60㎜SUSHL	ディシャップカウンターSUSHL 自由蝶番ポリ板付		VP (F☆☆☆☆)		t=6㎜フレキシブルボード	VPS	+150	2.300	ノレン小リ 厨房入口隅t=6×壁ノ散リナエイジング
厨房			150角クリンカータイル貼	h=100㎜モルタルVP		VP (F☆☆☆☆)		t=0.8㎜SUSHL板貼		+100	2.350	鋳鉄鋼板24号及ビチ支散数備工事 SD新規焼付後エイジング 板番貼（支給品）絶技メニューコピー入
カウンター厨房	全上		h=60㎜SUSHL	バックデザイン戸棚壁面付		漆和紙貼ミミ畳ネ20㎜				+100	2.350	センター伊勢取
男子便所	全上	ベルディアクオーツ t=10～20㎜ (LOC-400)		洗面化粧台付		タイルボーダー縦貼	t=12.5㎜PB下地	ジャンボ宝蘭貼 ルーバー斜貼ケ照明入	+150	2.250	機器一式 芳香棚・荷棚付
女子便所	全上	全上					大平板下地	カガミ貼U	+150	2.250	機器一式 芳香棚・荷棚付
滝流水層	SUS層FRP防水	那智黒石敷詰				ボンデ鋼板加工エイジング塗装 推樟式流水カーテン（アクア方式） =15㎜タペストリーガラスFIX 滝流水用t=1.5㎜厚リ巾60㎜		ボンデ鋼板加工エイジング塗装	+270	2.180	店名裏文字カッター浮出シSP
男子更衣室 女子更衣室	レベルモルタル	塩ビタイル貼	ソフト巾木		t=12.5㎜PB下地	VP	t=12.5㎜PB下地	VPS	+150	2.300	ハンガー棚配置
外部ゴミ置場	既設	既設				鋼イ扉t=3㎜パンチングメタルステンレス綾付 両面貼リ、レバーハンドル シリンダー錠付					パンチングメタル棚付

特記（001）　「素材メーカー問合ワセ先」
特記（002）
特記（003）　「建具金具」・引戸引手=ユニオン TH2106L-BZP　・ドアレバーハンドル=ユニオンUL810002

仕上表
既に使う素材の品番が決定しているものについては、スペックや設計単価を書き込んでいる。特に素材のサイズについては厚みが重要である。その仕上げ代で下地の寸法が決まるからである

来上がってからの搬入はできないということになる。積載荷重についての確認は、スラブにかかる重量についてである。建築構造によって異なるが一点荷重で300～500kgを超えるときは、最初から梁にかかるように設定するなど、事前にスラブの補強方法を検討しておかねばならない。

このように平面図の段階で、あらゆることを検討してほとんどのことを想定内としておくべきである。

（5）防水区画図

ショップインテリアの場合、防水が必要なのはトイレおよび厨房である。その他パントリーも防水しておくにこしたことがない。防水の区画では、コンクリートを打つこともあるし、通常はコンクリートブロックを積む。その位置や高さを平面的に現したのが防水区画図である。同時にグリストラップや側溝の長さを割り出して寸法を出しておく。また厨房に付随するのがカウンターである。カウンターの腰が防水区画となる例が多いので、カウンター高さの腰までブロックで積むことが多い。

（6）天井伏図

平面図の各室の配置どおりに、その天井を見上げた図である。

天井伏図は、天井がフラットの場合は照明器具や、設備器具の配置に注意を向ければいいが、間接照明による天井の掘り込みや、天井高さの変化は、光源を隠蔽するために複雑に織り込まなければならない。それは、照明の効果を優先して考えるということである。そのための断面形状をハッチングで示す必要があるし、天井高さの変化についても同様で断面形状を単線で現し、天井の懐側にハッチングを入れる。ただ注意しなければいけないのは、天井に隠れた梁を見逃しやすいので通り芯の位置の確認を忘れないことである。梁の位置チェックを忘れたがためにダウンライトが梁に当たり、配置に支障をきたす場合もあるので、通り芯を常に意識しなければならない。

また、天井の高さの変化をch=何ミリと指示するが、その位置の床が変化している場合もあるので床高さと一緒に記入するようにしたい。いずれにしても、天井伏図は照明効果と連動しているので、天井の懐スペースを十分把握しておく必要がある。

図面を描く順序としては、平面図が確定すれば、天井伏図に移る。しかし、その後のエレベーションの図に入ると、予定どおりに納まらないこともあり、修正を繰り返す。といっても天井伏図が確立していないと、展開図が描けないということで、さらに言うなら詳細図が描けてないと展開図が描けない。それぞれが連動しているので平面図→防水区画図→天井伏図→詳細断面図→展開図の順序が一番スムースに運ぶようだ。

（7）照明配灯図

最近は設計者自身での照明配灯より、照明デザイナーに依頼することが多くなった。確かに照明計画は、設計者自身のイメージから発信するのだが、その場に適切な光や器具の選定は、これだけ豊富な機種から選択するには各メーカーや器具に精通した知識が必要で、やはり専門家に勝るものはない。コラボレーションの一環としてイメージの段階で照明デザイナーに参画してもらう方が光の演出に寄与することは間違いない。しかし、往々にして出来上がった条件

に、器具の配灯だけの依頼が多いというのも事実で、光の工夫という意識を持つことも必要と思う。
照明の光源設定は、建築化照明として、また間接照明の手法のためか、あらゆるところに設けられる。そのため天井面だけには終わらず、床面から光を立ち上げたり、腰の位置に仕込んで床に光を落としたり、またはアイレベルに集中というように、一枚の天井伏図ではすべての照明器具が現せなくなっている。それでも色分けで表現できるうちはいいのだが、間に合わないほど複雑なときは、床面照明配灯図・腰面照明配灯図・天井面照明配灯図というように3段階に分けて作図することもある。

（8）キープラン

キープランとは、展開図指標のことであるが、通常はA・B・C・Dの室内を一周（時計回り）した4面で現される。各室ごとに分けて4面の展開を描く建築図と異なって、ショップインテリアは、隣の部屋との相互の関連が重要で、建物の全体を断面図のようにカットした展開方向で描く必要がある。むろん間仕切りが多ければ多いほど展開図は増えるわけで、4面の指標だけでは必要な箇所を探すだけで大変である。そのため展開図をどこでカットしたか、その方面の位置表示を示したものである。
各室同士、各コーナー同士の天井の高さ、床の変化、スクリーンの高低などの関係が一面で現す展開図が特徴のインテリアでは、キープランで示さないと柱の通り芯番号の向きだけでは分かりにくい。

（9）展開図

四面方向壁面の垂直面への投影図をいう。建築図に比べ素材の種類が多いので、細かな引き出し線による仕様が多くなるのは否めない。建具表を別図としなくてもいいくらいに描きこみ仕様が多いわけだが、できれば建具表は別にしたい。もっとも建具の数量にもよるので詳細図の一部に現してしまうことも多く、むしろ金物仕様に留意してあれば展開図でまかなうでもよい。展開図は、キープランで確認しながらどの位置をカットするのかを決めて、すべての展開面を網羅することになる。

透視図
パースは計画平面図から起こす。逆に実施設計はパースに沿って作図する。パースを手元において作図する方が遺漏なく進められる

（10）立面図

展開図と同じように、ファサードの外観展開である垂直面への投影図である。同時に看板サインも現すことになる。特にいえるのは、ファサードのデザインは絵のように決まらないといけない、というこだわりが必要である。その特性は、左右対称でまとめるとか、上下の素材による分離で積み重ねる、縦割りでの高さ表現、グラフィカルなデザイン処理、さらに店内の雰囲気を醸し出す、というように如何にファサードをシンボル化するかが大切である。

（11）断面詳細図

断面図とは、垂直に切断したその切り口の外形と内部の関係を横から見て現したものである。天井伏図の項でも述べたが、断面図が描き上がれば実現性が保障されたようなものである。
ショップインテリアは、スラブ高さが決まっているところからの出発がほとんどなので、躯体との関連や高低差、天井の懐具合などが重要でそれが納まればある程度の目安が立つわけで、その検証がそのまま展開図に移行できる。

縮尺については1/20や1/10が多く、さらに必要な部分は拡大する。それにしても断面詳細図が描けるということはそれだけ仕事の内容に精通しているということでもあり、その逆も言えるわけでまずこの図面が描けるようにしたい。

（12）家具図

家具は、三角投影図法で一枚の図面に集約して描き現す。平面図・正面図・側面図から成り立つ。縮尺は1/10である。椅子にしても箱物家具にしても同様で、造り付けか、置き家具かの違いがあるが、ソファやビルトイン戸棚など造り付け家具は展開図に現わされる。
若い設計者や学生からよく聞かされるのが、椅子やソファの断面を見たこともないのに図面を描かなければならないときのことである。確かに機会がない限り椅子やソファの断面をみることはほとんどないと言える。しかし、家具図で表現しなければならないのは、外形の寸法出しが重要で内部を省略してもよい。いずれにしても、家具図はいかに分かりやすく簡略化できるかどうかがポイントである。

平 面 図　S=1/50mm

面積　122.94㎡　(≒37.25T)

客席数　59席

*注；(1)SL-50mm
*注；(2)氷カーテン滝流水・水槽床上ポンプ排水湧水槽ピット内
*注；(3)電磁プレート10台AC単相200V2.05kw

平面図（縮尺表記は原図のママ）
地下層階がない1階の路面店である。一部受水層のための半地下があるのを利用して滝流水カーテンの溜め枡を設けることができた

防 水 区 画 図　S=1/50mm

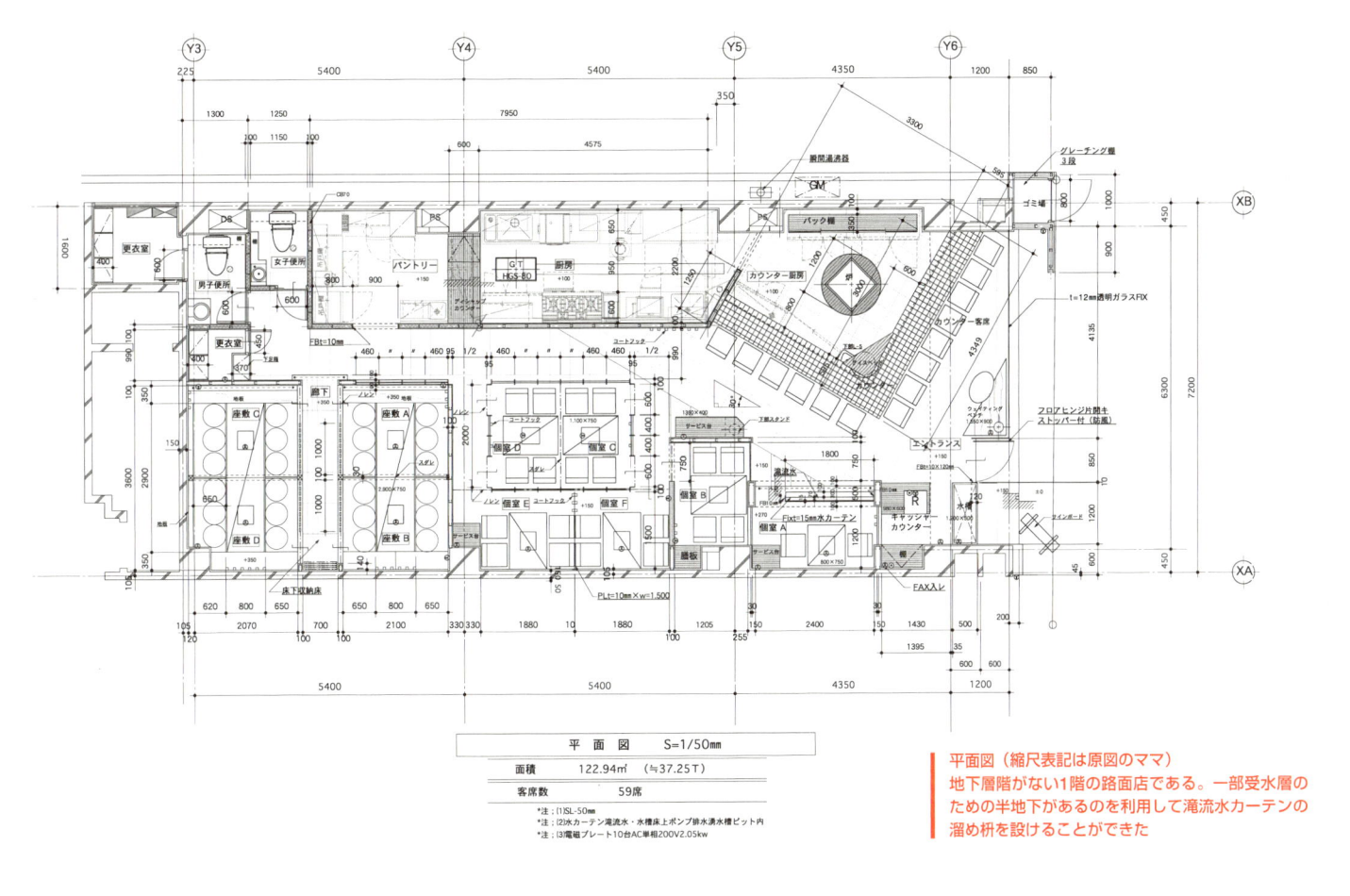

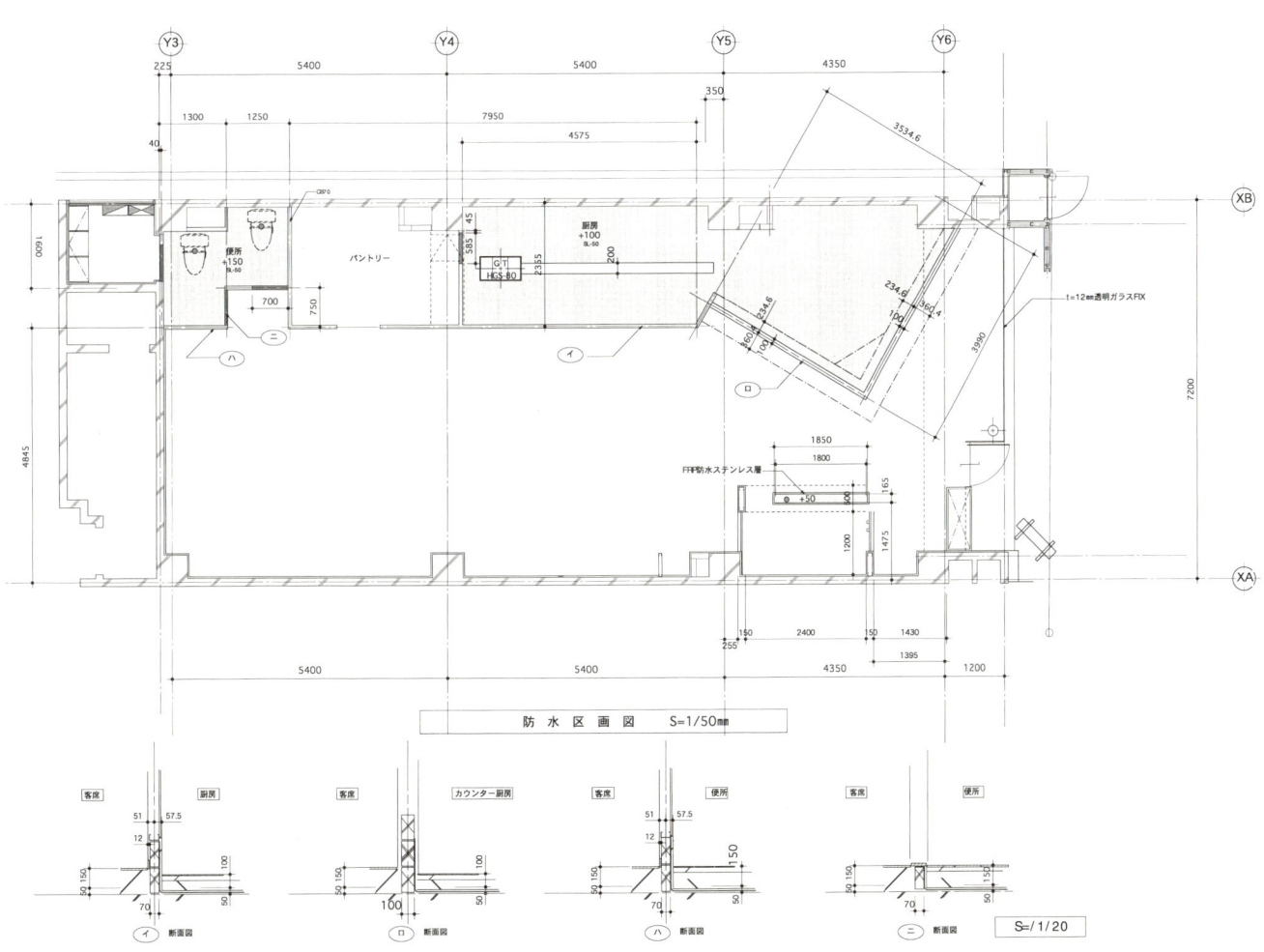

S=1/20

防水区画図（縮尺表記は原図のママ）
地下層階がないためCB(コンクリートブロック)70mm、カウンターの腰はCB100mmを使用している。また滝流水の防水層も抑えている

021

天井伏図　S=1/50mm

記号	名称	台数
	埋込BGMスピーカー	6
	非常照明	9
S	煙感知機	7
	高輝度誘導灯□100	1
	低温熱感知機	2
	店名裏文字カッター浮出シSP	2

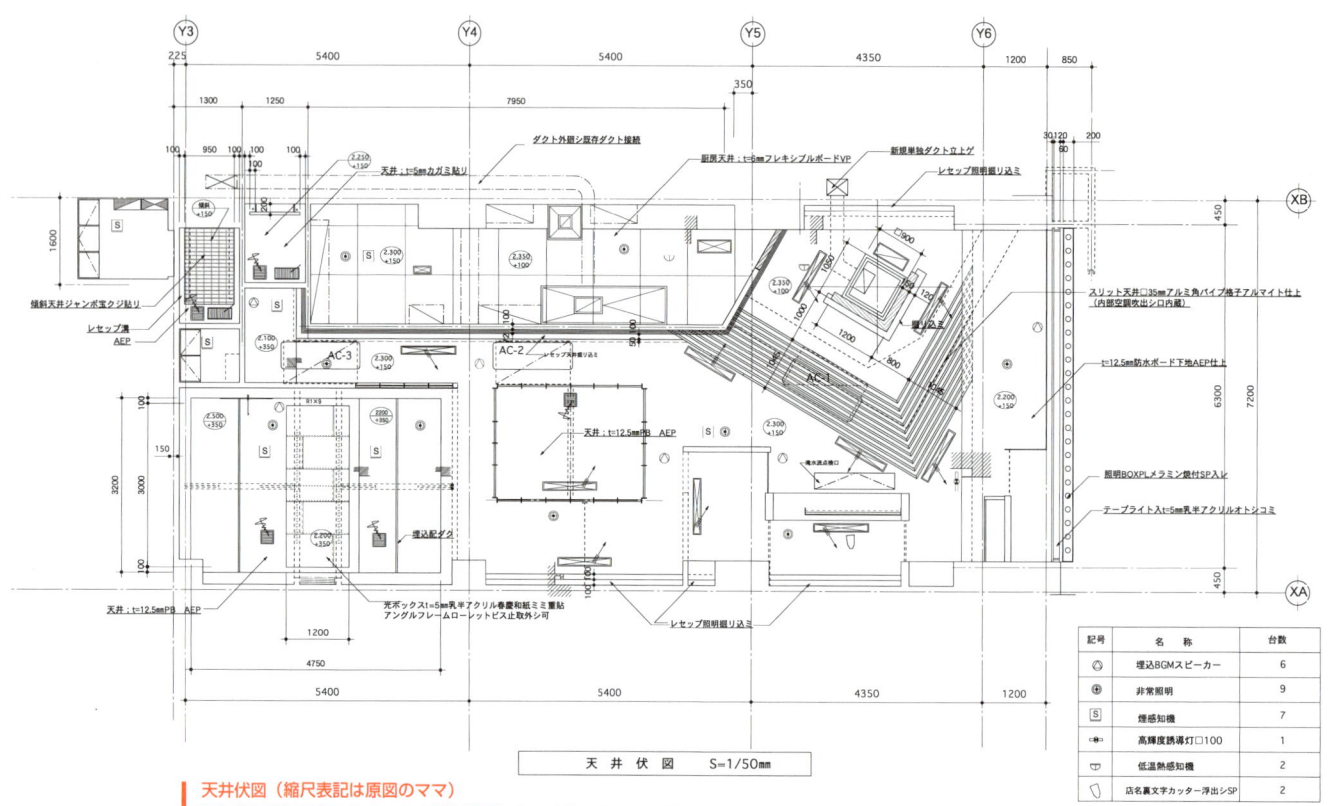

天井伏図（縮尺表記は原図のママ）
通り芯の位置は梁の存在のため何も設置しないようにしているが、ＸＡの通り芯の壁際に関しては、階高が低いため間接照明の懐が確保できない。そのためレセップ照明の懐を持った小壁で対応している。天井高さのレベルはＣＨ寸法と床上げ寸法との足し算で判断するように記入する

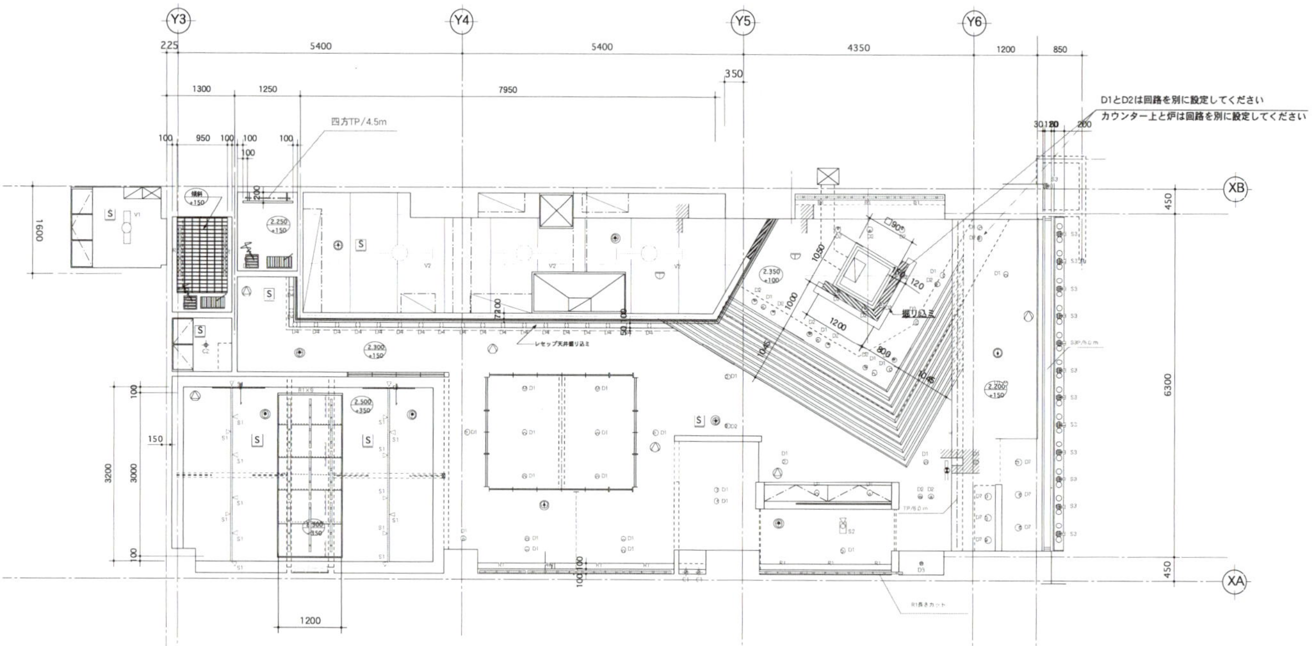

照明配灯図
通路沿いの間接照明は動線に並行しているため光源が見えてしまう。そのためダウンライトによるレセップ照明とした

照明リスト及ビ容量表

記号	名称	型番	ランプ	台数	電力@(VA)	電力(KVA)	備考
C1	レセップ	DCL-52220別注	25Wミニクリプトン球	2	25	0.050	調光/ランプ変更/内装工事
C2	レセップ	DCL-52220別注	40Wミニクリプトン球	1	40	0.040	調光/ランプ変更/内装工事
D1	ユニバーサルダウンライト	DDL-1717XB	12V-35Wダイクロハロゲン球/狭角	31	41	1.271	調光
D2	ユニバーサルダウンライト	DDL-1717XB	12V-35Wダイクロハロゲン球/中角	19	41	0.779	調光
D3	ダウンライト	DDL-1445XB	10W12V低内圧ハロゲン球・クリア	1	15	0.015	
D4	ダウンライト	DDL-51223	12V-35Wダイクロハロゲン球/狭角	20	41	0.820	調光
D5	ダウンライト	DDL-51223	12V-35Wダイクロハロゲン球/狭角	2	41	0.082	調光/カバー(DP-15860)
L3	シームレスラインランプ	TACT1000V-AD	TACT100EL	4	40	0.16	調光
D7	軒下ダウンライト	DOF-1702XB	50Wダイクロハロゲン球/狭角	6	50	0.300	
R1	間接照明	DSY-50808	25W×4灯ミニクリプトン球	24	100	2.400	調光/ランプ変更
S1	スポットライト	DSP-51287	12V-35Wダイクロハロゲン球/狭角	16	60	0.960	調光
S2	ロゴスポット	TACT-FPC-100-N/黒F	100W コールドミラーハロゲン球	1	100	0.100	調光/フランジタイプ
S3	屋外用スポット	DWP-51967	50Wダイクロハロゲン球/広角	13	50	0.650	調光
ST1	スタンド	DST-52099	60Wレフレクタ球	2	60	0.120	調光
TP	テープライト	LSW-50-106	TB-106	16.5	56	0.924	調光
V1	直付ベースライト	DCL-31397	20WFL白色蛍光灯	1	36	0.036	
V2	直付ベースライト	DBF-1359WW	40W-2FL電球色蛍光灯	3	92	0.276	ランプ変更

8.983

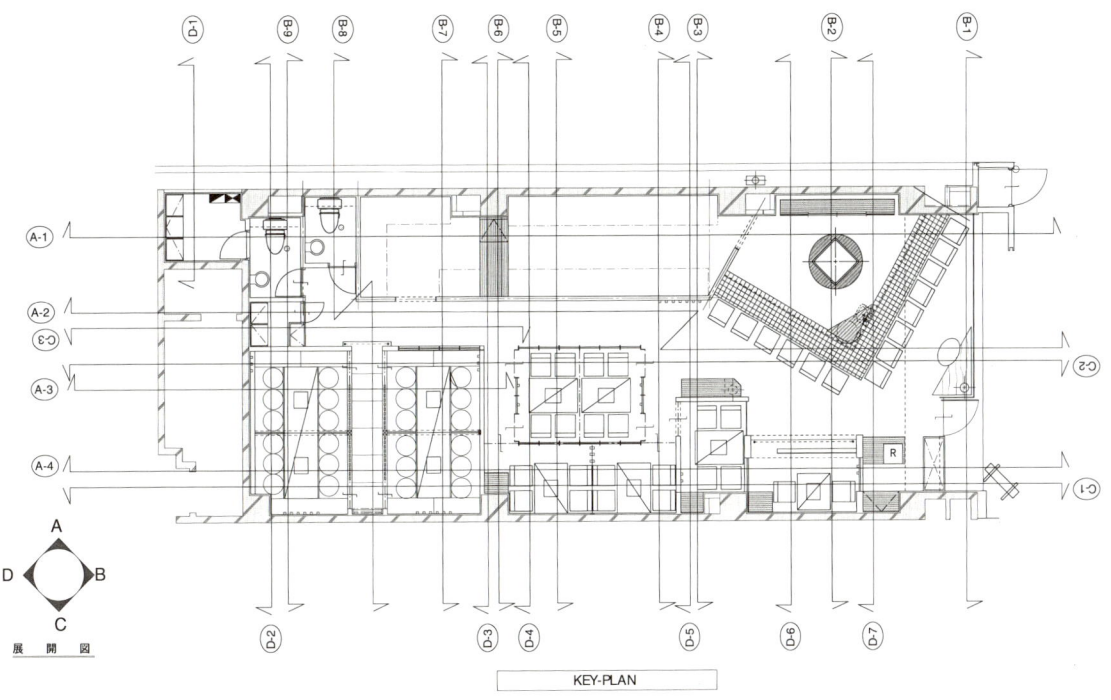

キープラン
この図により展開図や詳細図の枚数を知る。仕切りの壁が多ければ多いほど展開図の枚数は増える。店舗の展開図は部屋ごとの4面ではなく、各部屋同士の関連の展開図である。そのためにキープランを作る

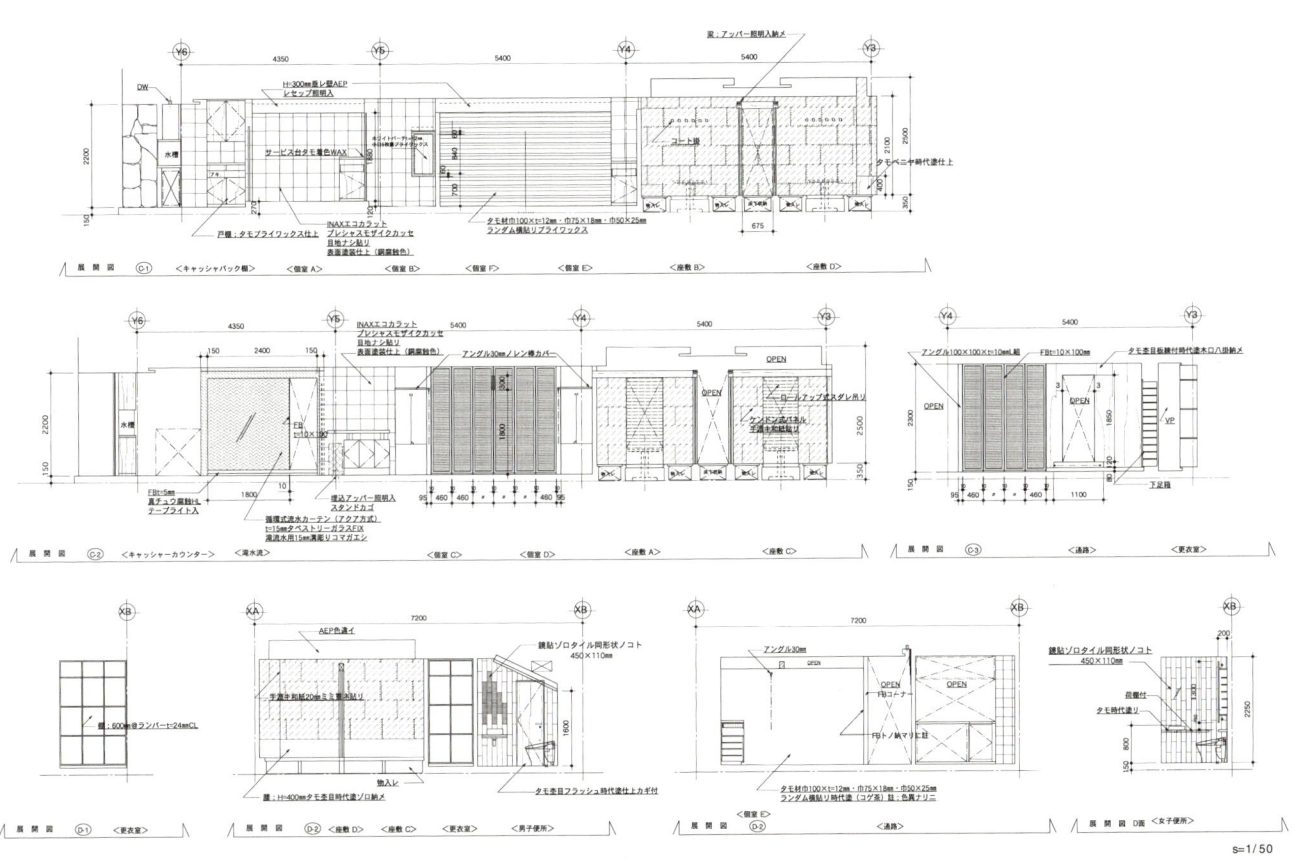

展開図（縮尺表記は原図のママ）
展開図にも通り芯の柱番号を入れる。キープランがなくてもその向き次第でどこの展開か分かるためである。通り芯間の寸法は上に、小さな寸法は下部にという自分なりのルールで描いていきたい

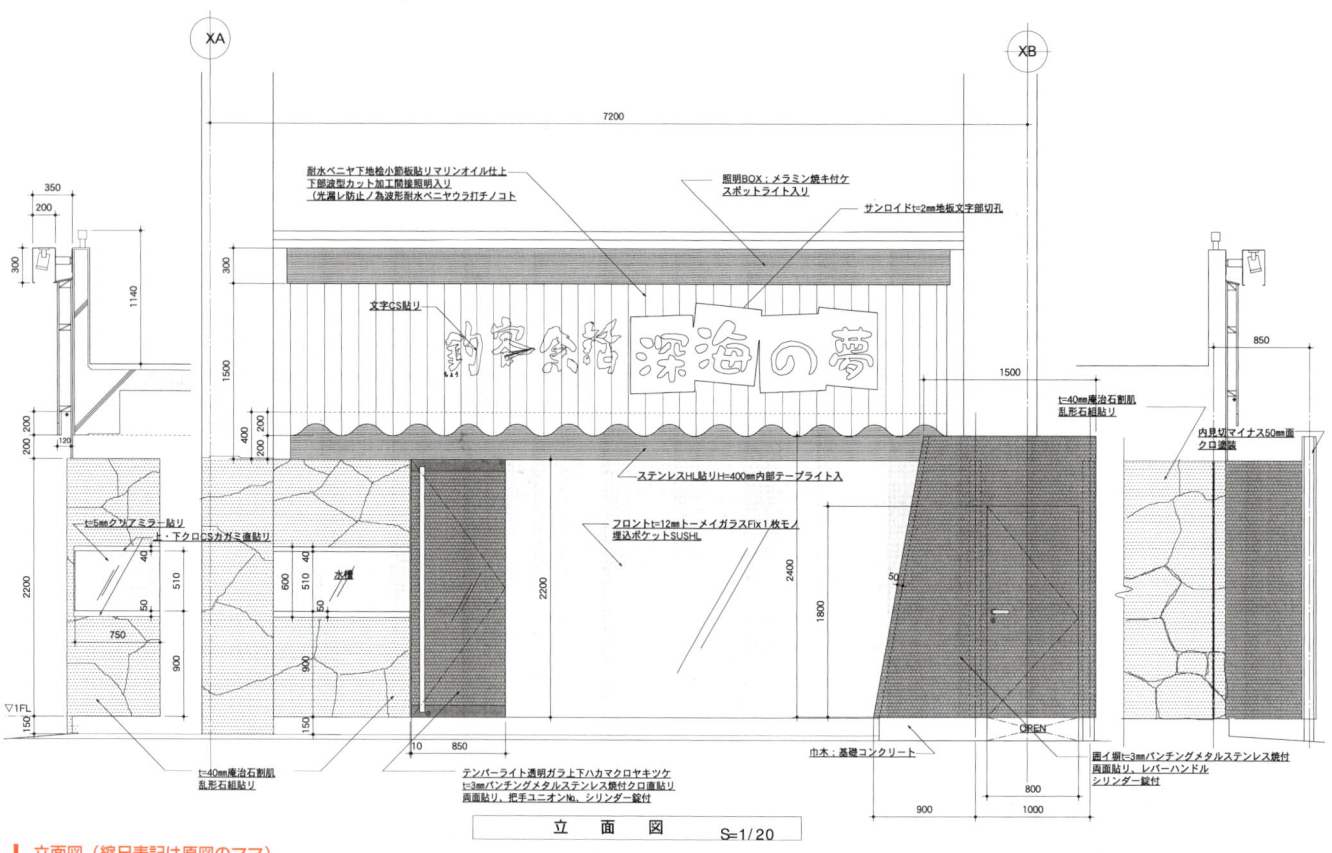

立面図（縮尺表記は原図のママ）
小壁の波型は、間接照明とステンレスの光りの反映で船の喫水線を現している。そして
その下の店舗は深海の夢というコンセプトである

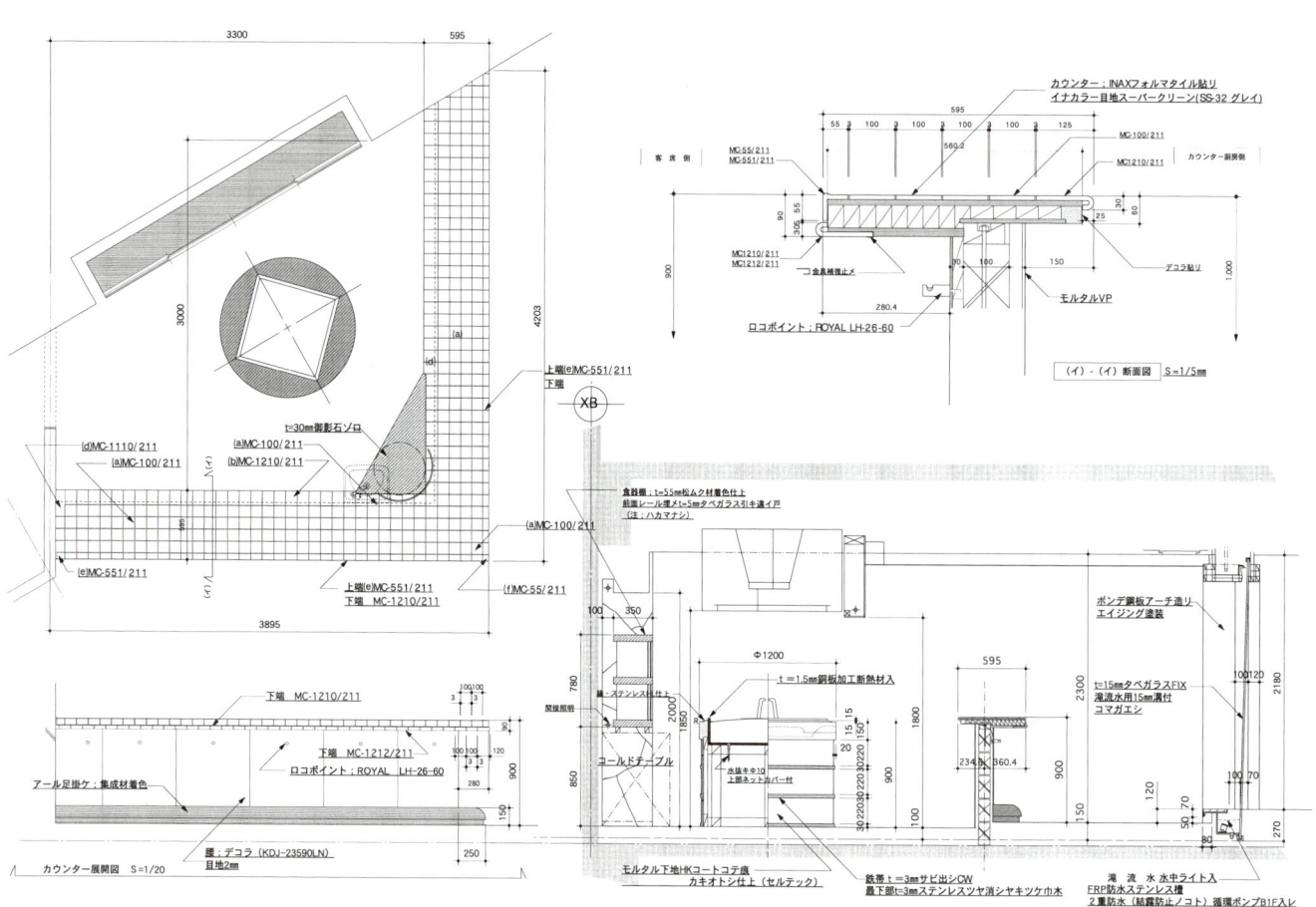

断面詳細図（縮尺表記は原図のママ）
この場合は、カウンターを中心に現した。中央の炉も対象である。
滝流水の断面から反対側のバックバーまで関係づけられることがポイントの図面である

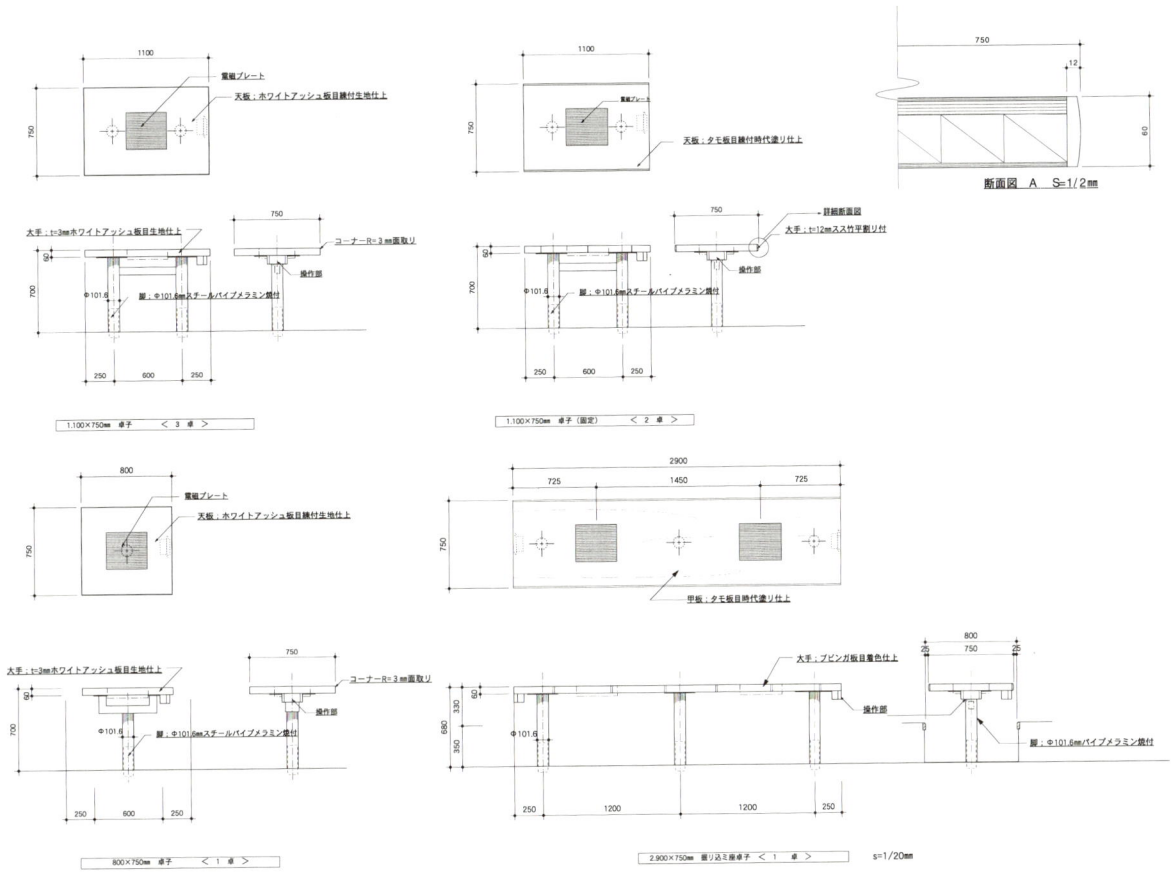

家具図（縮尺表記は原図のママ）
三面図で描き現したテーブル図。椅子は既製品なので写真による姿図を添付した。テーブルの甲板に鍋用の電磁プレートを仕込んだので、脚はインローで固定した

Column
検図にやりすぎはない

CADで図面を描いていると、描く対象を拡大して描いていることもあり、全体に戻してチェックしてもモニター上で見ているのでどうしても見逃しが多い。平面図だけでなく、どの図面についても同じことであるが、ザッと描いて出力し途中の図面であっても紙上で検図する方が、全体像が把握できて確かである。
詳細図については特に言えることで、スケールは1/20で現すことが多いので紙上なら眺めているだけで問題点を見つけたり、レイアウトにまで目が配れる。エレベーションはモジュールの検証にもつながるだけに問題点は自分の生活体験からも当て嵌めて考えやすい。いずれにしても頻繁に出力して、紙上でチェックする必要が常にあるのがCADの図面での宿命である。まして、変更による修正や加筆はやりやすいとはいえ、その分修正忘れの線や、仕様特記、寸法線の消し忘れ等も多くなるというのも事実。検図にやりすぎるということはないと知るべきである。

e｜設計製図、作図の順序

作図順序を守れば間違いが減る

学生たちから作図の授業の最中に、先生！の声がかかる。

「展開図には動くものは描かないよ。テーブルも椅子も植木鉢も動くから描かない」「壁に取り付いていないコードペンダントも額絵も、そしてソファも動かせるなら描かない」というと、学生たちから「エーッ、そんなの習ってない」と一様に怪訝な顔で一斉にこちらを向く。案の定、各自の図面を覗くと懇切丁寧に壁の前のテーブルや椅子、コードペンダントなどを描き込んでいたりする。決して笑い話でもない。一年生の話でもない。基礎の授業から住宅計画を経て、店舗計画で課題の内容が変わり、1/100から1/50の縮尺に、作図が大きくなった時である。

「ソファも造り付けなら、ソファを描かなければならないし、壁に取り付いている照明ブラケットも必要。額絵が嵌め込みならやはり描くこと」「たとえ動かせるものでも描けば、その後ろの壁は仕上げを造らなくてよいと判断する。ソファも戸棚も描いてあれば動かないものと考え、すなわちその後ろは、仕上げは一切いらないという意味にとらえられる。故に置き家具を壁沿いに設置する時は、一点鎖線でその大きさを現すこと」と具体的にひとつひとつ例を挙げて説明することになる。展開図は「壁面の垂直面の投影図」というのをビジュアル的にとらえて、イメージしたとおりに描こうとするからだろうか。しかし図面は、施工する側へのメッセージである。図面に対する観念の違いが、とんでもない間違いを引き起こすことになる。

何事も取り掛かりは難しい。最初に平面図を描くことになるが、白紙を見るとどこから描き出したらよいのか、モニター画面を見ても、まず何から始めればよいのか悩むものである。全体のレイアウトは、CADなら用紙設定でどのようにでもなる。とはいえ、陣地取りのように隅から攻めていくように描いていけば、間違いに気づくチャンスがない。そうならないためには、全体を把握しておく必要がある。その手立てが「通り芯」である。いわば、柱芯の位置が全体の"スペースバロメーター"である。図面を、いきなり壁の厚みから描き出したり、右から左へとか、好きなところから描くというのでは話にならない。建築で言えば、敷地から建物がはみ出すわけにはいかないのと同じで、インテリアもスペースが変われば別な空間になる。線一本の寸法を間違えれば、広さも変わるわけで、基本となるスペースが当てにならないのでは、その後の作業が徒労に終わる。全体を押さえる「通り芯」の線があれば、寸法出しの基準にもなるし、とりもなおさず間違いに早く気づくということになる。

その手順として、最初に描き始めるのがその柱の通り芯からである。建物各部の位置を明示するための組立基準線という。その縦軸線（X方向）と、横軸線（Y方向）を一点鎖線で正確に求める。この組立基準線がすべての原点である。

その後、柱の大きさも、壁の厚みもすべて通り芯を中心にして振り分けで描く。壁圧が120mmとしたら通り芯から右に60mm、左に60mmというように、振り分けて線を引く。新しい壁も、通り芯からいくつの寸法ということで壁芯を求めてから、その壁芯を中心に振り分けて、壁を描くというのが描き方の基本である。四角形ツールを使うにしても同じことで、壁厚が100mmなら壁芯から起こして右に50mm、そこから左に100mmとなる。同時に寸法を求めるのも通り芯から求めることになる。通り芯はそのためだけのレイヤーで確保して、操作ミスで動いたり跳んだりすることのないように配慮しなければならない。

また、柱の番号を縦、横で符号を変えて記入するのは、展開や立面、詳細断面図などの向きや位置を現す意味と、柱に記号が付いていれば位置把握がしやすく、また伝えやすいということもあって、通り芯を描くと同時に実施しておきたい。

仕上げラインがインテリアの輪郭

ショップインテリアの場合、平面図上躯体の壁や柱は、動かし得ない条件となるので、同じようにレイヤーを分けておく必要がある。その上で、別のレイヤーに内装仕上げの壁を位置づけていく。すなわち、壁の下地の厚みを見込んで仕上げのラインだけを引くことで、壁の下地は、GL工法（GLボンド＝接着剤をだんご状に塗り、上下左右のレベルを出しながらボードを直張り圧着する工法）や胴縁下地組でも、仕上げ代を30mmと見込む。これは、通常の仕上げであるクロス貼りや塗装仕上げといった素材の厚みが薄い場合である。また、躯体がALC板や耐火被覆されている場合は、直接施工するわけにはいかないので、スタッドを立ててからプラスターボードを貼ることになる。その場合は、60mmとか80mmとかスタッドを含めた下地分を付加して、仕上げラインを描くことになる。素材が石材とか、レンガやタイルなどのように素材自体に厚みがある場合も、同じように40mm～70mmの仕上げ代を躯体から離して描くことになる。

仕上げラインは、一室の間つながっていてドア枠や窓といった開口部の枠から出発して壁面を一周する。そして反対側の枠で止まることになる。新しい壁を造っても仕上げラインは開口部より始まり、躯体の仕上げラインとつながり一室を形成する。このように下地の在り方や素材の選定により壁がふけてくるので有効室内幅が狭まり、調度品がレイアウトできるかどうかに影響を与えるわけで、仕上げの線が設計者の深い意味を持つことになると同時に、インテリアの空間輪郭となる。

さらに、この仕上げラインは、天井伏図や展開図の輪郭も構成する。天井伏図は、前項「製図法・図面の種類と役割」（P.018）でも述べたとおり見上げ図である。全体各部の位置を明示するため通り芯や柱番号は残すが、躯体に関する線や下地、壁軸などは一切不要である。したがって、仕上げラ

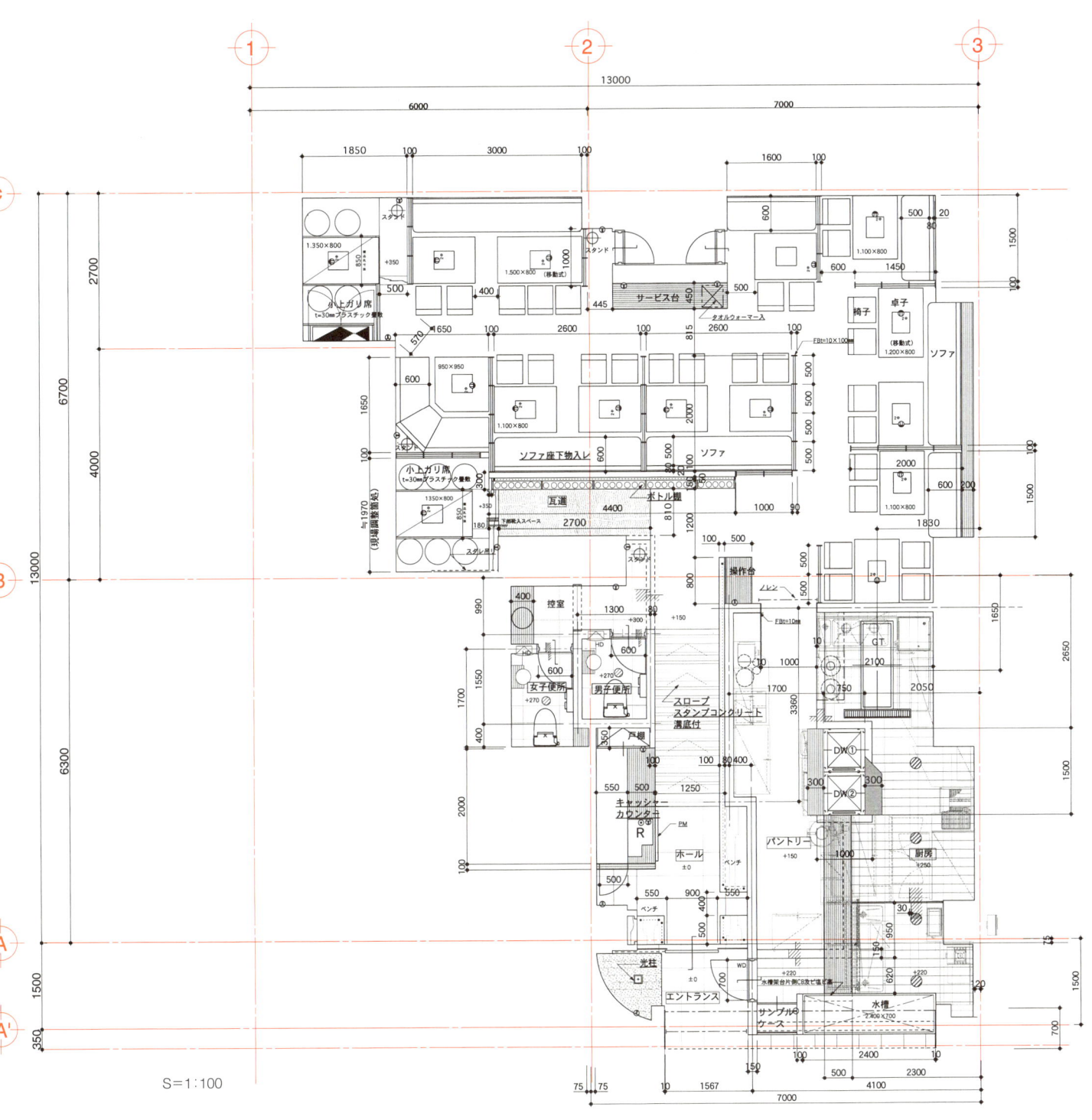

「仕上げラインがインテリアの輪郭」ということが分かるように躯体や下地組を外して比較して現した図

インが両図面ともスペースの輪郭となる所以である。その上に、天井伏図なら特記仕様や寸法、防災器具、照明器具などを、展開図なら素材の表現、建具や巾木、同じく仕様や寸法を網羅していく。

逆に言えば、平面図に仕上げラインがなければ天井伏図、展開図とも描くことが出来ないし、仕上げラインが空間を成り立たせる稜線ということである。ちなみに仕上げラインを描かない例としては、コンクリートの打ち放し仕上げ（躯体壁の内側に点線で表示する）の壁をそのまま使うとか、スケルトンの躯体に直接塗装したり吹き付けたりして済ます場合だけである。

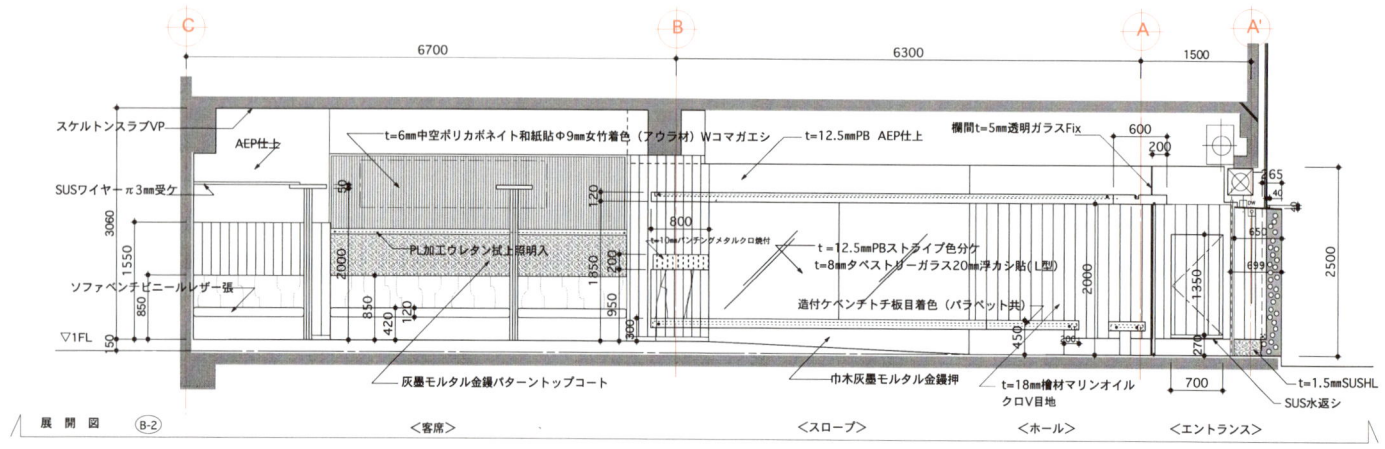

展開図に躯体を描くことは少ない。しかしスケルトンスラブや複雑な高さ関係のときは1面だけでも描き現したい。またベンチやソファが造り付けとなっているので展開図に現している

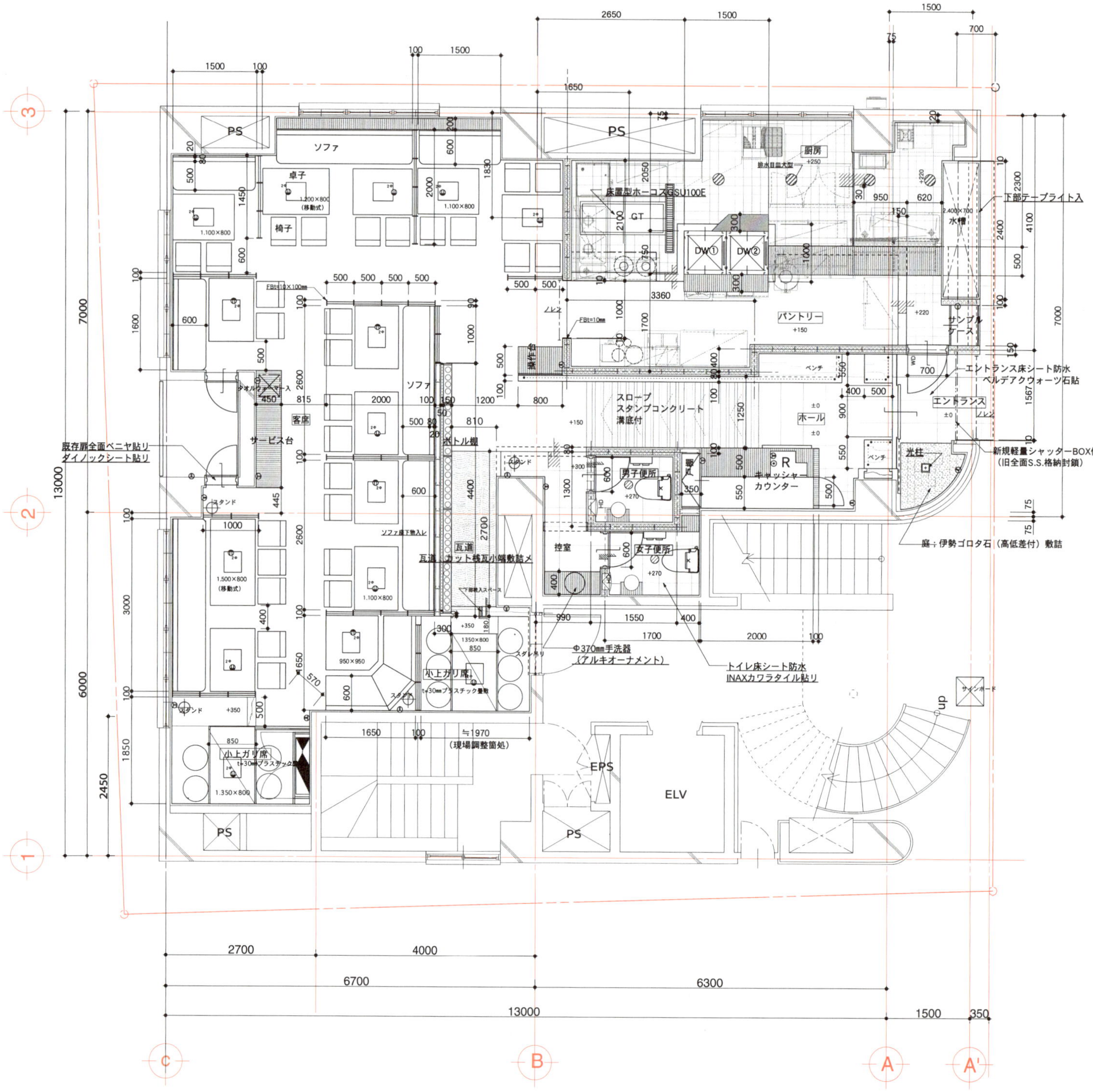

平面図は、全体の基準となる通り芯を押さえる。この組立基準線がすべての原点である

S=1:100

2 ショップインテリア｜設計製図の計画知識

a｜店舗の用途施設とその機能

用途施設を抜き書きしておく

「この計画にはサービス台のスペースがないね」とか「更衣室忘れてないですか」とプレゼンの段階で設計図を見ながらクライアント側から言われるようでは話にならない。しかし、分かってはいるのだが、意外に失念してしまっていることがある。特に客席や厨房、アプローチなど主要な用途に気を取られていると、後で考えればいい更衣室や倉庫、またサービス台、操作台というスペースや什器を忘れてしまうのである。ベテランでもそういうことがあるくらいだから、新人がうっかり忘れのミスがあっても仕方がないかもしれない。しかしトイレを忘れるにいたっては論外である。そうは言ってもショッピングモールなどでは、トイレはパブリック施設利用のところもあるので、そういう勘違いや失敗がままあるようだが……。

全体プランの進め方としては、アプローチや厨房、客席といったところから考える。バックヤードの更衣室や倉庫といった類は余ったところや、デッドスペースを利用することで十分なので後回しにしてしまうことから、冒頭の例のようにうっかり忘れの原因となる。

飲食店舗の業態はいろいろである。規模についても、中小規模店舗から大規模店舗まで千差万別である。しかし、店舗で必要とされる各種用途施設は、店舗全体の広さに違いがあってもほとんど変わらない。むろん業態や規模によって不必要なものもあるが、取捨選択すればいいので、用途施設リストを用意し、出来上がりの段階でチェックをすれば、冒頭のような失敗を避けられる。この「リスト」は、アイデアを練るために必要なことが多いから、傍らに置いておくと役に立つ。まず、それぞれの仕事に必要な用途の機能を抜き書きするための考えを巡らす。そこからスペースを割り出していくと、嫌でも何を盛り込んでおけばいいかという、大体の方向を示すことができるし、モチベーションが上がるきっかけにもなる。漫然とした状態でエスキースしても、必要に迫られなければ、すなわち何が必要なのかが念頭になければ、そのことについて考えが及ばない、故に失念し勝ちというわけである。

用途施設を機能分類する

表1に「店舗用途施設チェックリスト」を示す。もちろん、業態が変わることにより他にもいろいろあるだろうが、一応50項目挙げている。必ず必要と思われる共通項目の欄には○印を、実施設計のときに考えればよい項目には、●印を入れておいた。その上で仕事により必要と思われる項目用にチェック欄を設けた。その中でもさらに注意点として、たとえば「このようなこと・モノ」を分類別に以下に箇条書きにしてみよう。

まず、全体を分類して6項目に分けてみた。
（1）入り口まわりの施設、（2）厨房およびバックヤード、（3）客席の多様性、（4）サービスヤードや収納スペースの施設、（5）設備まわり、（6）ディスプレイスペースやショーケースによる見せ場の施設…といった内容である。

（1）入り口まわりで、その必要性の如何を考えるのは、ウエイティングコーナーである。スペースの関係で設けられないことが多いが、混雑時に待つことも厭わないという顧客は大事に扱いたい。しかし、ウエイティングスペースがあるからこそ、待つ気になるということも多いから、できれば確保したいスペースである。何人分のスペースが必要かということよりも、如何に雰囲気のあるウエイティングスペースをデザインするかが重要である。

（2）厨房やバックヤードについては、従業員用トイレも厨房の規模によっては設けることがある。そのほかに上・下層階があればダムウエーターが必要である。その位置は梁やブレースなど開口できるところが限られるだけに慎重になる。あるいは、グリストラップや側溝の長さも厨房器具の配置は別図でかまわないが、実施設計の平面図には明記しておきたい。

（3）客席は、一般客席だけでなく、個室席や、グループ席、業態によっては座敷席、あるいはVIP席など新しい客席構成を考えることも必要で、階段席とか高床席、ロフト席という特別な名称をつけてオリジナルな客席を考えることも多い。忘れてはならないのが、カップル席や2人席である。収容客席数にとらわれるあまりに、気がついたら忘れていたということがある。むしろ先に全体の何割を割くかと考えておくことである。

（4）サービスヤードは、経営者、運営者との関連からそれぞれやり方が異なるので、計画設計のときに打ち合わせが必要である。サービス台は、特に使い勝手が異なるのでその時点で情報を仕入れておく。そのために、とりあえずどこかに配置しておけば、打ち合わせ漏れを避けられる。

また、収納については「バックヤードの考察」の項（P.066）で後述するが、物入れ程度のスペースであってもその確保は、そのことに専念するくらいでないとスペースの空きはなかなか見付けられない。しかし、もっとも従業員から要望の多い用途である。

（5）設備まわりについては、実施設計段階で忘れやすいことが少なくないので注意が必要である。

現場着工の打ち合わせの折に、必ず電気設備側からきかれるのが、分電盤の位置である。後で決めればいいという安易な気持ちでいると、大いに悩まされることとなる。必ず、実施設計のときに設置位置を決めて、最低幅1000mm、奥行き250mm程度の壁面スペースを確保すべきである。後で決めると結局更衣室に入れることになったりすると、使いにくいということにもなる。照明のスイッチの位置についても然りである。調光機が絡んでいる場合は結構な壁面スペースを必要とする。もし調光システムや、セレクタースイッチが導入できれば、

表1　店舗用途施設チェックリスト

分類	✓	要	施設名称
入り口エリア		○	エントランス
			サンプルケース・テイクアウトエリア
		○	アプローチスペース
			風除室・ホール
			レセプションエリア・EVエリア
		○	キャッシャーカウンター
		○	レジバック戸棚
			クローク
		○	ウエイティングコーナー
厨房エリア		○	厨房
		○	配膳（パントリー）室
			オープンカウンター厨房
			ドリンクカウンター
			バックバー
		○	ディッシュアップカウンター
			DW（ダムウエーター）
			従業員トイレ
客席エリア			カウンター席
		○	一般・メーン客席
		○	カップル席・2人席
		○	グループ宴会席
			テラス・デッキ・バルコニー席
			個室席
			VIP席・特別席・ラウンジ席
			座敷席・小上がり席

分類	✓	要	施設名称
サービスヤードエリア・収納エリア			バー・コーナー席
		○	店長室・事務室・従業員室
		○	男・女更衣室
		○	サービス台
		○	ステーション操作台
		○	男・女トイレ
		○	掃除道具入れ
		○	物入れスペース
			下駄箱スペース
			宴会室建具収納スペース
			食品倉庫（ストックスペース）
			専用階段室
設備エリア		●	床コンセント・電話端子位置
		●	グリストラップ（GT）／側溝
		○	分電盤設置スペース
		○	避難器具（オリロー、避難梯子）
		●	喫煙・非喫煙区画
		●	電灯スイッチおよび調光器位置
		●	ガスメーター（GM）設置スペース
		●	ダクト消火貯蔵収納ボックス
ディスプレイエリア			ワインセラー
			サラダバー
			ボトル棚
		○	ディスプレイスペース
			中庭・庭園

実施設計作図確認チェックリスト

No.	凡例	平面図
1		寸法記入再確認
2		床仕上げ材定尺ライン記入
3		床排水目地皿記入（便所、浴室）
4		排煙開口面積計算書
5		手洗い器（厨房／客席）
6		避難口の確認（3階以上オリロースローダウン）
7	⊟	コンセント位置記入
8	⊙	電話位置記入
9	SW	電灯スイッチ位置指示記入
10		消防進入口（3階以上10mに1カ所）
11		壁付き換気扇指示FD付き
12		室名、コーナー名記入
13		面積計算、収容客席等
14		厨房器具および家具什器搬入経路確認
15	±0 +150	床レベルの寸法入れ

No.	凡例	天井伏図
1		寸法記入再確認
2		天井仕上げ、天井仕上げ材定尺ライン記入
3		梁位置再確認
4	◣	排煙口
5	⊕	非常照明
6	▬	客席誘導灯
7	S	火災報知器（煙感知器）
8	●	火災報知器（熱感知器）
9	▽	火災報知器（低温熱感知器）
10	△	スピーカーBGM
11	▲	非常放送スピーカー
12		天井扇、アネモ、VHSスリット、便所臭気扇
13		分電盤、動力盤位置記入
14	✧	スプリンクラーヘッドSP
15	2,500 +30	天井レベルの寸法入れ

実施設計の時にも平面図や天井伏図の作図で記入漏れが多い。図面ができあがったつもりでも、もう一度チェックが必要である。用途施設の設備の項と重複するところもあるが、このような作図確認リストを作って再確認するようにしたい

スイッチと調光機は別々に分けて設置できるので理想的である。
厨房についても同様の事例がある。
例えば後になって、ガスメーター（GM）の設置する場所がないと嘆くことがある。GMの場合、厨房計画では厨房器具の配置の範疇から外れるからである。手洗い器や瞬間湯沸かし器については、給排水工事のテリトリーであっても厨房器具と一緒に考慮されるが、水道メーターを含めたメーター一類はいつも蚊帳の外ということが多い。20万キロカロリー以上のGMとなると、そのまわりのガス配管まで含めると、意外に大きなスペースが必要である。当初からGMスペースをどこにするかを全体のレイアウトから工夫するのと、レイアウトが決定してからGMの置き場所を探すのとでは違いが大き過ぎる。また、GMの位置を軽んじるのには理由があって、それは空中に吊ればいいという安易な考えが根底にあるからである。しかし、フード、吊り戸棚などが上部の壁面を占拠することが多い上、ダクト消火の消火剤貯蔵収納ボックスまで設置する場合もあるから厄介である。設計段階では簡単に見つからないと「現場レベルで考えましょう」となって問題の先送りとなる。それだけ厨房スペースがシビアなのだということを念頭に置くべきである。
（6）最後はディスプレイスペースやショーケースによる見せ場の施設である。これは、躯体条件の特別な場合の設定という感がある。たとえば専用階段があるとか、ディスプレイスペースとして利用できる広さがあるとか、中庭・庭園といったスペースが併設されているとかといったことである。また、ワインセラーやサラダバーなども同様に業態により網羅しなければならない施設である。
また別な用途施設として、客席においても喫煙コーナー、非喫煙エリアといった区画を最初からプランに図示しておくことが当然のようになってきた。確実にドアで仕切り部屋として分離するということではなくても、厨房室の排気負荷が客席の空気の流れを作ることを念頭におけば、エリア分けを設計上でも考えやすい。

b｜躯体把握と現場調査と計画

現調はスペースを正確に把握するために
新しい現場に赴いて最初に目に留めるのは、天井も解体されて剥き出しになっているスラブや梁などの構造体である。デザイナーとしては、広さを読み取れる建築平面図を手に入れても、エレベーションの資料図はすぐには手に入らないことが多い。現場での様子は、これからの空間のボリュームを決めることにもなり、高さについては特に気になるところで、そのため、つい上部の空間を見てしまうというわけである。現場は、条件の良し悪しにかかわらず、その特徴によっては設計上の着眼点になったり、プランニングの方針を決定するヒントが生まれたりということがあるだけに、長所、短所ともすべてアイデアのソースになると思って、建物の現状を見極めることがポイントになる。その上で「現調」は、如何に正確に現場のスペースを実測するか、スペースは広さだけでなく高さ、奥行きを含めた全体像をひとつにして受け止めることで、壁からスラブまで、隅から隅までどこまで使える余裕があるか、躯体のもつ条件をスケルトンの状態で、正確に実測し、把握しなければならない。その上、古い建物のリニューアルとか旧内装を解体した後という場合が多いから、設備上の問題点も念入りにチェックすることが大切である。

ショップインテリアの現場の環境は、
(1) 建物と同時進行の工事でグランドオープンを迎えるという新築の場合
(2) 解体後のスケルトンの場合（現状復帰の条件による事前解体）
(3) 旧内装のまま、すなわち解体前のままで「現調」しなければならない場合
の三つのケースがある。

(2) のスケルトンの場合は、空間を把握するには最適で、すぐ上の階の設備パイプなど邪魔モノの存在や、排気口、給排水設備の諸条件などを確認しつつ、高さ関係も把握していくことができるというのが冒頭の情景である。ただ、重要なことは、建築平面図をベースにしてPS（パイプシャフト）、DS（ダクトスペース）、EPS（電気配管シャフト）といった専用スペース以外についても把握して実測することで、専用スペースに隣接する関連性が分からないと、特に大規模店舗の場合ではコンパスなしで大海原に船出するようなものである。要するに、基準となる拠り所を見つけることで、例えばスケルトンの柱の通り芯墨が残っていれば、より正確を期すことができる。柱の中心（必ずしも真ん中にあるとは限らない）探しはスケルトンだからこそできると考えたい。その上で部分実測をしていけば大きなミスは避けられるということである。

高さの現調は床レベルから…
では、実測はどのような点に注意をしたらよいのか。
まず前述のように、事前に建築平面図を手に入れておくことは最低限必要で、それは建築でいう敷地図に値する。竣工図と異なり必ずしも図面どおりの建て方とは限らないので、その図を基に各壁を目通りの高さで、基準点となる柱を出発点に順番に一周するように実測していく。さらに柱間や、一番遠い壁間の寸法を一括測定で正確さを期する。しかし、それはどんなに長いメジャーを使うにしても一人ではままならない。そのために、自動的に寸法を明示するレーザー距離計を利用して、端から端までのトータルに寸法を押さえた上で、各入隅、出隅間を、あるいは窓枠（排煙窓の場

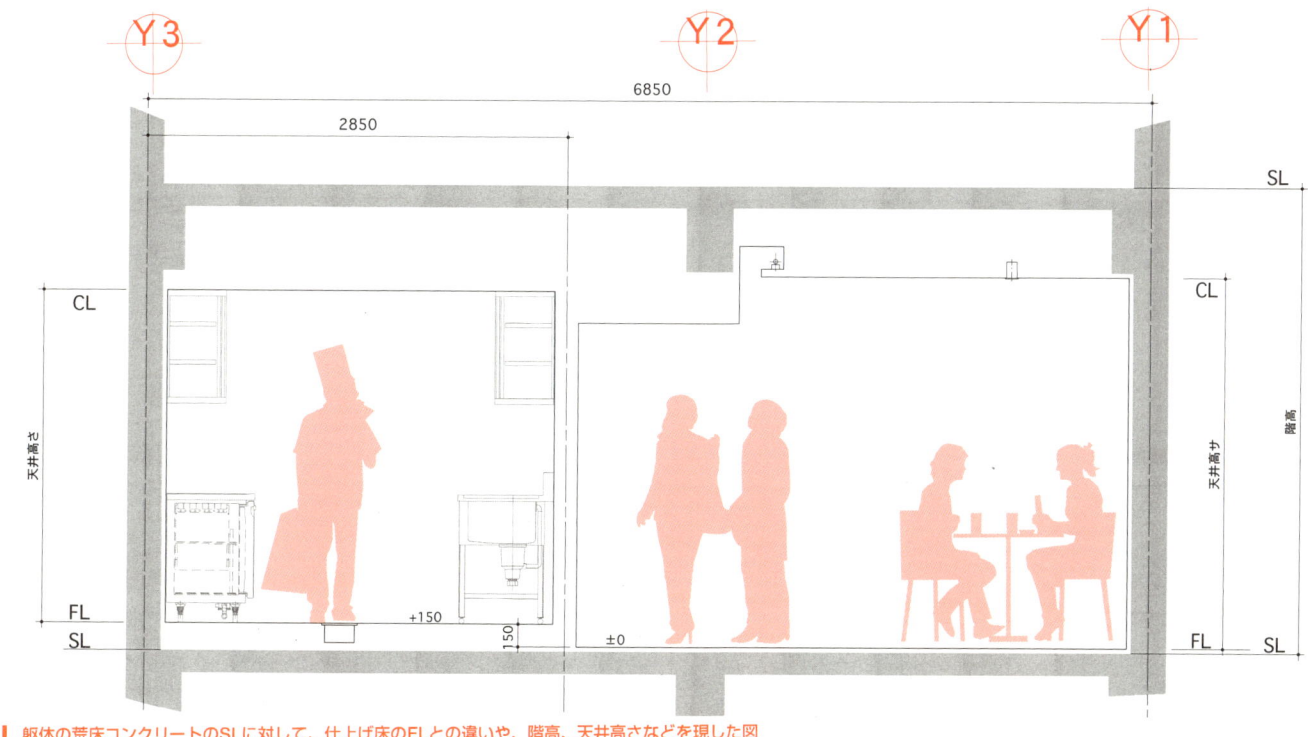

躯体の荒床コンクリートのSLに対して、仕上げ床のFLとの違いや、階高、天井高さなどを現した図

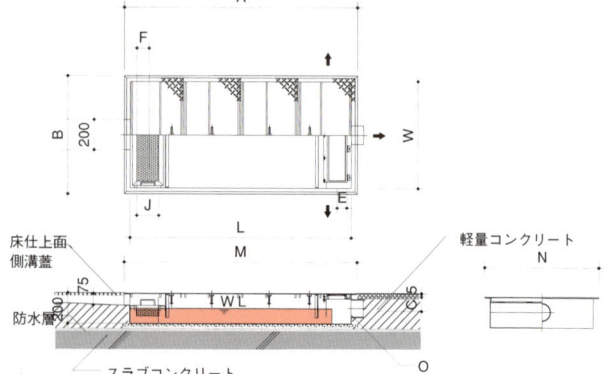

ステンレス床置浅型GT　注：上図は100リットルタイプの例　S＝1/50

床置浅型GT標準仕様寸法表(mm)

本体容量(ℓ)	本体寸法												バスケット寸法			本体質量(Kg)
	L	W	A	B	C	E	F	J	O	M	N		長さ	幅	高さ	
25	800	350	880	430	90	50	95	100	80A	880	430		260	100	70	42
40	900	500	980	580	90	50	105	120	80A	980	580		410	120	70	52
60	1200	500	1280	580	90	50	105	120	80A	1280	580		410	120	70	58
70	1450	500	1530	580	90	50	105	120	80A	1530	580		410	120	70	66
100	1500	700	1580	780	95	65	120	150	100A	1580	780		610	150	70	81
120	1750	700	1830	780	95	65	120	150	100A	1830	780		610	150	70	86
150	1900	800	1980	880	95	65	120	150	100A	1980	880		710	150	70	98

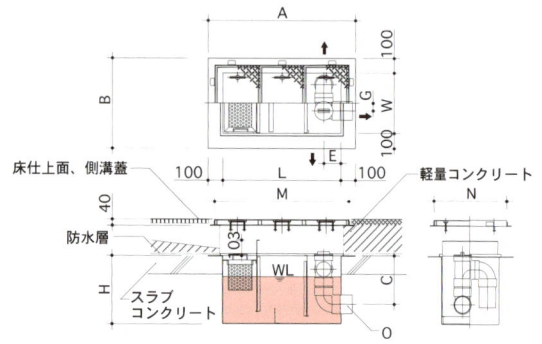

ステンレス床吊り込み型GT　注：上図は100リットルタイプの例　S＝1/50

床吊込型GT 標準仕様寸法(mm)

本体容量(ℓ)	本体寸法											バスケット寸法			本体質量(Kg)
	L	W	H	A	B	C	E	G	O	M	N	長さ	幅	高さ	
60	600	300	450	800	500	320	85	50	100A	710	410	230	100	200	42
80	700	350	450	900	550	320	95	50	100A	810	460	280	120	200	50
100	800	400	450	1000	600	320	115	50	100A	910	510	320	155	200	57
130	900	450	450	1100	650	320	115	50	100A	1010	560	360	150	200	65
160	1000	500	450	1200	700	320	125	0	100A	1110	610	420	180	200	73
200	1100	550	500	1300	750	370	135	0	125A	1210	660	470	200	200	85
250	1200	600	500	1400	800	370	135	0	125A	1310	710	520	200	200	95

スラブ吊り込み型と超浅型の床置き軽量コンクリート埋め込み用タイプのグリストラップ（GT）

合もある）までの部分的寸法をメジャーで実測していくという両建ての方法が正確である。ひととおり終えたら、改めて高さについての実測をする。床からスラブまで、梁下、小梁下の寸法や既存の窓の腰高さ、窓高さ、あるいは既存のSDなどを実測する。この場合、基準となる床のレベルがどこかを把握しておくとよい。共用部の廊下のレベルやエレベーターレベルと比較することで、SL（FL＝フロアラインに対するSL＝スラブライン）からFLまでの仕上げ代（しろ）が分かる。

その寸法があればあるほど、床の材料の厚みを気にしないですみ、選定に幅が生まれる。その余裕が数十ミリ程度しかない場合は、設計上で床を上げることで仕上げ代を稼ぐことである。しかし、店舗の床レベルの基準となるのは、厨房の床がどのくらい上がるかであり、GT（グリストラップ）の床置き形（超浅型GT h＝200mm）の設置にかかわってその高さが決まる。SLからの仕上げ代があればあるほど厨房の床高さはFLから抑えることができ、一般フロアとの差を少なくすることができる。理想は、厨房の床高さと一般フロアとのレベル差がないことである。差が出来るとすれば、段やスロープでそのハンディを克服するしかないため、全体の天井高さのバランスにも影響があるが、厨房からの配膳ルートを如何にフラットな床構成で設えられるかが重要になってくる。その場合、厨房の

レベルに合わせて、客席を含めてすべての床を上げることで解決するしかない。それは費用アップにもつながり好ましいことではないが、すべてが±0で解決できないとすれば、床のレベル変化を前向きに利用して設計することになる。しかしそれでも出来るだけ床が上がる寸法を抑えるには、厨房の位置をどこにするかということで、排水のもとにGTの位置を近づけることを前提として考えなければならない。よって現調での設備に関する判断の第一のチェックは、排水の位置である。その他、設備の問題では厨房排気のルート、空調室外機の設置スペース、電気容量、ガス・水道の容量などのチェックで、設備の担当者（設備設計者あるいは設備の工事担当者）同行での現調が望ましい。実測のチェックとしては、梁の構成、梁スリーブの存在、壁の開口部のチェックなども記録する。当然、そこまで努力しても実測漏れもあるし、オフィスに帰って図面をおこしてみるとどうしても寸法が合わないこともあるので、数回測り直しにいくのは当たり前と考えておくことである。カメラも用意し、後での確認に利用する、あるいは二人以上で現調することができれば申し分ないが、むしろ人数の問題ではなく実測の回数とか、一人でじっくり考えながら実測できる環境のほうがポイントのように思う。

旧内装のままでの実測

寸法が合わないのは、往々にして解体漏れのプラスターボードをそのまま測るとか、単純に足し算引き算の間違いとか、書き間違い、測り忘れの問題が多い。そのため計算した式を消さずにメモを残しておくとか、実測した数値は、ていねいにメモることが大事になってくる。

古い建物の改装はスケルトンに原状回復されているとは限らないし、旧内装が残されたままの不確かな現場状況の時もある。そのままで「現調」しなければならないケースではまた別の問題が起きる。洋服を着たままの患者に服の上から聴診器を当てる医者のごとく、躯体までの壁の仕上げ代を想像しながら実測していくことになるので、実測に錯覚や勘違いを起こしやすい。その上、後で予想外の障害物が出現して設計変更もあり得る。できれば事前解体を要請しておくことがベストだが、そういうわけにもいかない場合は、不審な壁の位置に穴を開けてみるとか、点検口からの天井の懐高さや、何が原因でこの天井高さになっているかを見極めることである。特に天井は、設備を整理すればもっと天井を上げることができたりする。壁についてもわずかな設備パイプの飛び出しを隠すため大げさに天井まで囲っているという例もあるので、現調でそのような隙間的空間も貴重なスペースだけに、探し出して目一杯活用したいものである。

c｜計画から引き渡しまで；設計監理

引き渡しとメンテナンス指導

ある日、クライアントから店の見直しを頼まれた。約5年前に設計した店である。最近は明るいレストラン化傾向になってきたので、もう5年も経つことだし、照明を見直して明るめに設定して欲しいということだった。

設計した当時は、中華の居酒屋化が新しいトレンドだった。その店は、テーブルと、その周辺の光のコントラストによって、雰囲気をつくるという考え方で進めていたので、ダウンライトに狭角型（10°）ランプを使用していた。今回、拡散型（30°）ランプに変えるという程度で解決するのかなという思いで、照明デザイナーとともにその店に行ってみた。ところが驚いたことに、もともとなかったかのように、間接照明の一列に光がない。また、壁際のダウンライトもランプが消えたままである。なるほど、相対的に薄暗い感じになるわけである。よく見ると、間接照明が点灯しているところでも、ランプのところどころに櫛の歯が欠けたように消えているところがある。不審に思いながら、店長に何故間接照明を消しているのかと尋ねたら、なんとその答えは「私が来たときからこうだった」と言う。オープン当時から店長が3回変わっていたことも影響があるのであろうが、それにしてもメンテナンスが悪い。間接照明の特殊なランプは補充方法、取り替えの難しさもあるのかもしれないと同情しても、ダウンライトの球切れは一目で分かるところである。

もっとも、一列丸々消えていたのは単にスイッチの入れ忘れであった。スイッチが別のグループになっていたとしても、今まで点灯せずに過ごしてきたことに驚く。いうまでもないが、その後全部の照明の電球を入れ替えたら、明るくしなければならない理由など何も見つからなかった。

現場の引き渡しは、引渡し業務と同時にこのようなことがないように、取り扱い説明を各専門家が直接、注意点やメンテナンスについて指導する。オープン前の調理器具や什器、食器などの搬入に、店長たちが忙

設計上、天井から床までいろんな場面に光が仕込まれる。このパースでも間接照明が二段階になって、しかもニッチのシルエット照明まである。スクリーンもガーゼ模様を透過した面発光で、奥の部屋やキャッシャーカウンターまで光の要素が多い。竣工写真を撮っておけば現状と比べられて光の消えたところや、その違いに気づきやすい。意外に光の輝度の差まで分かりメンテナンスがしやすい

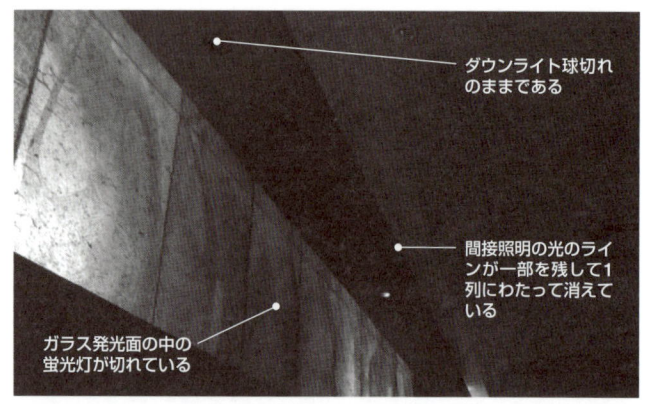
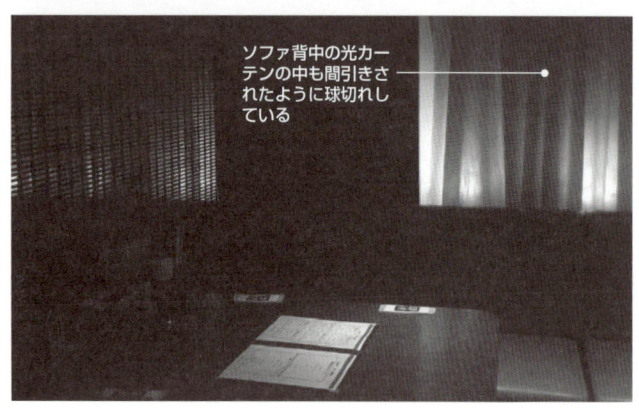

しい思いをしているときと重なると十分に伝わらないのかもしれない。その上、照明器具のメンテナンスについては、厨房や空調機器の取り扱いのように、説明がなされていない例が多いのも事実。ランプの種類も多岐に渡り、間接光は、光源が見えないように複雑な折り返しになっているほどメンテナンスが難しくなる。引き渡しは、未工事や瑕疵についてのチェックだけでなく、それらメンテナンスの指導についても、必要不可欠である。冒頭の例のようにならないように、如何にオープン当初の雰囲気を守るか、コンセプトを遵守するかを念頭に引き渡し時の説明に注意したい。

引き渡し時のチェック

引き渡しでのチェックは、設計者の立場で、扉や引き戸、抽斗や開き戸、ケンドン戸、施錠の可否など可動のものはもちろんのこと、固定のものも確実に止めてあるかなど確認する。しかし、運営者側にはまた別な視点に立ってのチェックが入る。それは安全や掃除についてのことが多い。一例を挙げると、トイレのタイルの目地が濡れると色が変わる。化粧室洗面台の床のまわりに水が散ると濡れてないところとの差がはっきりして、いかにも掃除してないように見られ、汚らしさに抵抗を感じるといったことである。また、滑ることを懸念して御影石をバーナー仕上げにした床材についても言える。トイレのタイル目地に撥水材を施したり、御影石の場合にはトップコートを塗布し最初から濡れ色にしておくなどの配慮がいる。また段差については、蹴上げの隙間があるとステップライトが仕込んであっても、足を挟むから塞いで欲しいとか、掴まりやすいディスプレイ、格子など掴まれてもよい丈夫さなどの安全性に関することが主である。設計者としても傾聴に値する事柄が含まれている。

設備についても、すべて運転してみて、空調や排気の効き具合やドレンからの水漏れがないか、給排水や衛生器具の水の流れ具合、シャッター、オートドアの動きの調節、機器の異音や、騒音といった点にも気を配ると同時に、空調機のフィルター清掃、グリスフィルターや、GTの廃油除去、洗浄などのメンテナンスについても、チェックリストの項目に加えるべきである。メンテナンスについては、設備だけでなく素材についても、たとえば、デイリー（店頭、店内の素材の種類に応じた清掃など）、ウイークリー（グリスフィルター、排水溝など）、マンスリー（エアコンフィルター、照明器具清掃、GT廃油洗浄など）、シーズンあるいは年間（エアコン切り替え時期清掃、コンセント点検、照明器具ランプ交換、排気ダクト内油塵清掃、カーテン・カーペット・暖簾クリーニングなど）で行う違いも網羅しておきたい。

引き渡しの日と重なることもあるのが、消防検査や保健所検査である。もちろん諸官庁の検査後引き渡しとする場合もある。その検査の立会い時に、気づくこともあるので、その日一日は、ブルーのメンディングテープをもって、気づいたところに印をつけておくのも一方法である。タッチアップの箇所に印をつけるのと同じ方法である。諸官庁の検査については後述するとして、工期どおりというか余裕を持って引き渡しが迎えられる場合と、タイトな工期でぎりぎりまで工事中で、清掃クリーニングや家具の搬入と同時という、さながら戦場のような場合と、引き渡しについても悲喜こもごもいろいろである。しかし、引き渡しは、開店準備のための調理器具や什器、食器などの搬入前に落ち着いてゆっくり点検する時間を設けるべきである。

最後に、鍵の引き渡しを受けると同時に、各緊急連絡先、メンテナンス連絡網といった業者リストや、チェック後のクレームや瑕疵の修復リスト、その後の日程の書類を受け取る。"終わりよければすべて良し"で、引き渡し日は静かに迎えるような現場でありたい。

d｜厨房スペースと客席とのバランス

厨房と客席境界のせめぎ合い

飲食店舗の設計で最大の難関は、厨房である。

厨房の位置をどこにするかということもさることながら、そのスペースもどのくらい確保すれば十分なのか、厨房の出入り口もどこに設定すればよいのか思い悩むところである。何か目安となるものがあればと思うのだが、業態やメニューのバラエティーによっても異なるので一概には言えない。しかも厨房は、あちらを立てればこちらが立たずといった矛盾も多く抱えている。特にスペースについては、厨房器具のレイアウトや、パントリーの設け方で縦、横の長さの取り方が違う。長方形になるか、方形になるかも全体の躯体によっても異なり、ただ広ければよいというものでもない。

厨房の理想を料理人に聞くと、「歩くことが少ないこと」という答えが返ってくる。フライパンを使い、振り返って皿に盛り付ける。それが2、3歩であっても歩くことなく、振り返るだけで事がすむ。料理人同士すれ違うこともなく、それぞれの持ち場が決まっていて、両手を広げた範囲内で仕事になるということである。料理人の働きやすい環境と、効率的な手順でスピーディーに料理を供給することがスペースの問題によって矛盾することになる。限られた広さしか与えられないということが、歩かないですむという逆説的な言葉になって返ってくるのである。

その一方で、通路に対しては約1000mmの幅は欲しいという要望も出る。

コールドテーブルのドアを開け、しゃがんで物を取り出すときに、料理の手順や食材の量など思案することが多い。目的の食材をすぐ取り出すだけではないわけで、しゃがんでいる間、人が後ろを通れるだけの広さを求めてくる。確かに必要なスペースではあるが、厨房は料理人の立場ばかりではなく、客席ホール側のパントリーやドリンク供給の立場からも考えなければならないから、設計時に、客席と厨房の境界でもある壁のせめぎ合いが起こることとなる。

結果として、出来上がった店舗から、厨房スペースを見た場合の理想スペースとは、どのくらいの割合であろう。これは結果論として見れば、メニューアイテムの多さも関係するが、平均的に全体面積の13～15%という例が多い。メインメニューが何であるかによって、その設備の兼用が利かないということもスペースが広がる要素となるが、厨房スペースは、収容客席数とのバランスをどう取るかと同時に、厨房の形状によっても、器具のレイアウトや使い勝手に影響されて広さが変わる。無駄のない効率的なスペースを求めて、実施に至るまでの計画の煮詰めに最も時間がかかる作業である。

厨房の在り方、考え方

厨房の区画を考えるとき、その一つの目安として言えることは、スペースを如何にして、矩形にするかが重要ということである。厨房器具が既製品ということもある。変形の厨房では、器具を並べにくいと同時に、隙間ができることがオープン後の清掃管理に問題を残す。斜めの壁とか、凸凹の壁では、作業スペースも均一に取れない。事実、柱があるだけで、器具のレイアウトに支障を来たす。それも何本かの柱があるとなると、柱間のスペースはデッドスペースとして除外して、柱際にきれいに一直線に器具を並べて、その際の作業スペースも一直線になるわけで、如何に効率のよい作業スペースとなるかと考えたくなる。しかし、それは柱の反対側に動線が取れる余裕があって、そのデッドスペースを倉庫とするか、更衣戸棚として利用できるかの好条件でもない限りできない相談である。それゆえ、柱間で分断されてもよい作業の器具でレイアウトしていくしかない。そのためには、客席側の理由から厨房との壁を凸凹させるという事態だけは極力避ける必要がある。厨房区画は、できる限り矩形になるように配慮すべきである。

二つ目の注意としては、厨房の出入り口のあり方である。厨房の作業を大きく分けると、仕込み場（プレパレーション）としての下ごしらえ場は兼用として考えても、1）火気を使い調理をする場と、2）コールドフードの盛り付け、3）食材保管の冷蔵庫スペース、4）食器洗い場、5）ドリンク供給の場というように分かれる。ドリンクもあらゆる酒類を扱う昨今では、そのための機器類は、製氷機をはじめグラス冷蔵庫など多岐に渡る。客席ホール側で出来ることは厨房の外に出し、ドリンクカウンターを別に設けるとか、パントリーのスペースを広げるとか、あるいは洗い場さえコーナーを別にして造る例もある。しかし、省力化を図るとなると、厨房内にパントリーを含めてすべてを設定することになる。その場合、パントリーからの出入り口は1カ所になり、すなわちどの位置から配膳するか、またその入り口についての配慮は何かということである。

基本的には、出入り口の間口は1000～1200mmがちょうど良い。狭すぎてはすれ違いに支障が出るし、それ以上では中が見えすぎるためである。また保健所の条例として、出入り口に自由蝶番の腰ドアをつけなければならないなどの規制が加わる。パントリーの出入り口は、利便性ゆえにメイン動線上に位置づけることになるが、利用客の眼に入らないところにしたい意図とは当然矛盾する。しかし客席からはパントリーの出入り口が近すぎるのもパントリーの中が見えてしまい、その席はあまり良い席とは言えないことになる。和風なら暖簾を掛けたり、クラブならベルベットのカーテンを掛けてしのぐことになる。しかし暖簾にしろカーテンにしろ、それは見えてしまうからのやむにやまれぬ手法である。そのどちらの業態でもないとしたら、入れ子の壁で死角を作ることであるが、従業員の動きに支障を来たすのも事実。そのためにスーパーなどでよく見かける小窓のついたスイングドアを設けるとか、高級店になる

とオート引き分けドアという例もある。出入りに際しては、従業員は料理や下げモノを持っての行き来である。声を掛け合うマニュアルにしているところもあれば、一方通行で出入り口を分けているところもある。いずれにしても、パントリーの出入り口の周囲は、少しセットバックしてスペースをとると同時に、死角ができないように見通し優先とすべきである。

三つ目に言えることは、厨房の出入り口と、キャッシャーカウンターとの距離である。「キャッシャーカウンターの考察」の項（P.090）で詳しく述べるが、小規模であればあるほどレジに近いか、パントリーから見えるかが重要になってくる。管理上の問題だけでなく、早い対応ができることが省力化につながるためである。

中規模店であっても、近いことに越したことはないが、大きくなるほど厨房は店舗の奥に設定することになりがちで、テーブル会計にでもしない限り、レジとの距離は増すばかりである。それであっても、双方の間は直線通路やメイン動線上に設定するなどの配慮が欲しい。

厨房を防火区画にすることも多くなってきた。単純に熱量が30万キロカロリー以上というだけでなく、高層ビル内や大規模な商業施設などでは、防火シャッターや格納式SDで防火区画を要求される。その場合も、出入り口は1カ所となり、その周辺は配膳の要となると同時にボトルネックとなるところなので、前述したようにメイン動線上としてもセットバックさせて余裕を持たせる考えが欲しい。

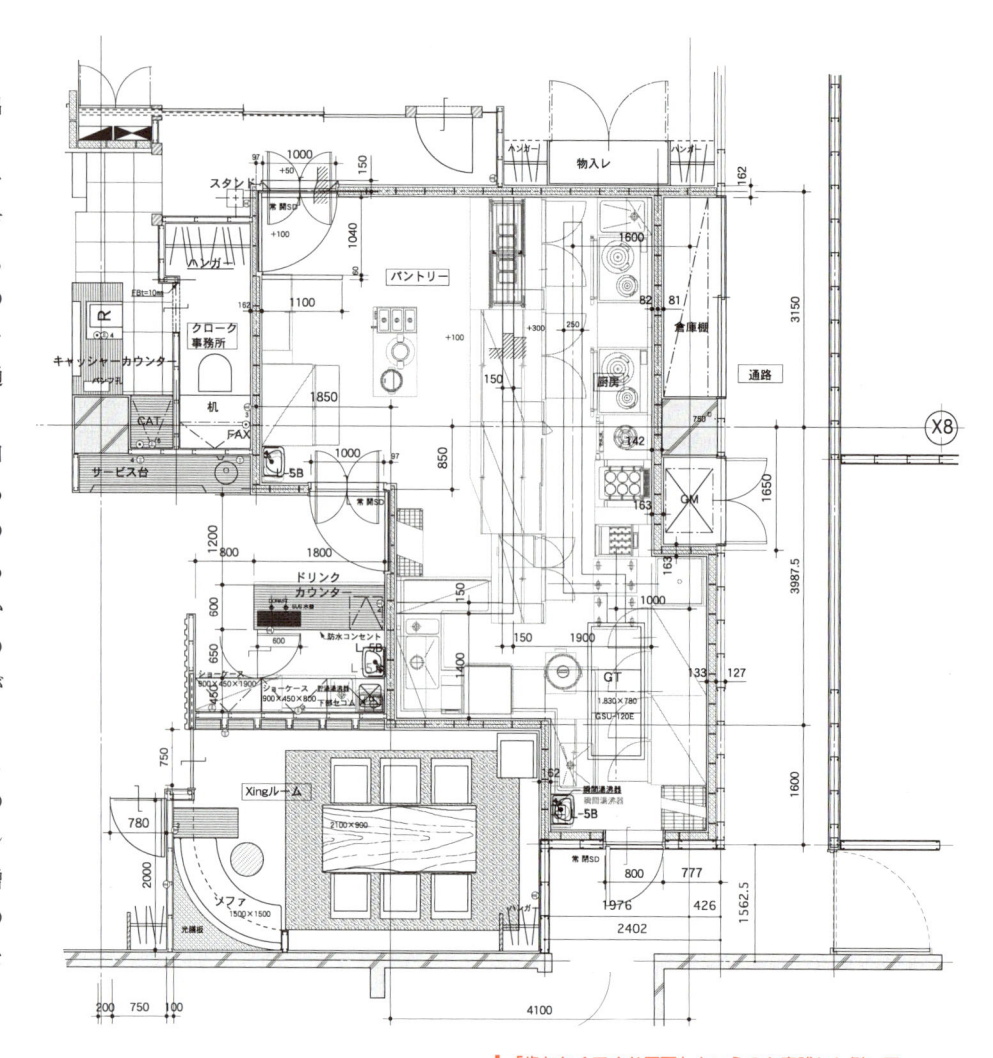

「歩かなくてすむ厨房」というのを実践した例。厨房を矩形に保つために柱を厨房内から外し、そのスペースを通路側からの倉庫やGM置き場としている

「歩かなくてすむ厨房」という要望の一方で、厨房の通路はコールドテーブルのドアを開け、しゃがんでモノを取り出す時に人が後を通れるだけの広さを求めると1000mmは欲しいことになる

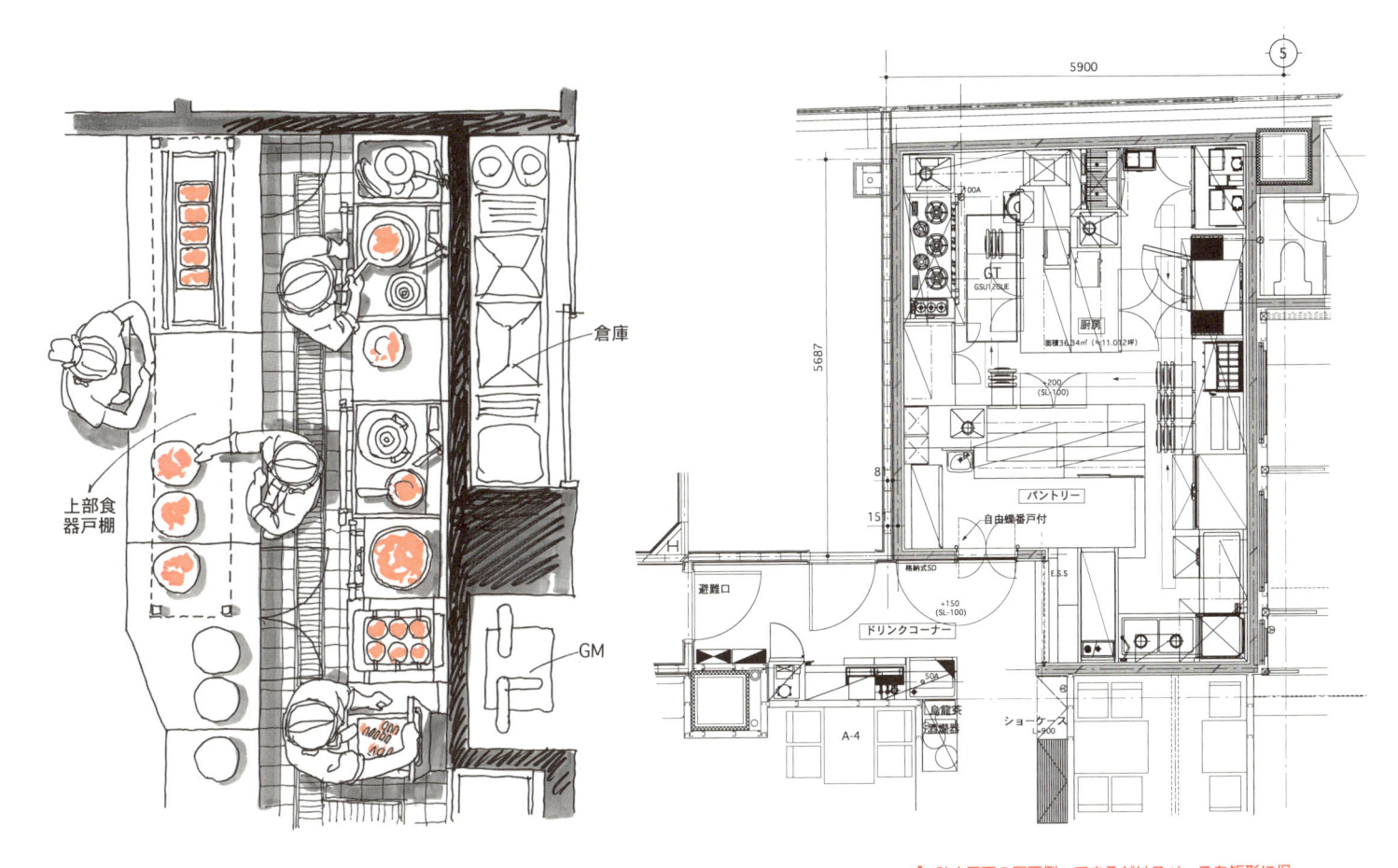

左図の厨房図をもとにしたイメージスケッチ。振り返るだけで作業が完結する通路巾はこの場合、600～650mmとしている

防火区画の厨房例。できるだけスペースを矩形に保つように計画されたもの。パントリーの出入り口も客席通路からセットバックしている

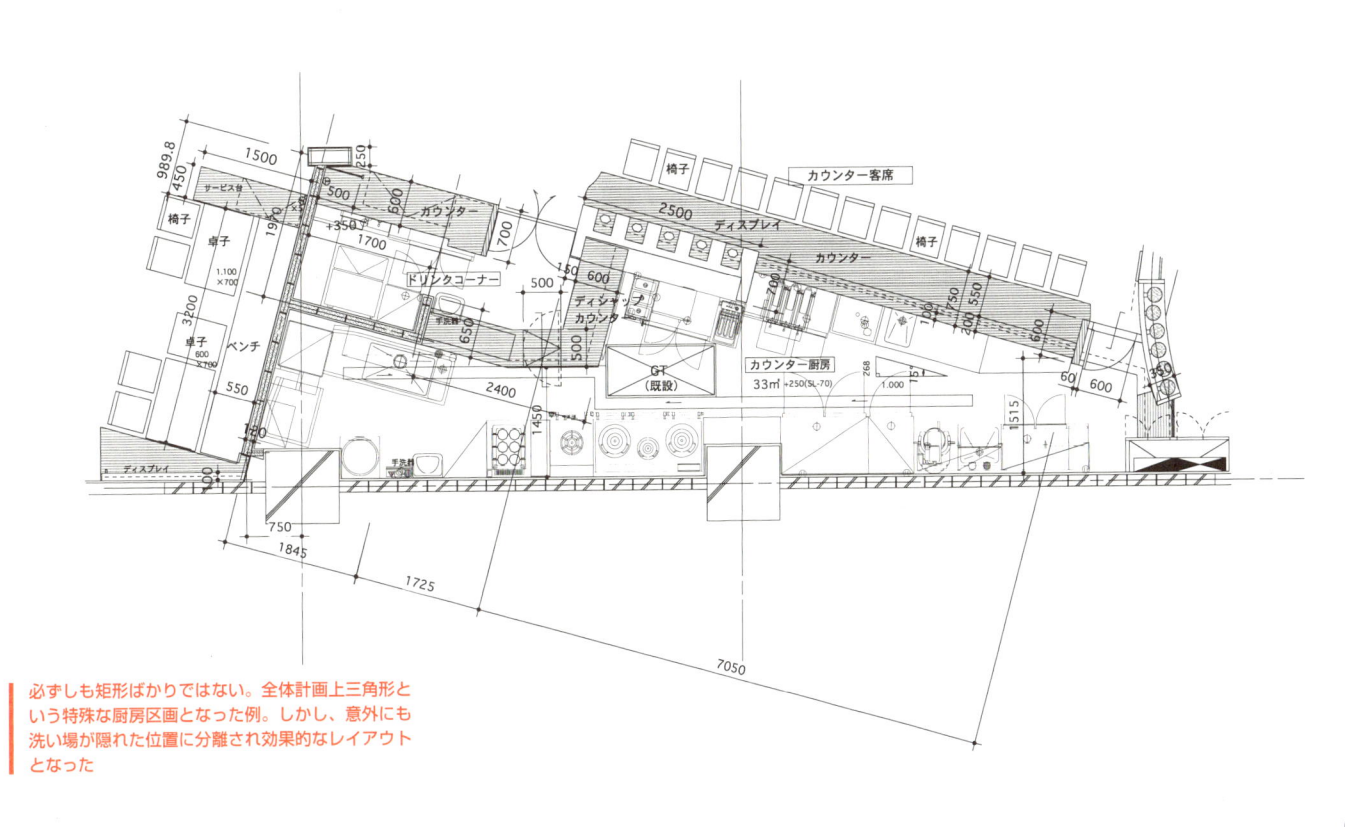

必ずしも矩形ばかりではない。全体計画上三角形という特殊な厨房区画となった例。しかし、意外にも洗い場が隠れた位置に分離され効果的なレイアウトとなった

039

e｜計画設計と実施設計

計画設計の実務

計画設計で必要なことは、与えられた条件下でどこまでできるか、その具体的可能性を示すことである。

そこには設計者の考え、アイデア、提案といった内容も含まれる。同時に、その提案に対してクライアントがどのように反応するか、問題提起を通じてその考え方を引き出すという機会でもある。しかも、躯体と業態を踏まえた条件に対する回答案を示すことになるので、出来ることと出来ないことがはっきりするだけに、より具体的に明確にコミュニケーションをとることになる。

そのようなプレゼンテーションが、計画設計の目指す目的である。クライアントが何を考えているかを引き出す手立てと考えると、計画案は、究極的アイデアだったとしても、その代替案がないと理解されないことが多い。要するに、選択肢の案を作るということである。いくつかの計画案とは、実際にあらゆる可能性を模索した結果、この方法しかないというくらい検証しておいたものでなくてはならない。したがって、クライアント側からの要望や提案があったとしても、すでに検証済み、想定内でなければならない。そのくらい、あらゆる可能性を踏まえた上での腐心した結果を示さなければ、通じないと考えておいて、ちょうど良いのかもしれない。

その具体的提示物としては、複数の平面プランと、そのプランに対するイメージコラージュ、イメージパース、メインとしての仕様素材の見本、時間があればブロック模型、パーツ模型といった提示作品を作る。通常の場合、時間がないので一時にすべてを提示するのではなく、何回かに分けて提示することになる。その間、いくつかの計画平面と、スケッチ、パースで打ち合わせをして、その段階で出た懸案事項を改めて修正をして、何度かの双方のキャッチボールをして、組み立てていくという方法が一般的である。その間のコミュニケーションが、新たなコンセプトの開発や問題解決のヒントにつながっていく。

計画設計の期間は、余裕を持って取りかかる必要があるから、相応の期間を確保すべきである。実際、検討に時間を掛けなければ、後で思いついての変更を繰り返すことになる。この段階で十分検討しないで作った結果は、取り返しがつかないことになりがちである。如何に早く完成したかは決して自慢できることではないと知るべきである。

そのために、平面図を何回も描き直すということは当たり前のことで、決定を見るまで、10枚も20枚も描いたとしても、かりに平面図A案から平面図Z案にまでいったとしても、驚くに値しない。あくまで納得するまで、これだと思うまで検討することである。それが計画設計の実務である。

実施設計の実務

通常、実施設計図書を必要とする人は、クライアントと施工者、そして設計者本人である。クライアントは建築やインテリアの専門家ではないので、図面を読み取って内容を理解するには無理があり、むしろ計画設計での提示物で理解したつもりでいる。ただ設計図書は、工事に際しても契約書の一部でもあるので、クライアントにとっても必要なものであるということに変わりはない。しかし、実際にクライアントは、図面を読み取ることはできないから、実施設計図書のすべてが、施工者のためにあるといっても過言ではない。事実、施工前の積算をする人、施工をするのに現場に携わる人たち、および工場加工や製作でこの仕事に従事する人々は、たとえその施工期間だけとはいえ、単純に平米数を見るというだけでなく、各種の図面をつき合わせながら目を皿のようにして読み取る。仕事の段取り手順、職種別工程、造り方および納め方など、図面に現されていない部分についても、施工者としての仕事から見た図面の見方がある。この図面を必要とする人は、何百人という単位の相当数の人たちであり、線一本のみならず、数字のひとつのミスも全員がその影響を受けることになるので、おろそかにはできない。設計者の顔は知らないが、図面の特長はよく知っている、という工場製作の人がいたとしてもそれは当然のことと言えよう。

一方、作図をした設計者本人は、設計図書に対する思い入れもさることながら、ほとんど完成イメージが頭に入っている。しかし、着工してからの現場の様子や時間経過などの影響もあって、部分的なことを忘れることはまだしも、錯覚を起こして現場では反対の指示をしたりすることもある。現場は、その煩雑な環境から間違いを起こしやすい。むろん正規の変更事項は別だが、現場での判断より、設計時点の空間を組み立てるという考え方が正しいと知っておいて欲しい。ゆえに設計者とて、現場では設計図優先で、設計図書に従うことが基本である。そのために、絶えず図面を携行する必要があるので、A3サイズやA4サイズのミニ製本にして持ち歩けば、判断材料の役目としては十分である。いつでもどこでも確かめられるということが目的である。もし、スケールで寸法を当たれるようにしたいなら、50%縮小とすればやや小さくなって見にくいかもしれないが、例えばA4サイズになるとしても、CADでの縮小なので正確に出力できるので便利である。

話は横道にずれてしまったが、実施設計の進め方は、実施平面図が出来上がった時点で厨房器具業者にまわし、その上、天井伏図および高さ関係を現した断面図などが出来上がった時点で、照明デザイナーや設備設計者との打ち合わせという段取りを踏み、詳細図や展開図、家具図といった設計図書を揃えていくことになる。その間に打ち合わせをしてあるとはいえ厨房レイアウト、照明配灯図、各設備図との整合性をチェックして、やっと完成である。

実施設計の期間は、たとえ必要範囲に予定

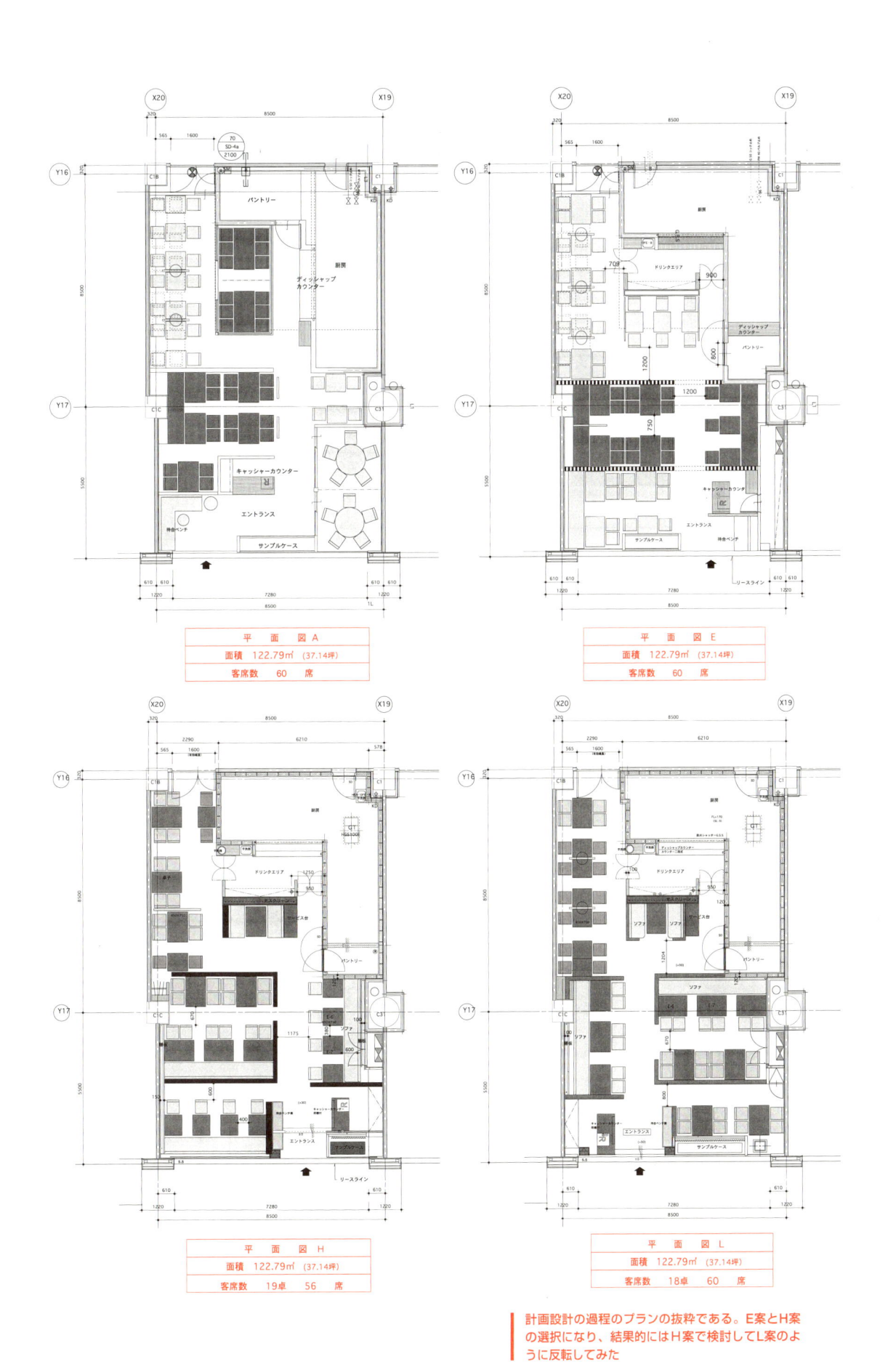

計画設計の過程のプランの抜粋である。E案とH案の選択になり、結果的にはH案で検討してL案のように反転してみた

| 平　面　図　A |
| 面積　122.79㎡　(37.14坪) |
| 客席数　60　席 |

| 平　面　図　E |
| 面積　122.79㎡　(37.14坪) |
| 客席数　60　席 |

| 平　面　図　H |
| 面積　122.79㎡　(37.14坪) |
| 客席数　19卓　56　席 |

| 平　面　図　L |
| 面積　122.79㎡　(37.14坪) |
| 客席数　18卓　60　席 |

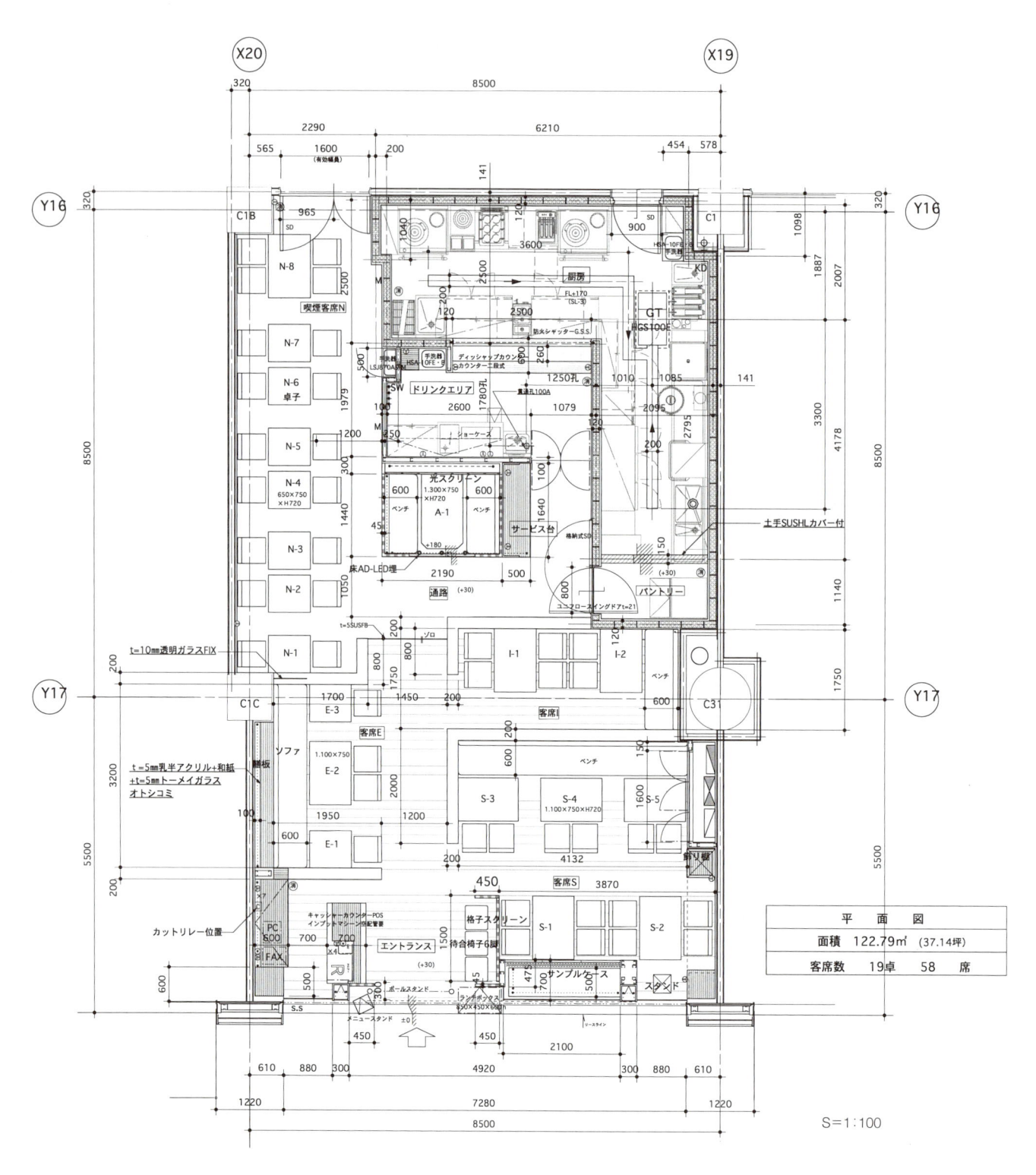

> 実施設計では、反転したL案の方を採用した。従業員動線の独立する良さ、また利用客動線とのバッティングを避けると言う意味でも優れている

してあっても、他の仕事との絡みでその通り取れないものである。プロジェクトを組むにしても、まず平面図と天井伏図がないと始まらない。特に、設備まわりが確定しないと何も進められないだけに、設備にまわせる図面を最優先することも含めて、先の図面を早めに仕上げることである。とい

っても、エレベーションの図面に入ると、平面図や天井伏図に戻って修正が多々出てくるものである。そのためにも展開図より断面詳細図、矩計図を先行して、高さ関係の実現性をチェックしておくべきである。その後、展開図に入れば意外に壁に突き当たらず、スムーズに進められる。往々にし

て、積算のために展開図を先に仕上げる要望に応えると、手直しが増えるものである。まして、いくら時間がないといっても、各図の整合性のない図面では、現場のトラブルのもとになる。工事に際しての契約書の一部としても必要なものであればなおさらである。

f｜エレベーションの実現性

断面図を展開図にコピーペーストする

実施設計に入ると、平面図の後に天井伏図を描くという順に仕上げていく。そこからエレベーション図に入り、高さ関係の図面となる。

通常は、すぐ展開図を描くことになるが、高さの納まり、機能性やモジュールを十分に検証していないと、迷ったり悩んだりした結果、修正や整合性のための訂正に、時間がかかるのが展開図の作図にありがちなパターンである。

決まっていないところを飛ばして描き進むと、懸案事項を増やすだけになり、かえって手間取る。まして1/50の縮尺の展開図にどこまで詳しく描き込んでいけばいいのか、CADにありがちな落とし穴にはまることにもなる。

最たる例は、階段である。飲食店舗の設計では、往々にして新規に専用内階段を設けることがある。特に、有効にスペースを使うことが求められている業態では、頭を打つぎりぎりまで床面積を確保したいという思いから、階段のステップからの上階の床レベルをクリアできないことがある。頭をぶつけるという高さしか取れなくて、これをかわしきれないということである。それも早い段階で寸法のエスキースをすれば分かることなのだが、通常の順番どおりに事を進めると、その検証が後になり、ともするとステップを変えるだけでも、平面図にまでさかのぼって変更修正を加えざるを得なくなり、まして展開図を描き上げた後では、修正忘れの見逃しや、図面相互の整合性に欠ける結果を招くことのほうが怖い。そのために、エレベーションの図面として、断面図や矩計図、詳細図などを先行して描き上げることである。高さに関する矛盾を取り除いておくことや、モジュール寸法の確認は、図面の精度を上げることになり、むしろ詳細図を描き上げることで、アイデアの実現性の確証を得ることになる。同時に、後にコピーペーストでその詳細図を展開図に貼り付けていけば、展開図は裏表があるだけに、それにかける時間も省力化できるという利点もある。すなわち、ややこしいところを先に描き上げた展開図ということになる。

断面図で検証をしながら、先にその図面を描き上げるということは、階段のことだけではなく、デザイン上、分かりにくい納めの個所とか、メインの空間構成のところ、床レベルの変化や、天井やパラペットとの取り合いなど、断面や部分詳細として施工上分かりやすい図面が多くあればあるほど、設計者自身の考えを打ち出すことにもなる。その後、展開図の作図に取りかかれば、大事なところは押さえてあるので、後は誰でもフォローしていけるわけで、スピーディーに作図できることになる。

エレベーションは周辺との関連性

断面詳細図で現すべき対象となる具体的な個所は、どんなところであろう。

まず一点目は、ショップインテリアは、どうしても階高が限定されているので天井を造るにしても、スケルトンスラブであっても、梁の位置や大きさの影響が大きい。まして床の高低差変化を計画するときは、特に注意が必要で、設備のルートも別に確保しておいての算段がなければ、実現性を図面上で否定されることもある。スケルトン状態の現場を見ることが出来て、ある程度のフトコロを掴んでいれば、目安が立てられ、確証があっての計画となるので問題は少ないであろう。すなわち、必然的にその点を詳細図として現すことになる。

二点目は、間接照明の納まりを表現したいときである。そのものを取り込んで詳細として現すこともあるが、総じてこの場合は、前後左右との天井の絡みから、光を当てる対象の造りまでの関係性を現したいための図面である。それは、床のステップライト、間接照明の納め方といったところも同じ意味である。むろん、一点目とつなげた一緒の図になることもある。

三点目は、重要な個所としてのカウンター断面を中心とした図面である。カウンターに絡んで、固定されたカウンター椅子、厨房器具との寸法割、ディテールといったあたりの造りを描くのが一番難しいかも知れない。業態が、ステーキハウスの鉄板カウンターとか、寿司屋のカウンター、焼き物カウンターなどだとなおさらである。しかし、カウンターが花形だとすれば、この断面詳細図はメインとなる。その上、カウンターだけでなく、天井までの高さ関係も現してこそ、あるいはバックバーのデザインまで網羅した図面となれば、使い勝手だけでなく、照明の位置、什器の奥行き、高さなどが検証でき、内容の濃い図面となることは間違いない。また、カウンターの断面図は、ディシュアップカウンターやドリンクカウンターについても同様のことが言える。

四点目は、立面図である。立面図こそエレベーションの実現性に確証を求める大事な図面である。外部であるとは限らないが、サインを含めての「様」になるファサードとするには、正面だけでなく、その横に現す断面や平面は、什器の三角投影法の図面と同じ現し方なので、アイデアを検討、工夫しやすい方法で図面化すべきである。その上で入り口の建具や、内部の見え方、見せ方、雰囲気を造る素材の駆使、外部照明計画など検討事項を盛り込む。中にはサンプルケースを組み込むこともあるだろうし、ランチでの考慮、シャッターや防犯上の配慮も必要になる。いずれにしても、密度の高い図面が求められる。

その他、アプローチ部分や、造り付け什器類のワインセラー、ソファの断面、スクリーンとの関係、建具との取り合いなど客席についても床、天井、隣接した部屋などの関連性を求めた図面として現したい。

階段展開図　S=1:50

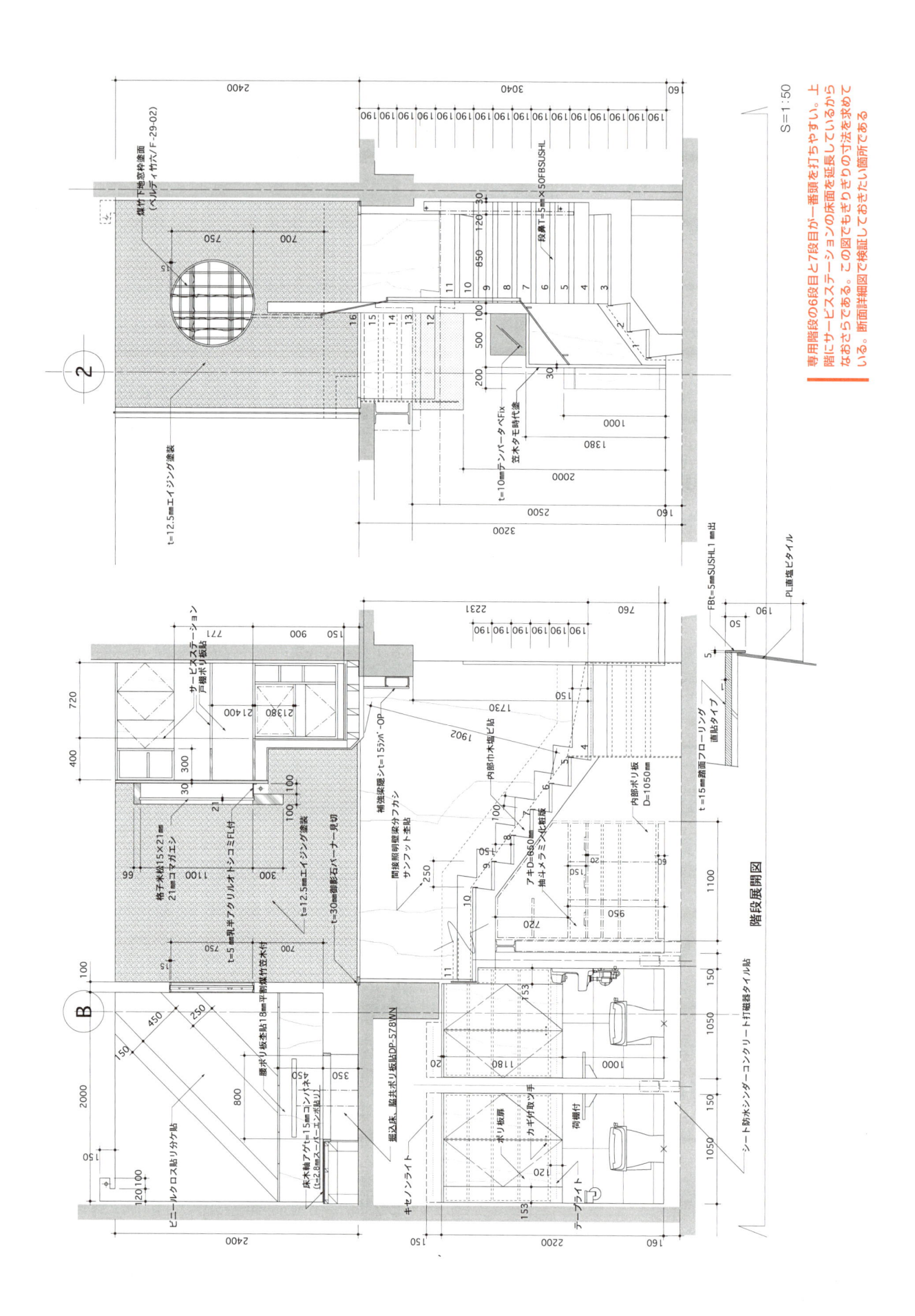

専用階段の6段目と7段目が一番頭を打ちやすい。上階にサービスステーションの床面を延長しているからなおさらである。この図でもぎりぎりの寸法を求めている。断面詳細図で検証しておきたい箇所である

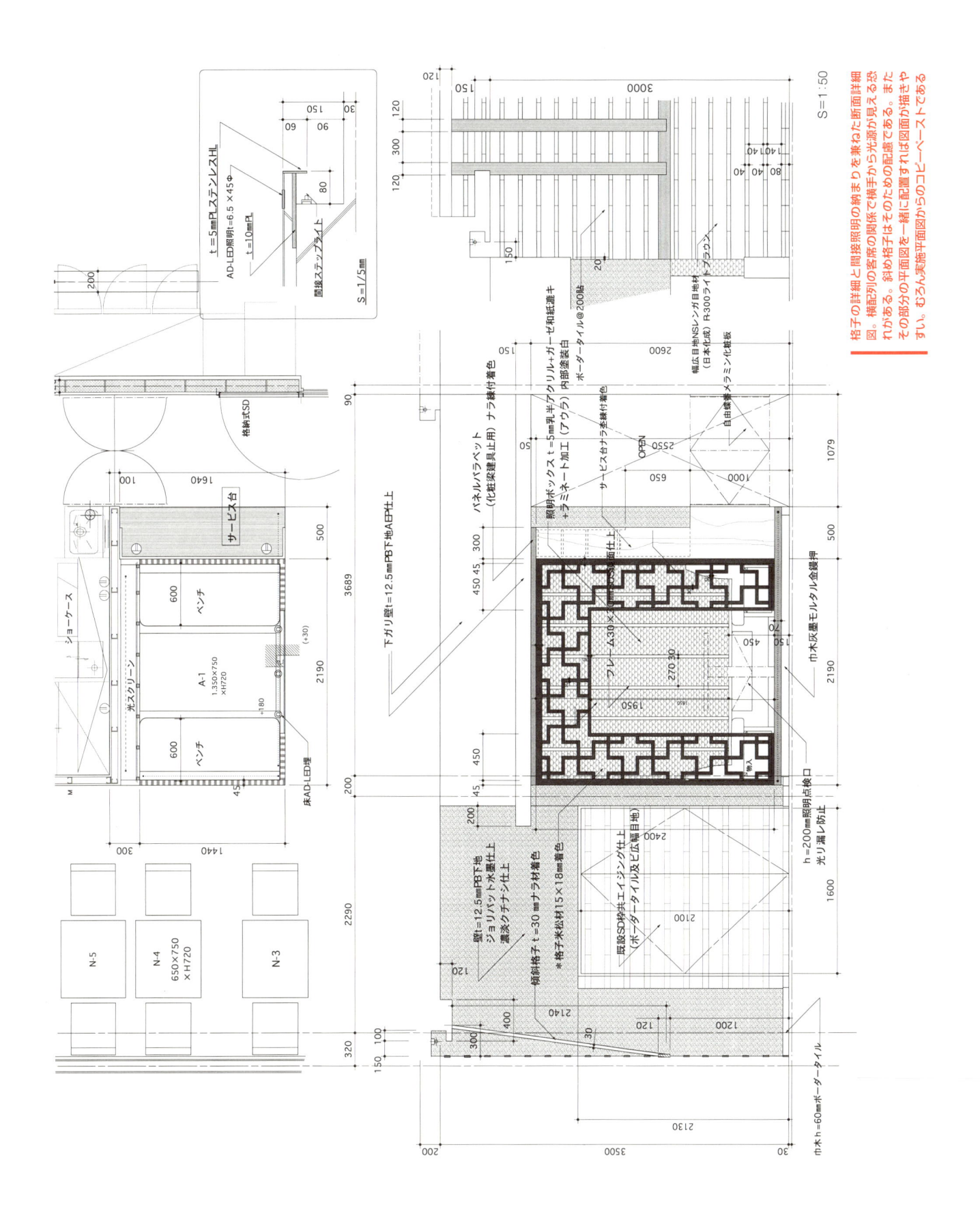

格子の詳細と間接照明の納まりを兼ねた断面詳細図。横配列の客席との関係で横手から光源が見える恐れがある。斜め格子はそのための配慮である。また、その部分の平面図を一緒に配置すれば図面が描きやすい。むろん実施平面図からのコピーペーストである

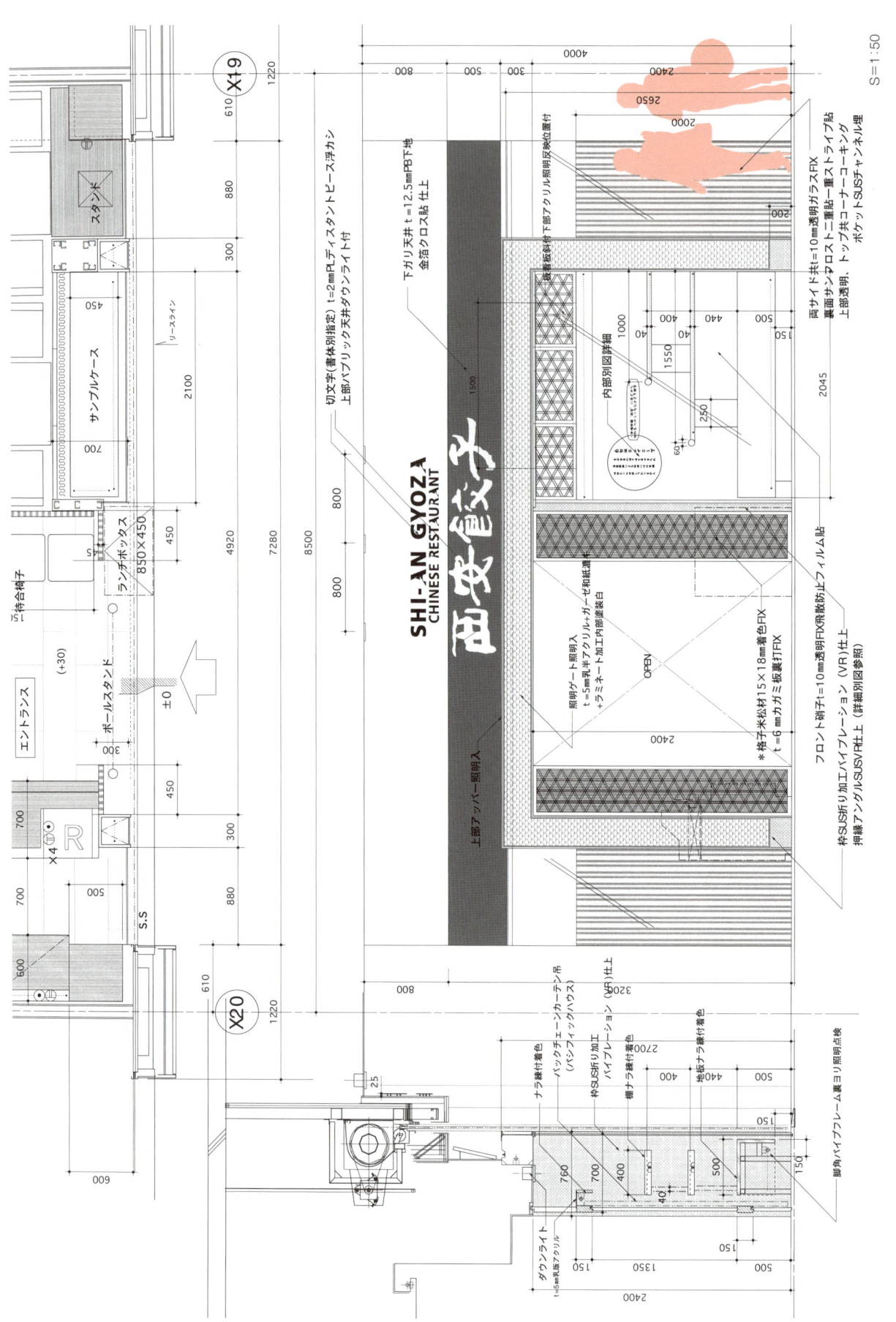

立面詳細図。平面、断面を一緒にレイアウトしているので分かりやすい。断面はサンプルケースがある店舗なのでそこの部分を現しているが、防火シャッターやり壁の凹凸の関係など断面がなければ把握しにくい。立面図はこのように断面と一緒に現したい

S=1:50

SHI-AN GYOZA
CHINESE RESTAURANT

西安餃子

3 ショップインテリア｜平面・空間計画の実践

a｜ゾーニングの基本；ゾーニングエスキース

ゾーニングでは何を優先するか

初めての打ち合わせでクライアントが「こうじゃなくて、黒板塀で囲まれた門構えのあるような外観にして欲しい。1階は、全部店にして、住居の階段は奥の厨房を通って入ってくればいい」…と自分で描いた絵を見せながら言う。

のっけから提示したプランを全否定された形である。この店は、1階が和食処で2階が住居、経営者自身が板前で、夫婦2人住まいという計画である。

本来は、クライアントの希望や考えを聞く＝聞き合わせをしてからプランニングをすればこうはならなかったのだろうが、現在経営中の店の設計を7年前に手がけたこともあって、送られてきた敷地図や環境の写真などで、事前にプランを作って持っていったわけである。悲しいかな、手ぶらでは打ち合わせに行けないという設計者の習性がそうさせたわけである。ただ、クライアントからの要望という情報が何もない状態で、ゾーニングに取り組めた点では、客観的な視野に立ってのプランだったと思う。クライアントには、当然のようにこうしたいという希望が強いのが普通である。それも現状が分かってのことではなく、まさにイメージでの希望である。そのプランとのギャップの差に対して発せられたのが、クライアントの冒頭の言葉である。

一瞬どうしたものかと、相手の趣旨が分からなくて躊躇したのも事実。しかし、言われた言葉を反芻してみると、この計画は、あくまで希望や、要望を聞いた上でのプランではない、むしろタタキ台である、と考えるとこのゾーニングの意図を理解してもらうことが先決と思い、次のように答えることにした。

「赤坂の料亭のように一見さんお断りというなら、黒板塀の全面店構えでもいいでしょう。しかし、住居を併設となると、近隣との交流、町内での付き合いというのは欠かせない。まして、この郊外の地域で商売をしようとするなら、この町に溶け込まないといけないでしょう」と、先ず生活があっての店のあり方であるという話しをした。「店の入り口の奥に、さらに並んで住居の入り口が別にあるという方が、かえって住まいの存在が分かって理解されるのではないか、それに将来いざとなったら階下の店を人に貸すことも出来るし、弟子に委ねることも可能になるでしょう」という風に話を進めたら、突然、クライアントの琴線に触れたのか「そうか、考えてみればこれから先、やれても10年、そういうことも考えておかねばならないな、なるほどこのプランには未来がある」と話が逆になった。

ゾーニングでの押さえどころは「考え方」である。ものごとの捉え方の観点から発想すべきで、何を優先すべきか、オープンの夢も大事ではあるが、夢を追いすぎて実際の運営に支障を来たすのでは仕方がない。ゾーニングは、将来を見つめた方向性の確立である。この段階でその方向を定めなければならない。方向が定まれば、設備や用途施設、また各施設との動線やそのつながりに波及していく。

ゾーニングでの検討が不十分であると、この先どんなによいものに発展しても、実現性に乏しいということになるのは間違いない。

ゾーニング手法

私がよく引用するのだが、画家のドガに「デッサンは形ではなく、モノの見方である」という有名な言葉がある。

これは、ゾーニングエスキースにも当てはまる言葉で、この段階であらゆる見方を確かめておく必要がある。視点を変えるということは、見えるものが変わるということで、例えば、入り口を下にしてプランを見る時と、逆さまにして見る時と、さらに横にした時と見え方が変わってくる。設計者としては、どちらから見ても同じに見えるのは当たり前であるが、時には裏から眺めてみると別なものに見えたりすることも多い。要は、"新鮮な気持ちで見る"いうことである。すなわちゾーニングの段階では、あらゆる角度から眺めてシミュレーションをし、検討漏れを防ぐことである。

実際に、ゾーニングエスキースをするときは、考えの柔軟さに連動するためには、フリーに手を動かして線を積み重ねていくしかない。この作業は、さすがCADではやりにくい。

いくつかのゾーニング手法として例を挙げる。

（1）先ずは、形からの出発である。躯体の形状に沿って、相似形でエスキースしていくか、角度をつけた区切りや斜めの区画、あるいは、異形の組み合わせで変化を求めるなどで着想を得る。

（2）次にコンセプトから発想する方法である。そのイメージの具現化、関連のキーワードから想起する。イメージの具象化、抽象化で、どちらにしてもコンセプトの内容の雰囲気作りである。

（3）は、躯体や敷地環境からの考え方で、設備条件から生まれる必然性、道路との関係、高低さ、傾斜地などの敷地条件、あるいは各階層の「階高」差などの条件から発想される。

（4）は、新しい素材開発からの発想で、素材の使い方、設定の意外性とか、新製品の構法がヒントになったりもする。

（5）アプローチやエントランスからの発想もある。立地条件の良し悪しや、アプローチの設定の方法次第でゾーニング手法が変わってくる。アプローチを長めに取るだけで切り取られた空間に意志が生まれ、次の空間につながることで奥行き感も演出できる。

他にも何がきっかけとなるか分からないが、いずれにしてもゾーニングの出発点は、感性に訴えるだけでなく、ロジカルに考えを構築していくことが必要である。

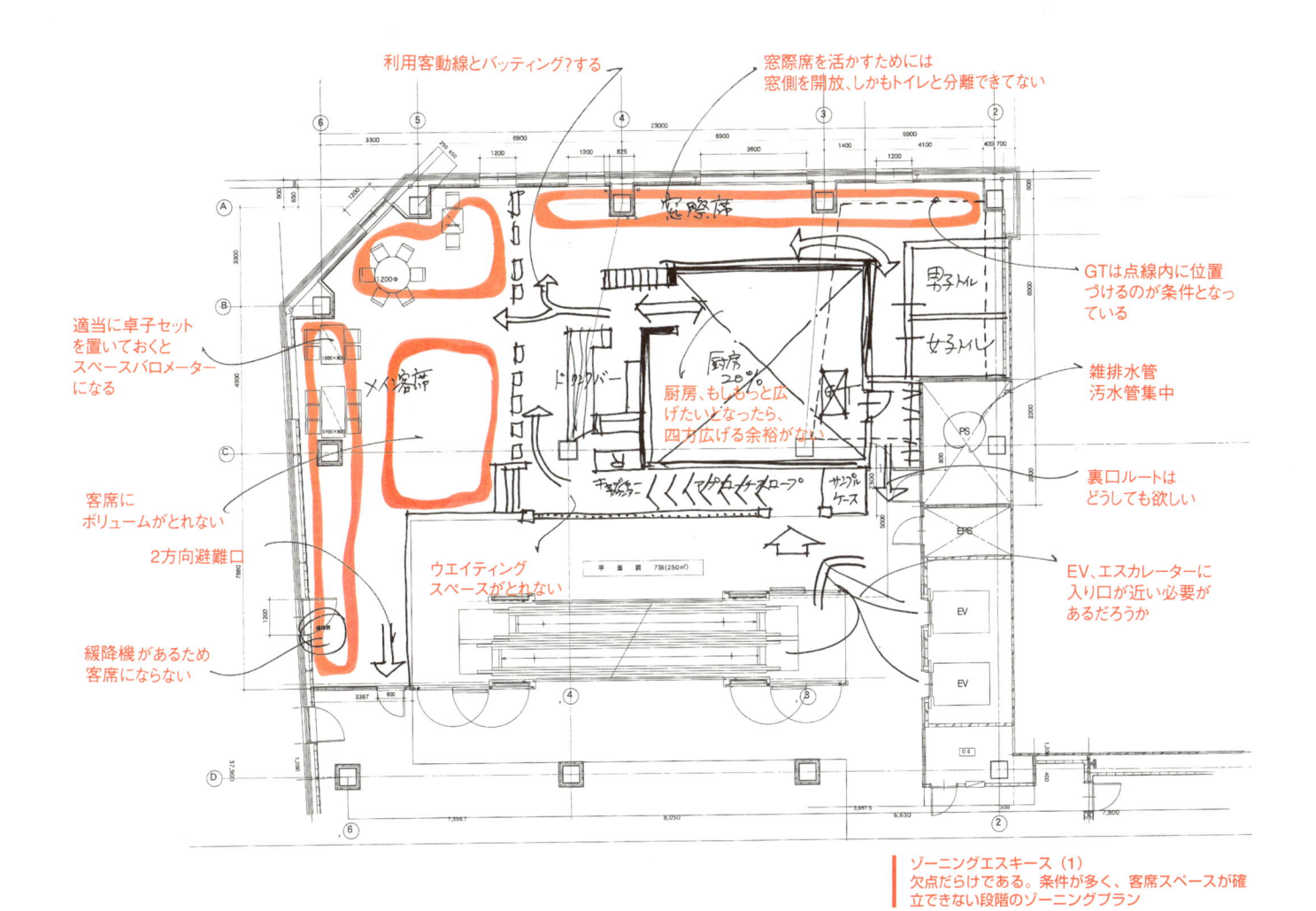

ゾーニングエスキース（1）
欠点だらけである。条件が多く、客席スペースが確立できない段階のゾーニングプラン

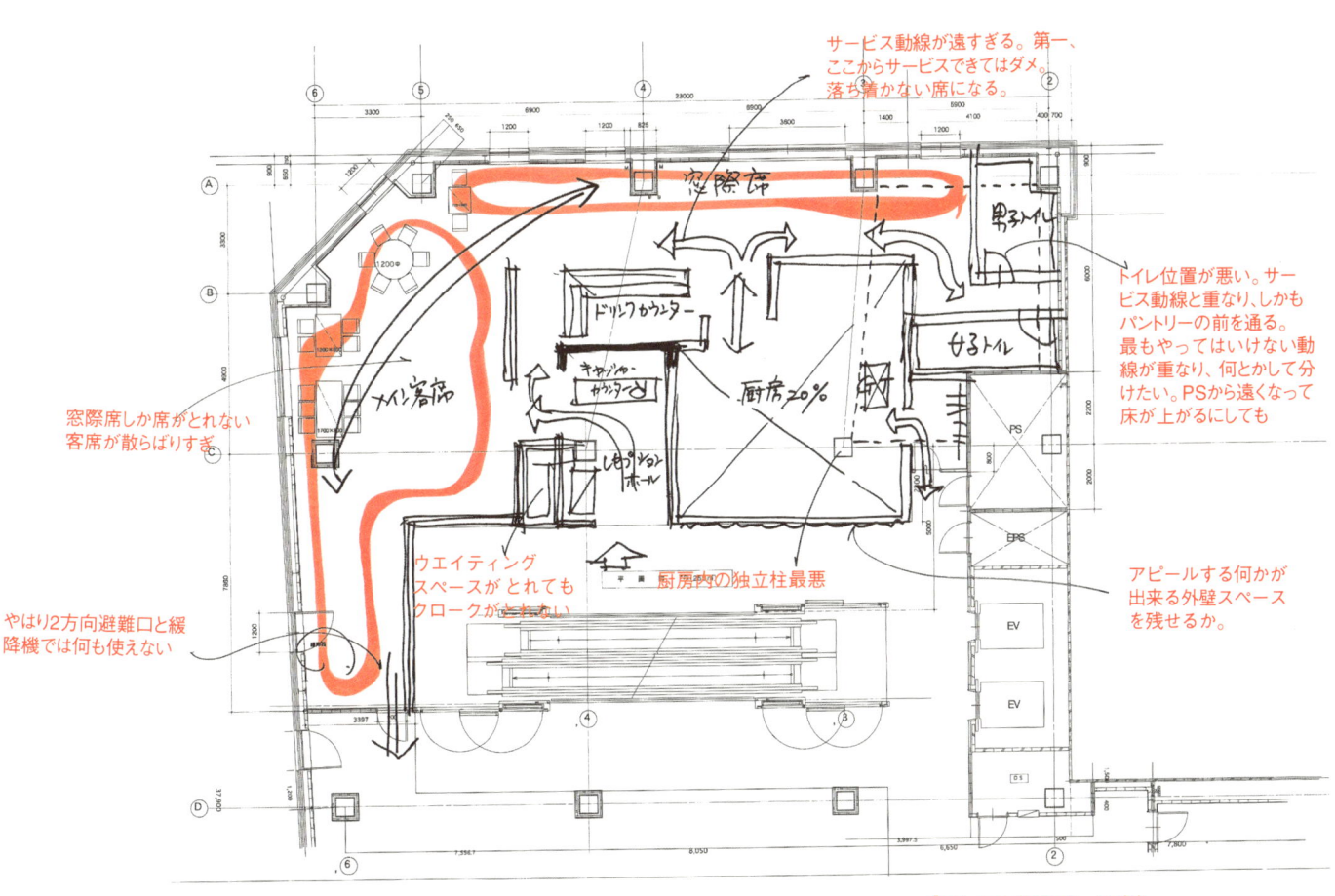

- 利用客動線とバッティング？する
- 窓際席を活かすためには窓側を開放、しかもトイレと分離できてない
- GTは点線内に位置づけるのが条件となっている
- 適当に卓子セットを置いておくとスペースバロメーターになる
- 厨房、もしもっと広げたいとなったら、四方広げる余裕がない
- 雑排水管 汚水管集中
- 裏口ルートはどうしても欲しい
- 客席にボリュームがとれない
- 2方向避難口
- EV、エスカレーターに入り口が近い必要があるだろうか
- 緩降機があるため客席にならない
- ウエイティングスペースがとれない

ゾーニングエスキース（2）
アプローチスペースを削って短縮しても同じことである。この段階で入り口の位置にこだわらない方が良いという考えが浮かぶ

- サービス動線が遠すぎる。第一、ここからサービスできてはダメ。落ち着かない席になる。
- トイレ位置が悪い。サービス動線と重なり、しかもパントリーの前を通る。最もやってはいけない動線が重なり、何とかして分けたい。PSから遠くなって床が上がるにしても
- 窓際席しか席がとれない 客席が散らばりすぎ
- アピールする何かが出来る外壁スペースを残せるか。
- やはり2方向避難口と緩降機では何も使えない
- ウエイティングスペースがとれてもクロークがとれない
- 厨房内の独立柱最悪

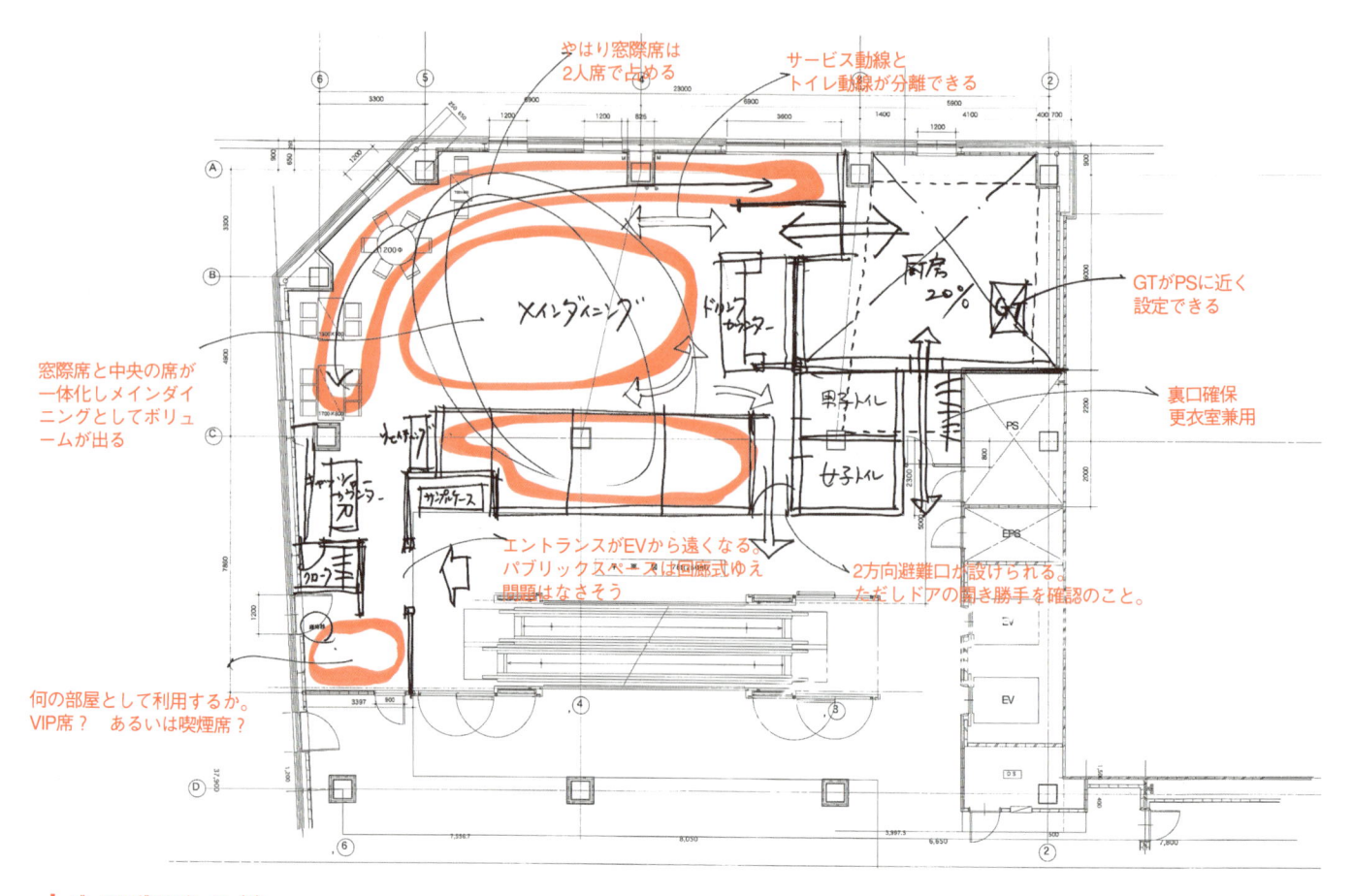

図中注記:
- やはり窓際席は2人席で占める
- サービス動線とトイレ動線が分離できる
- GTがPSに近く設定できる
- 裏口確保 更衣室兼用
- 2方向避難口が設けられる。ただしドアの開き勝手を確認のこと。
- エントランスがEVから遠くなるパブリックスペースは回廊式ゆえ問題はなさそう
- 何の部屋として利用するか。VIP席？ あるいは喫煙席？
- 窓際席と中央の席が一体化しメインダイニングとしてボリュームが出る

ゾーニングエスキース（3）
ゾーニングエスキースの段階で考え方や方向性を確立する。各施設間のつながりが生まれると同時に、利用客動線と従業員のサービス動線との整理ができる。設備上の条件も念頭に、何が良くて何が悪いのかいくつものパターンを描き起こしてみることである

Column
インテリアの壁、入り隅と出隅

ゾーニングエスキースでは、柱や壁の出隅をいかに少なくするか…ということも考えに組み入れておきたい。単純にいえば、空間の壁でできる角をできるだけ造らないように配慮するということである。何故なら、角が一番傷つきやすくクレーム対象となるからである。そうはいっても、ショップインテリアの空間は、もともと建築の構造体である独立柱の4箇所に限らず、壁沿いの柱ひとつとっても最低2箇所の「出隅」がある。そのような柱が何本もあるとなれば、最初から角だらけと言える。通常、インテリアは四角に囲まれた空間＝入り隅というイメージが強い。しかし、実際はこのように無数に存在する出隅＝角が増える要素ばかりである。

ショップインテリアは、言ってみれば室内に町並みを造るようなものである。メイン動線は、優先道路であり、脇道やバイパスの動線は、路地裏通りや、閑所といったところである。各客席が個室化されていればさらに家並みを想起させる。そういう道を行き来すれば当然曲がり角や突き当り、あるいは中庭の広場に出るということになるだろうが、総じて言えば曲がり角の出隅を増やすことになる。スペースはできるだけ隅から隅まで、効率良く空間を利用したいのは山々だが、そうすると柱間に客席を設けることになるので、逆に出隅を残すことになる。

対処法の例で言えばソファを柱の正面まで迫り出せば柱自体に邪魔されることなく、ソファの長さや客席の繰り返しができる。そうすることで柱間を膳板とするか、または照明を仕込むディスプレイの場として利用すれば積極的な解決策となる。むしろスペースが無駄になっても妨げになる柱を避けることの方がつながりを遮断することなく、出隅の数を減らすことになって効率が良くなる。むろん、どのシチュエーションでも当てはまるということではないが、少なくともゾーニングの段階で、客席ゾーンの考え方や、アイデア次第で出隅を極力回避することができないかと考えることも、新しい発案につながるかもしれないと考えて欲しい。必然的に生まれた出隅に関しては、目立たない手法や強固な素材で処理しなければならない。出来上がった後にコーナー材を後付するということではいかにも寂しいからである。出来れば壁の素材そのものにその不安がないことが望ましいが、選択肢が限定されることも事実。例えば磁器や半磁器タイルの使いやすさは、役物や屏風曲がりがあるかどうかに掛かっているのと同じで、役物タイルの形状によっては風合いが変わるくらいである。ただ、外部には良いが室内ではその役物が傷ひとつ付かないほど頑丈だとすると、逆に怪我が心配ということで結局保護剤を後付けすることになったりするのは本末転倒というものである。

状況は違うが、椅子の背中が壁をこするというクレームがある。この場合は「チェアーレール」という椅子の背の高さにあわせてボーダーをつけることになるが、客席効率を高めるために壁際に客席を配置することが多いので生まれた言葉で、コーナー材と似た響きがある。

b｜中小および大規模店のカウンターによる分類

小規模店の平面計画

規模の違いによって設計手法は変わる。小さいほど簡単とは言えないが、規模が小さいと考えやすいことは事実。そんなにいくつものバリエーションを検討する必要がないからである。

しかし必要な用途は、小規模といえども機能に変わりはなく、大規模店と同じように厨房やトイレ、エントランス、パントリー、さらにキャッシャーカウンターもなければならない。むろん更衣室も、収納スペースも欠くことは出来ない。小規模のためにカウンター主体の計画となれば、厨房の割合も高くなる。それゆえ収容客席数確保の工夫も並大抵ではない。

規模としては、60㎡以内と考えると、専門料理店かバーやクラブ、カフェという業態である。共通するのはカウンターの存在である。

カウンターは、調理の見せ場を作ることと、視覚的な空間の広がりを求めるという役目を担う。厨房スペースと客席スペースとの同一化を図ることは同時に、カウンターを挟んでの利用客とのコミュニケーションが成り立つだけでなく、省力化にもつながる。利用客にとって、友人や同僚を誘って行ける馴染みの「行きつけの店」として、顔や名前を覚えてもらえるという小規模店舗ならではの強みとなる。

よって、カウンターの存在が、狭いからこその居心地の良さにつなげて、一番重要なデザイン対象として位置づけられる。仮に、客席ブースだけでの構成では、核となるデザイン対象物がないことになる。ステージやダンスフロア、料亭風に客席を個室構成にするなど、カウンターに変わる主役をアピールする何かが必要になる。言い換えれば、独自性の主張が強い空間デザインこそが、小規模店舗の持ち味となる。

カウンター席は、カップル席とすると6人から8人の偶数が座れる長さ、4m前後は欲しい。カウンター席が少ないと、カウンターの存在が有名無実になりがちである。

それに対して一般席の割合は、客席の組み数に対応できる考え方が必要である。4人席ブースの単位で、テーブルを寄せることで8人、12人とフレキシブルに、客数の変化に対応できるグループ席にもなるプランにすれば、使いやすい店の印象として利用客にもアピール出来る。その上で別に、欲張りな注文でスペースがないかも知れないが、特別席としてコーナー席、VIP席が計画できれば客席構成の変化として魅力が増すというものである。

中規模店の平面計画

中型店舗の規模は、150㎡前後として考えると、企業ベースの経営には出店しやすい。

その広さは、どの業態にも適している。和食主体でも、イタリアン、フレンチ、中華であっても、メインメニューが単品という小規模店舗よりも、メニューアイテムの充実が図れる。むしろ中規模店舗は、レストランとして客単価も見込める業態の適正規模であろう。

同じように、居酒屋、カフェにおいてもこのクラスの広さから規模的メリットが生まれる。

どの業態についても言えることだが、小規模店舗と比較すると必要な機能用途は同じであっても、客席構成にバラエティーさと個室、グループ席、パーティールームの充実などの多様性が図れる。利用客の組数は、収容客席数よりテーブルブース数次第で、しかも客席効率は如何に2人席、カップル席を充実するかにかかっている。よって如何にテーブル数を増やすかということもポイントとなる。

一般的に、満席率は収容客席数の7掛けと言われている。4人席を3人で占めたり、6人席を4，5人で占領したりすることが多い。ともすれば、4人席ブースを2人席がないためもあり、余った椅子を荷物置場として2人で使っているシーンなど見かける。どの場合も、商圏としての立地条件の特性を見極めて、当然業態の違いもあるが、対象となる客層のリサーチを踏まえた客席構成としなければならない。

中規模店のカウンターについてはどうだろうか。小規模店のように、カウンター越しにサービスをするためには、そのための人員を配さなければならないデメリットが生まれる。かといって、従業員のいないカウンターでは、空間の決め手どころかつや消しである。むしろ考え方としては、ドリンクカウンターや、サービスカウンターとしての役目を担う、ドリンクの供給場を併用したカウンター席とした方が、常に人がいることになり、バーカウンターの趣で雰囲気を作ると、カップル席の2人用対策の一環にもなる。

しかし、厨房をオープンキッチンにしたくないために、バックバーで分けて、併設したカウンターとする考えは、厨房を二分するようなもので難しい。厨房内の動線は確保されていても、カウンター厨房で何を調理する場とするか、常に人がいる状態にするために、まさかコールドフードばかり作るコックを配するというわけにもいかない。寿司ならともかく、焼き物か、揚げ物のアイテムを中心とした業態しか考えられないことになる。設計時のエスキースでは、意外に、カウンターのバックバーの演出を重視するために起こりがちな例である。よって、思い切ってオープンキッチンで厨房の内部を見せてしまうか、まったく別の作業となるドリンクカウンターとするか、焼き物の専門店風のカウンターにするかの選択しかない。

中規模店での客席構成は、使途を明確にしないと一概に、カウンターが必要とも、必要でないとも言うことができない。

大規模店の平面計画

大規模店は、如何にパーティールームを充実させるかがポイントとしても、これを専

用とするわけにはいかない。

330㎡前後の大規模店では、リーフレットや屋外サインなどに何百席と謳うことで、広さをアピールする例がある。実際には、それだけのスケールを一望に見渡せるオープンな客席とするわけにもいかないので、広さを奥行きに換えて表現することになる。その一環に、パーティールームの何人まで可能という表現も、大きさを現すセールスポイントとなる。その客席構成は、収容客席数の単位をフレキシブルな可変性を持つ計画とする必要がある。14人単位のグループ席をつなげて28人、42人、56人といった大所帯のパーティにも対応できる部屋の区分け方である。

14人のグループ席にしても、6人席・4人席・4人席の3テーブルに区切ることが出来るようになっているとか、シーズン外の利用では一般席になるなど、多様な場面対応を計画に盛り込む。

各客席ブロックには、中規模店と同じように一般席、カップル席、個室、グループ席、そしてカウンター席まで個々に設ける。中規模店の2倍の客席バリエーションとなるスペースがあるわけで、これだけの規模であれば、統一された造りでは単調すぎて魅力がないこともあり、中規模店を2店つなげた平面計画とする考え方である。例えば、ディナースペースとアフターディナースペースに分けるというように、フードカウンターとドリンクバーカウンターの二つの顔を持った店づくりといった具合である。そのような二分割以外にも、中庭感覚のゾーンを設けて、三分割するストーリー性を盛り込んだ構成も大型店のゾーニングでは有効な考え方である。

一方で、今までの中小規模店のカウンターは、どれもカウンター越しのサービスが中心となっていた。つまりカウンターとしての機能と内容が伴っているものである。それに比べて大規模店では、機能性より雰囲気づくりの役割がすべてである。そこにはカウンター客席はあるが、カウンターの向こうはすべて厨房となっていて、従業員のコックや板前は、カウンターの客に対面するというより、ほとんどの人が壁に向かって調理や作業をしているシーンばかりが目立つ。しかもオーダーのやり取りや配膳

大規模店舗の一角にオリジナルなワインセラーとともにドリンクカウンターを設けた例。カウンター席は14人を数える（P077参考）

小規模店舗のステータスとなるカウンター。カウンターを囲むことによる焼き場の炉が利用客同士のコミュニケーションを誘発する（P054参考）

は、パントリーを経由してカウンター席の背中越しに行われる。オープンキッチンというより、オープンエアの厨房でピクチュアーキッチンとも言える。

いずれにしても、各規模の特長について、カウンタースタイルを例にして現したが、決してカウンターを常設するとは限らない。その場合は、一般席での客席構成の多様化とか、水景やシンボルとなるディスプレイや、機能施設の強調フォルム、あるいは眺望が利く立地条件を生かす、窓外に広がる庭園があるとか、何か印象に残るシーンを演出した計画としたい。

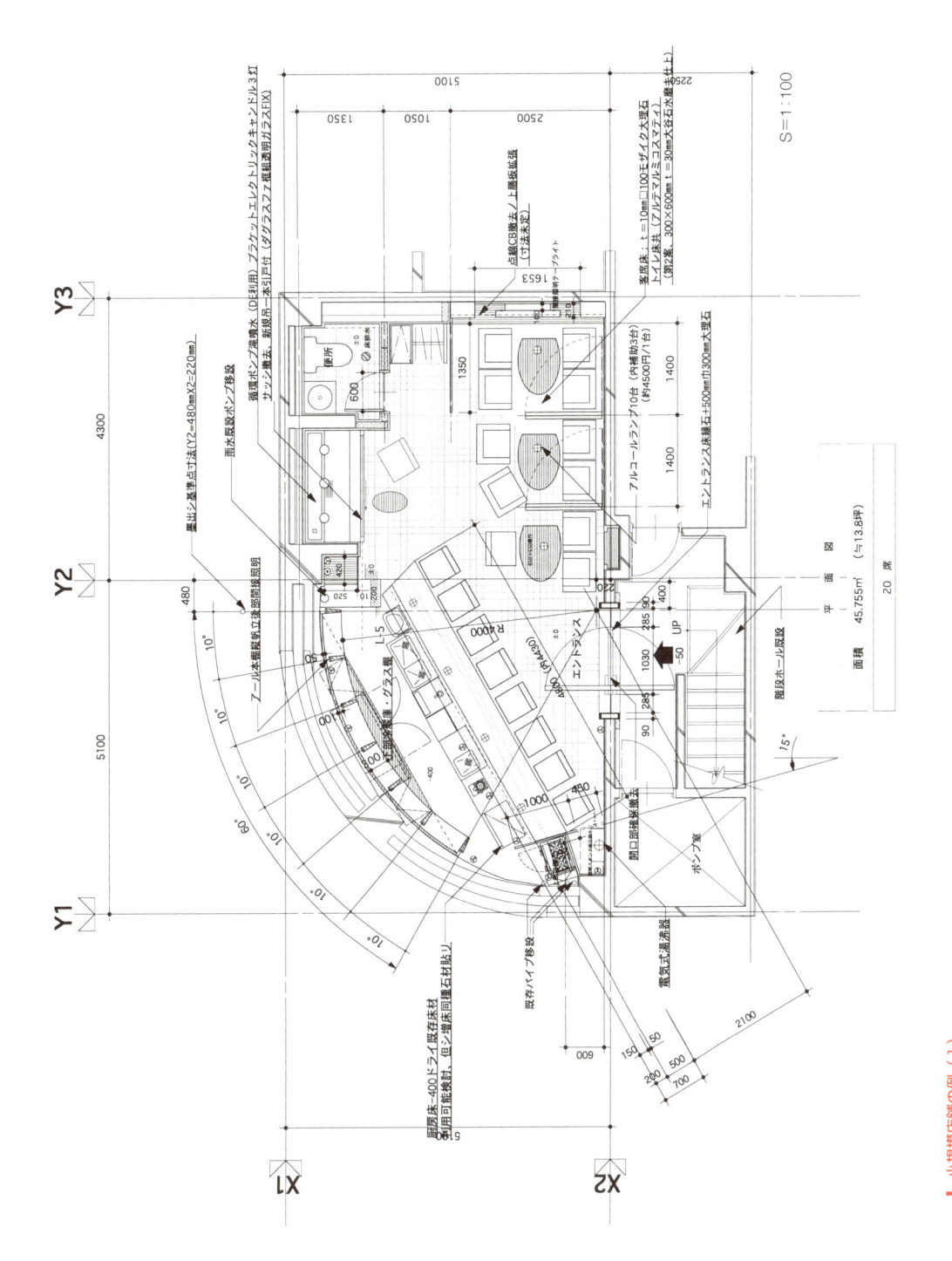

小規模店舗の例（1）
Y1からY2通りの間が逆スラブの建物。厨房側の床を掘り下げられる利点がある一方、カウンターの長さでは地中梁間に限定される。一般席はグループ席対応となっている。1200mmのスクリーンをフロアヒンジで可動して壁に寄せられる

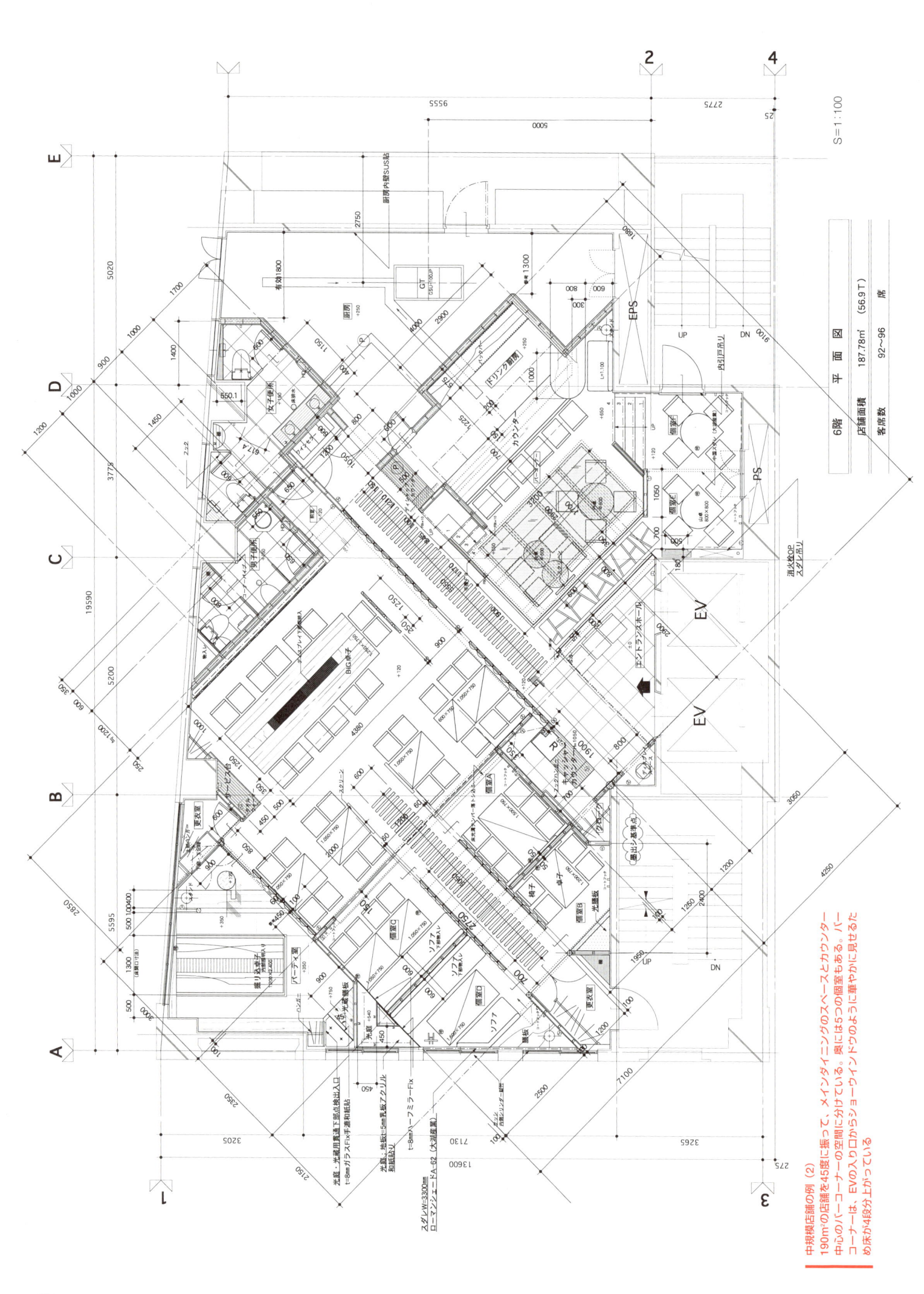

中規模店舗の例 (2)
190m²の店舗を45度に振って、メインダイニングのスペースとカウンター中心のバーコーナーの空間に分けている。奥には5つの個室もある。バーコーナーは、EVの入り口からショーウインドウのように見せるため床が4段分上がっている

6階 平面図 (56.9T)
店舗面積 187.78m²　S=1:100
客席数 92～96 席

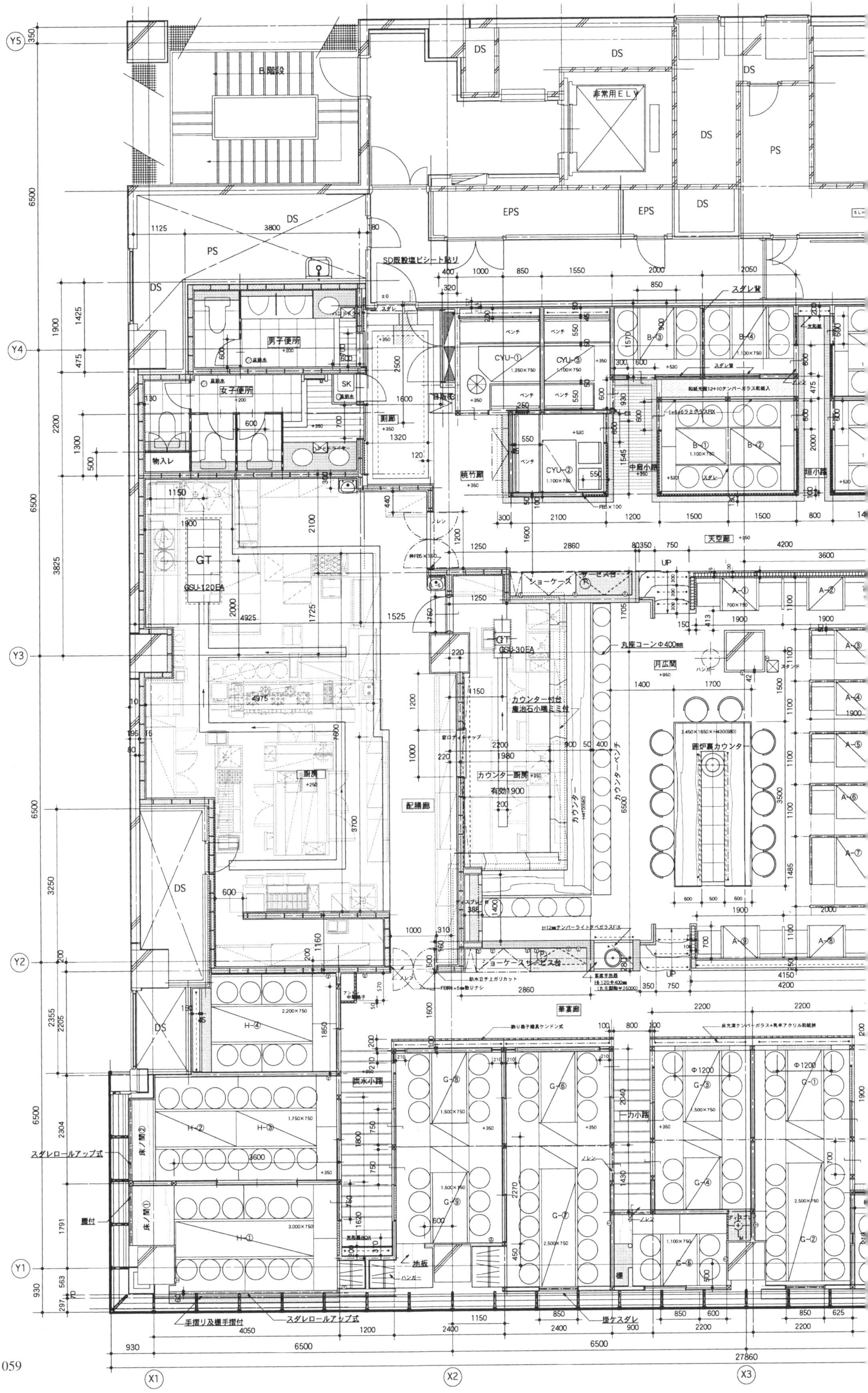

B階段
DS
PS
非常用ELV
EPS
SD既設塩ビシート貼り
男子便所
女子便所
物入レ
SK
廚廊
桃竹廊
CYU-①
CYU-②
CYU-③
ベンチ
B-①
B-②
B-③
B-④
スダレ貸
中庭小路
天空廊
ショーケース
サービス台
GT
GSU-120EA
GSU-30EA
丸座コーンΦ400mm
月広間
スタンド
ハンガー
カウンター付台
カウンター厨房
有効1900
カウンター
カウンターベンチ
囲炉裏カウンタ
配膳廊
厨房
A-①
A-②
A-③
A-④
A-⑤
A-⑥
A-⑦
A-⑧
A-⑨
ショーケースサービス台
華宴廊
淡水小路
一方小路
H-①
H-②
H-③
H-④
床ノ間①
床ノ間②
スダレロールアップ式
G-①
G-②
G-③
G-④
G-⑤
G-⑥
G-⑦
G-⑧
G-⑨
地板
手摺リ及棚手摺付
掛ケスダレ
X1
X2
X3
Y1
Y2
Y3
Y4
Y5
27860

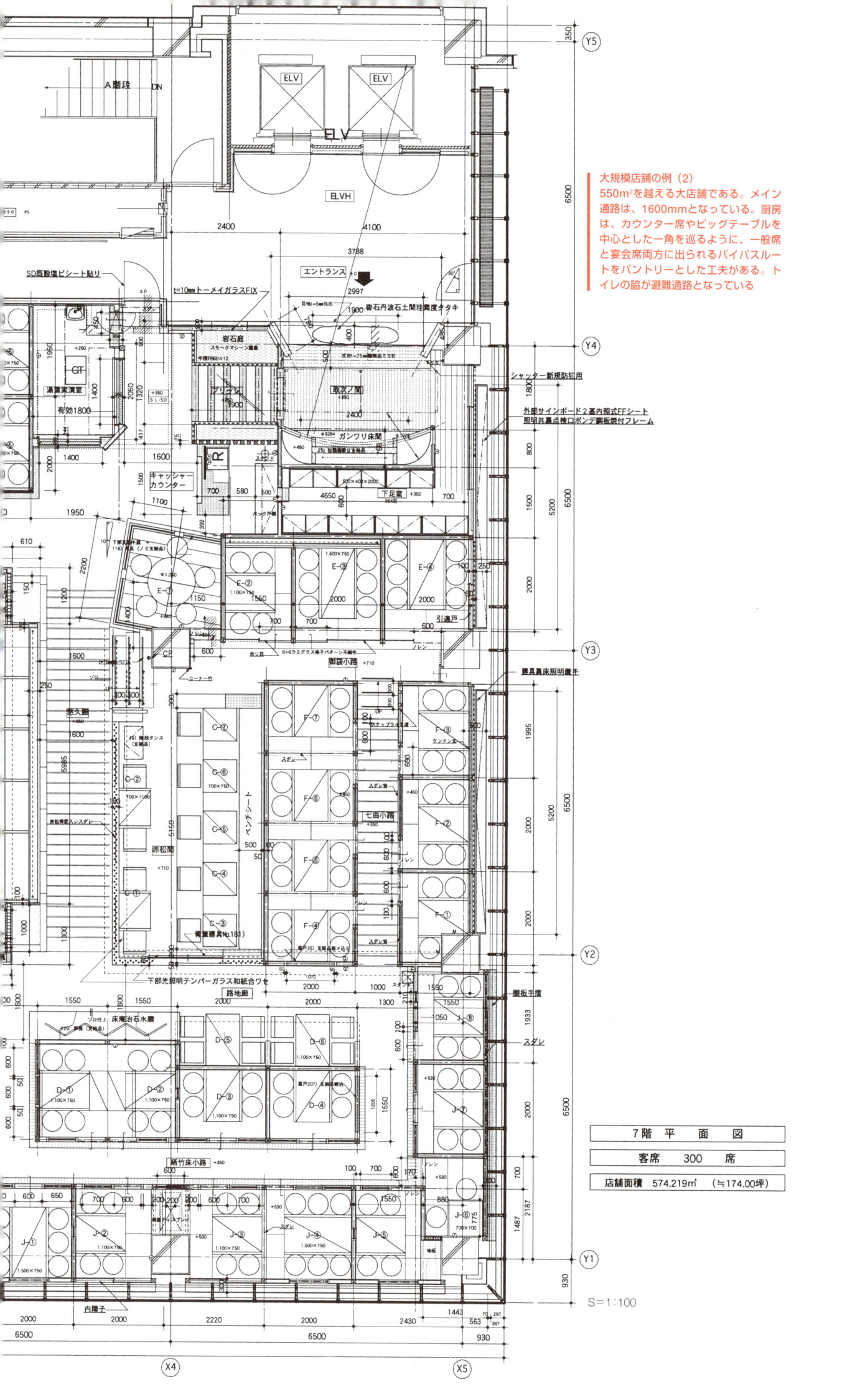

大規模店舗の例（2）
550m²を越える大店舗である。メイン通路は、1600mmとなっている。厨房は、カウンター席やビッグテーブルを中心とした一角を巡るように、一般席と宴会席両方に出られるバイパスルートをパントリーとした工夫がある。トイレの脇が避難通路となっている

7階平面図	
客席	300 席
店舗面積	574.219m² （≒174.00坪）

S=1:100

ショップインテリア｜平面計画・空間計画の実践

c｜客席の基本形とバリエーション

3.3m²当たり何人？

飲食店の店舗設計では、この店に何人収容出来るかということを常に問われる。

何人収容できるかは、必ずしも店の広さに比例するとは限らない。なぜなら、平面の矩形のバランスや、独立柱が邪魔をするといった理由などで、常に帯に短し襷（たすき）に長しといった按配で、希望どおりに客席が当てはまらないからである。

その基準として現すのが、3.3m²（1坪）当たり何席という言い方で、店舗の収容客席数として採算ベースの判断材料となる。その人数が少なければ客単価が高くなるし、逆も言える。3.3m²当たり1人から2人までの間で、それぞれの店舗のグレードや業態、メニュー内容までが決まる。例外は別として、レストラン系統では3.3m²当たり1.3人〜1.5人、居酒屋系統では、3.3m²当たり1.6人〜1.8人といったところで、バランスが良ければ、あるいは無理をすれば2.0人ということも可能である。また商業施設の共用トイレを利用という場合は、その分客席効率が良くなるし、エクステリアとしてテラスやバルコニーに客席を配置できれば、当然増えるので申し分ないことになる。

要は、如何に正確に収容客席数を求めるかということで、客席レイアウトが重要になる。客席のレイアウトを考えるときの必要寸法は、あくまで、人が椅子に座った状態とすることが前提である。テーブルの下に椅子を差し込んだような図では正確に判断できない。意外にその根拠の説明が不足しているように思う。テーブルの甲板の縁（木端）から椅子の座面の先端まで平面的にどうなっているかが、実は「客席の基本形」のポイントなのである。

通常の形のテーブルなら50mm空けると考えて、客席配置では各両サイドともテーブルから50mmずつ離して、人が椅子に座った状態で、平面図全体の占める範囲の寸法を求める。円卓では、その間を0としてもよい。ソファ席や4人席、6人席のブースでは、片側からの出入りが多く、横にずれて移動するので、その意味も含んでの空き具合である。このことは、テーブルや椅子を床に固定するときにも基準となる寸法である。このようなレイアウトで求めた客席は、後の席との離れ方や、左右の空き具合といった寸法も、寸法が記入されていなくてもその余白の程度で判断できる。メイン通路にしても、脇に入り込む通路にしても、テーブルや椅子の占める割合、すなわち人が使用した状態で、そのまわりの余白に、通れるかどうか、狭いか広いか、作業スペースとして余裕があるかといったことを対照的に視認で判断できるようにするためである。重ねて述べるが、正しいスケールで図面を描いてこそ"対照的に視認"出来るのである。

テーブル客席のバリエーション

テーブルを囲んでの客席の在り方には、いろいろなバリエーションがある。

しかし店舗には、どの方法を駆使しても客席にならないという隙間的空間が出来るのは避けられないこと。その隙間を膳板やディスプレイの意匠用空間、荷物置場…といったスペースの有効利用を図ると同時に、客席空間の広がりとして雰囲気づくりの一環とすることである。また、余裕があるところは、更衣室や物入れ、倉庫といった用途スペースを当て嵌めていく。

そのために、客席の配置を最優先にして取り組む。最初に決めなければならないことは、テーブルの大きさである。4人席ブースでは、幅1100mmに対して奥行き750mmというのが一般的である。しかし、椅子を肘付きでという場合は、幅1200mm以上欲しい。また、電磁プレートを埋め込むとか、焼き肉ロースターのテーブルという場

テーブル席のバリエーション

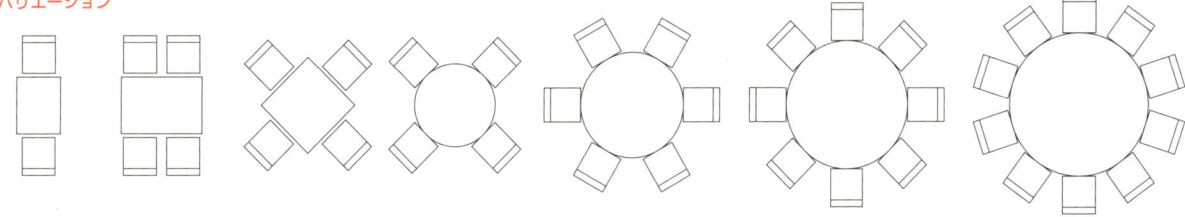

人数	2人席	4人席	4人席	4人円卓席	6人円卓席	8人円卓席	10人円卓席
テーブル寸法	D　　W 600×750 650×800	D　　W 1,100×750 1,150×800	□900〜□1,000	φ1,100〜φ1,200	φ1,400〜φ1,600	φ1,700〜φ1,800	φ1,900〜φ2,000

※（小さい寸法は一般店舗、大きい寸法は一流料亭,本格中華料理店）

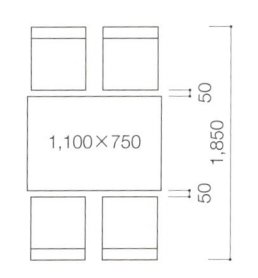

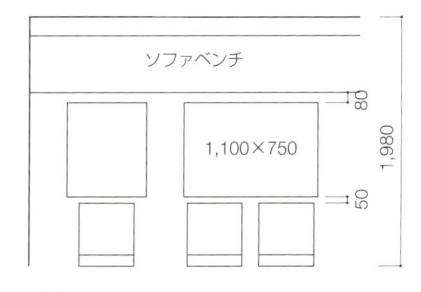

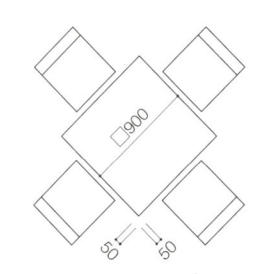

利用客の着席した状態を、人の占めるスペースとして考える

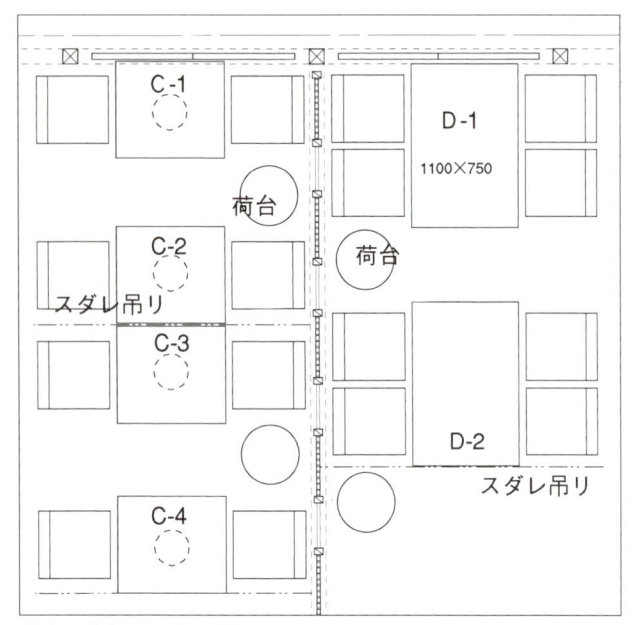

2人席、4人席の組み合わせ例

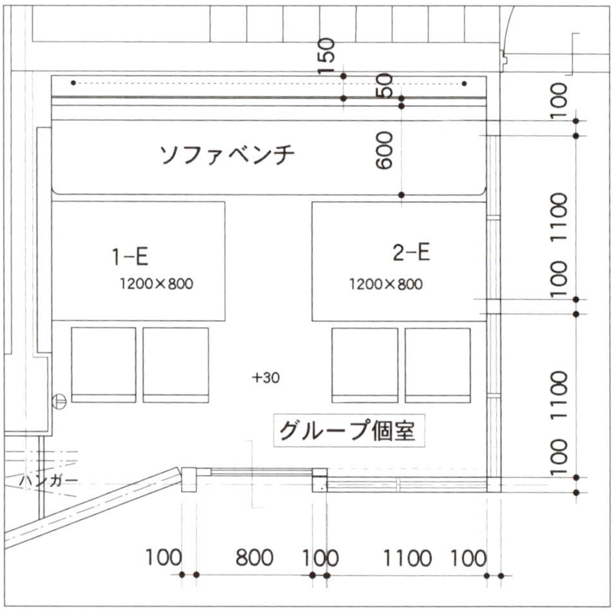

4＋4の8人席になるグループ個室

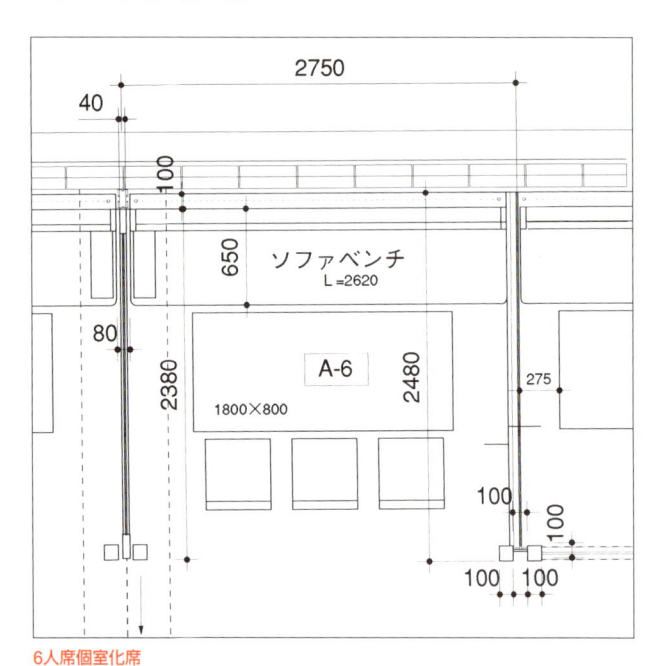

6人席個室化席

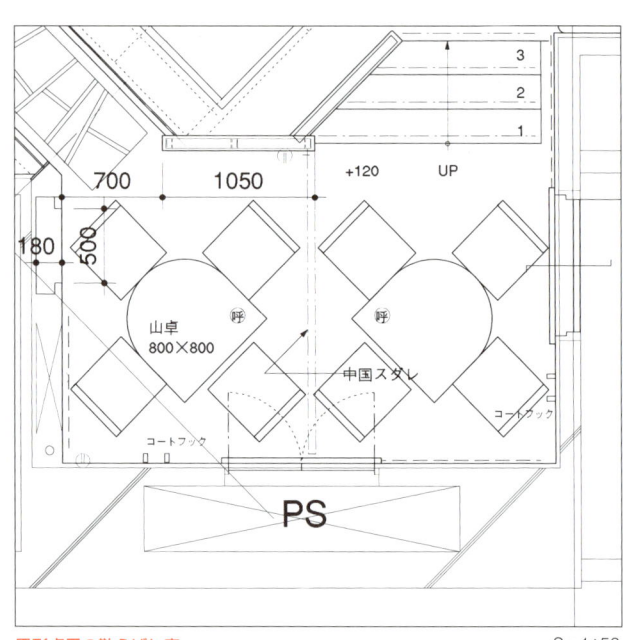

異形卓子の散らばし席

S=1:50

合は、奥行き800mm以上は必要である。6人席は、幅1500mmが標準で、やはり肘付き椅子は1800mmの余裕がいる。問題は2人席で、1100mmの半分の550mmでは料理が乗り切らない。2人席の充実を図るとしたら600mm以上、出来れば650mmとか700mmあると良い。

テーブルのサイズは、小さいというクレームはあっても大き過ぎるというクレームはないもので、かといって大きいと当然客席数に跳ね返ってくるので痛し痒しである。「エスキース」の項でも述べたが、椅子は種類が未定なら450mm×500mmを基準として、もしタイプが決まっているならその実際の寸法で描けばよい。ただし、椅子を横に並べる時は、500mmピッチ間隔に配列する必要がある。人の幅を500mmと見立てて、割り出すわけで、椅子と椅子の間を空ける。ソファも500mmピッチに数える。

ソファ席については、奥行き600mmを基準にして、それよりゆとりを求めるなら650mm〜700mm、また背が張り地でなく、板ものでベンチとすると奥行き550mmという寸法を使う。

ちなみに、消防署の収容人数の計算方法は、実際の席数ではない。通路もあるし客席以外の空間もある。そのため3㎡に1人として計算する。ただしソファやベンチ、掘り込み座卓など、つながった座面のものに対しては別計算で、長さ500mmに対して1人として人数に加えなければならない。消防署の収容人数の求め方は、実際の人数とは異なる数値となることを知っておく必要がある。

一方、カウンター席についても同等の考え方で人数を割り出すことができるが、椅子を固定にして、リターン付きの回転タイプとなると、椅子同志の間隔を200mmは空けたい。

4人席ブースに対して、4人がテーブルを囲むように配置する散在式では、正方形のテーブルサイズ900mm角を基準とする。同じように円卓については、同人数の角形テーブルより大きめにする必要がある。料理や調味料が載らないからである。4人席でφ1100〜φ1200mmが理想である。

したがって、店舗の収容客席数は、このようにレイアウトした結果で求められるものである。CADでは、各客席ブースをグループ化して配列複製で描き込むことになる。そのためにも、テーブルや椅子の寸法が必要になる。既製品にしてもオーダー品にしても早い決定が求められる。

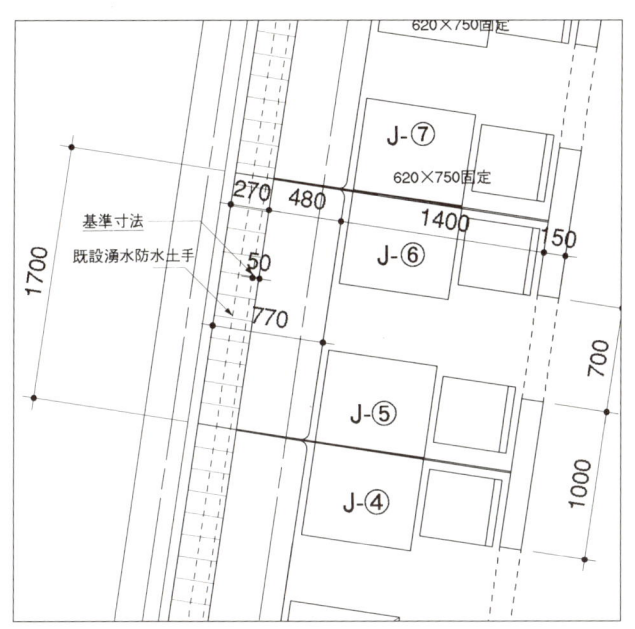

ガラススクリーンを挟んでの2人席構成

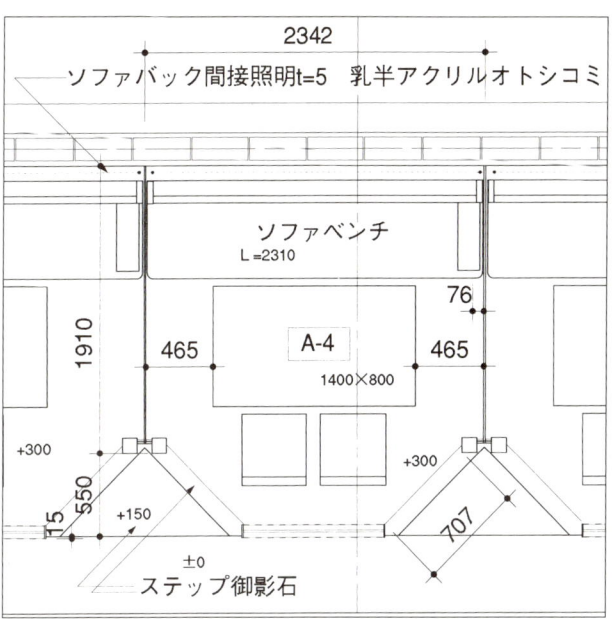

個室感を演出した4人席

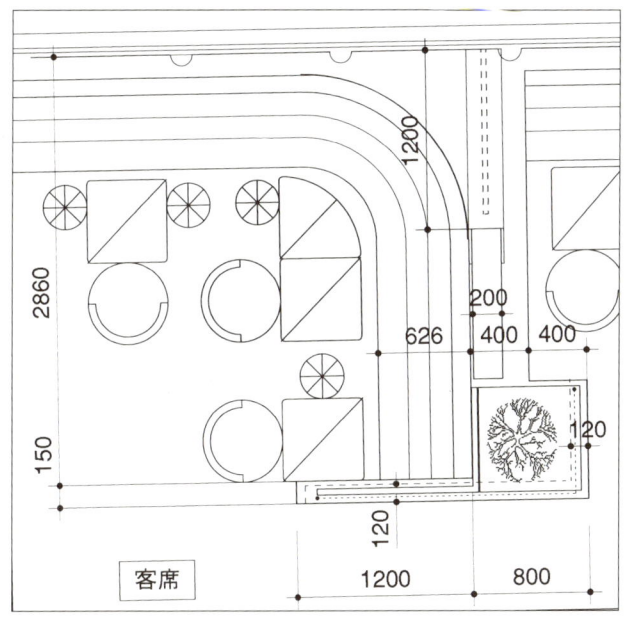

コーナー席ソファ

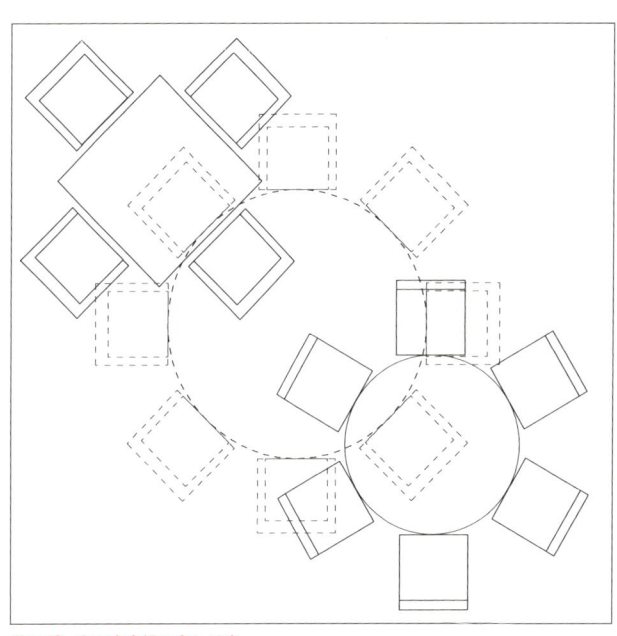

散らばし席と宴会組み合わせ席

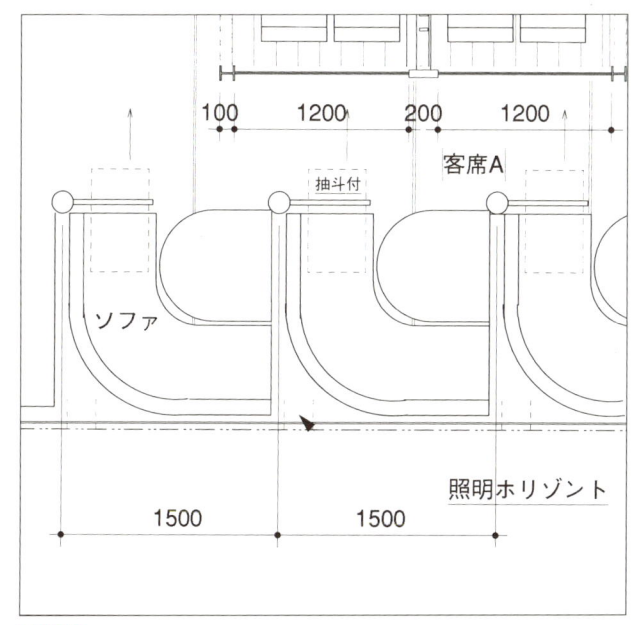

2人L形席

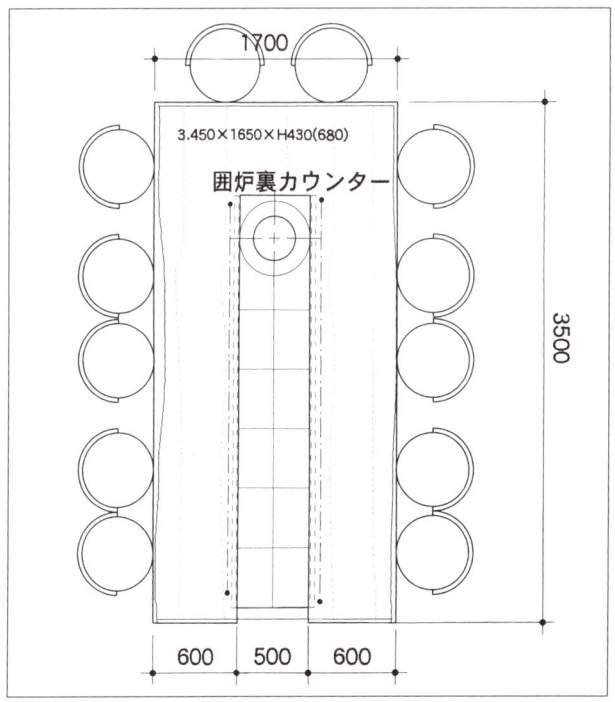

S=1:50

対面サービス可能なビッグテーブル（中央が従業員通路）

063

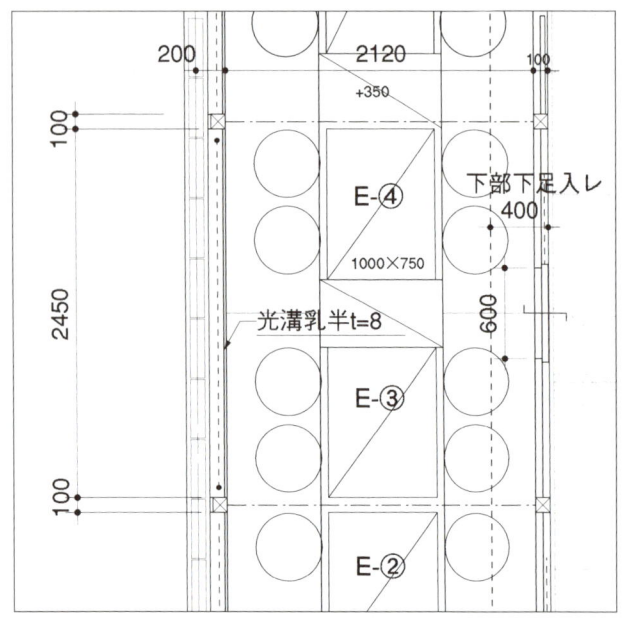

掘り込み座敷席

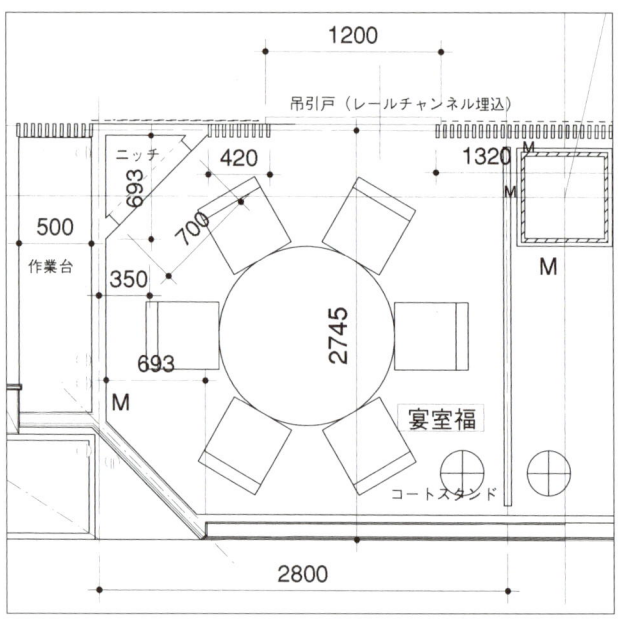

6人円卓個室

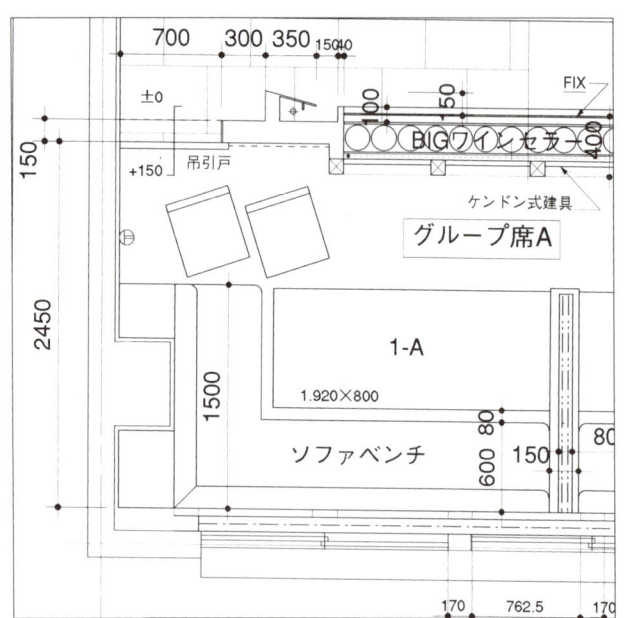

L形ソファ席

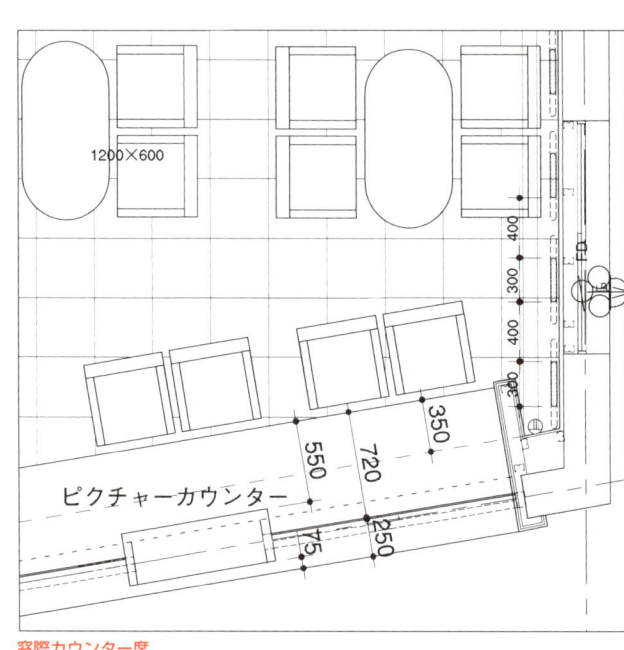

窓際カウンター席

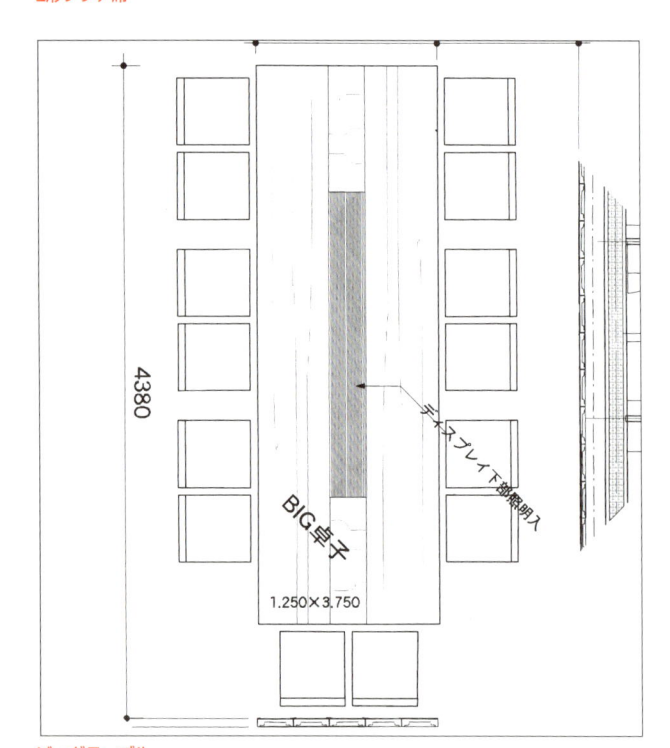

ビッグテーブル

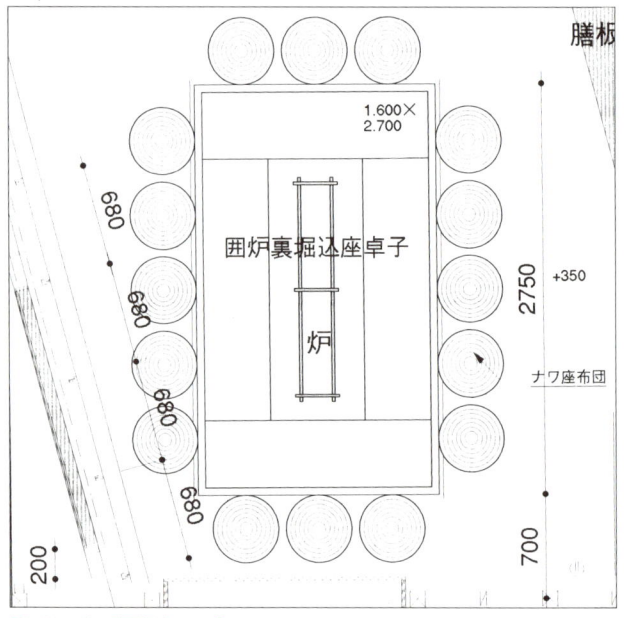

掘り込みビッグ囲炉裏テーブル

S=1:50

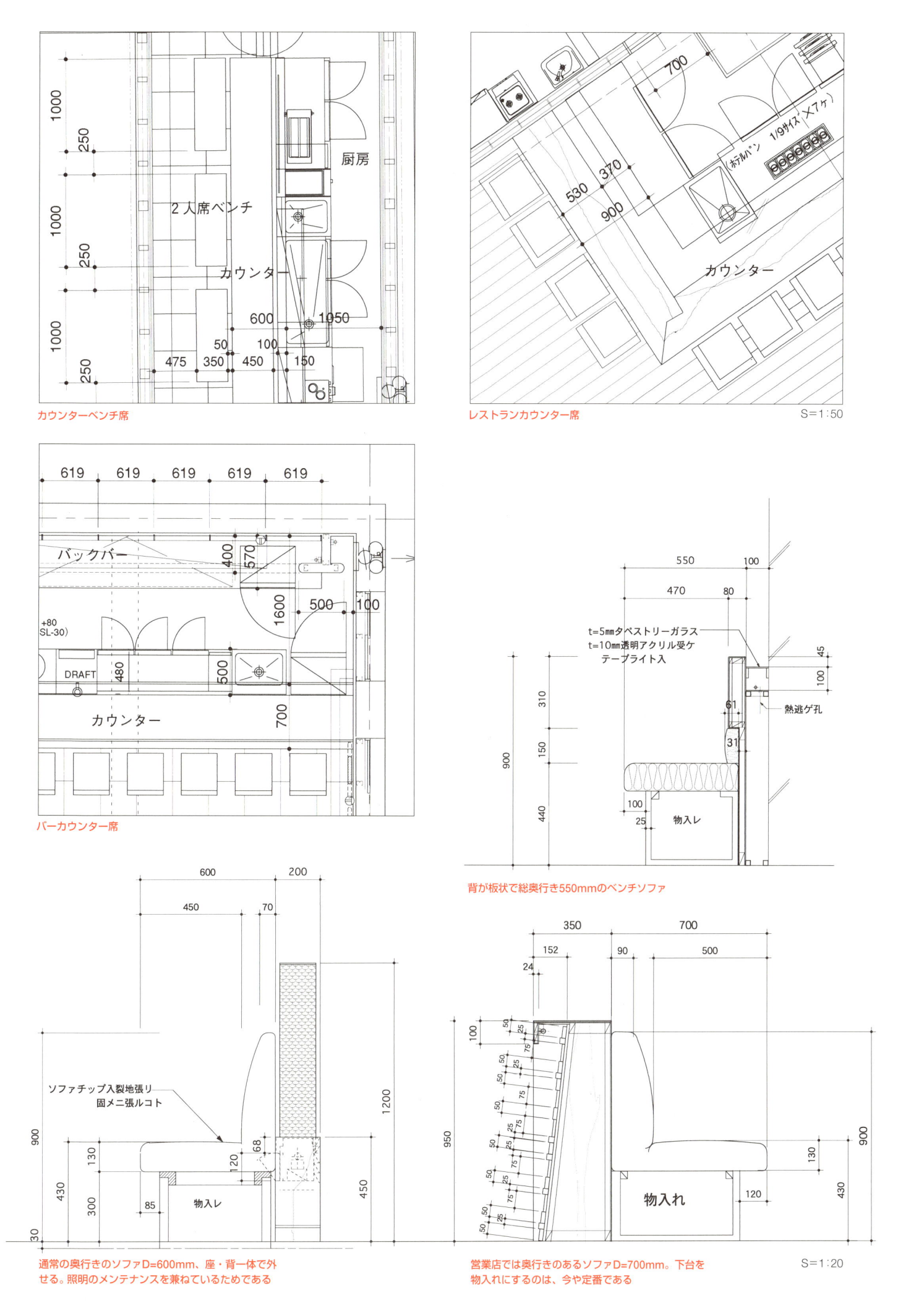

カウンターベンチ席

レストランカウンター席　　　　　　　　　　　　　　　　S＝1:50

バーカウンター席

背が板状で総奥行き550mmのベンチソファ

通常の奥行きのソファD＝600mm、座・背一体で外せる。照明のメンテナンスを兼ねているためである

営業店では奥行きのあるソファD＝700mm。下台を物入れにするのは、今や定番である

S＝1:20

ショップインテリア｜平面計画・空間計画の実践

d｜バックヤードの考察

日常性と非日常性の境目

一般的に、家にお客を招く日は、隅々まで掃除をし、日頃物置場になっていたスペースもかたづけて、見た目もスッキリとさせるだろう。玄関廻りも掃き清め、打ち水までして迎え入れる準備をする。

客間は、来訪者をもてなす空間であり、室内だけでなく、南側の庭も眺められ居心地良く配慮されている。プライベートの部分は、もてなしのための飲み物や、料理を供給する場である。言ってみれば、飲食店舗におけるバックヤードにあたる、いわば裏方である。

店舗では、当然客間、すなわち客席空間を重視する。人を持てなし接待する場である。料理や、人的サービスもあっての非日常性空間を楽しむために人々は訪れる。そこは、家庭や職場では味わえないスペース、雰囲気、環境、飾り付けや調度品といった類のものを提供する。その空間を造り、いつ人が訪れても変わりのない雰囲気を維持しなければならないとはいえ、そのためのポイントが、バックヤードの役割で、その設え方次第で機能するかどうかが決まる。

エントランス、アプローチから客席に至るまで、また、トイレや中庭・テラス、そしてキャッシャーコーナーでの精算までが表の顔である。表の顔には、ディスプレイのためのスペースから小さなところではニッチや膳板、飾り棚といったところまで、客席の環境としてより多くのスペースを割きたいとクライアントは思うものである。そのために、往々にして裏方であるバックヤードは極端に狭められ、従業員が苦労して運営することになる。どうしてもクライアントは経営がプロと自認するだけに、バックヤードが狭くても自分たちの分野。何とかするし、出来ると思うらしい。厳しいところでは、パントリー室から飲み物の箱が飛び出て積まれているだけで「パントリーからはみ出すな」と、お客様の目に触れてはならないことを従業員に厳命するところもある。実際は狭くて物の置き場にも困るからはみ出すのだろうが、その点は気の毒であるが、それを放っておくと際限がなくなることも事実である。そのために設計の段階で、両者の相容れられる範囲を検討する。むろん運営上の従業員の動きを理解してないと、前述のように物理的に入らない、置き場がないということになってしまう。かといって、ホールの担当者、料理人などの意見を採り入れてばかりいると、収拾がつかないことになる。その辺が設計上の采配の振り方次第である。

バックヤードのシンボル

バックヤードというものは、利用客からは見えない、見せないという施設である。「見えていても気にならない」「絶対見せない」「見えそうで見えない」といういろいろなニュアンスがある。それも業態やコンセプトによって変化する。厨房は絶対見せないものかというと、オープンキッチンのように一部見せる場合もあるし、サービスステーションや、料理の仕分けのための作業台などは見えていても気にならない。キャッシャーカウンターやドリンクカウンターなどは、見えるか、見えないかという微妙な関係にある。パントリーの入り口は、暖簾やカーテン、自由蝶番戸などで、見えそうで見えないように設える。

バックヤードで絶対見せてはいけないのは、厨房の洗い場であり、従業員専用のトイレである。従業員のトイレは、パブリックスペースに共用トイレとしてあるならともかく、店内の、しかも厨房の一角に専用トイレを設けるスペースのゆとりはない場合がほとんどである。しかし昔の飲食店には必ずあったものである。最近の傾向は、客席優先で、バックヤード全体が押しやられていると言ってよい。ある程度の客単価が見込めるレストランでは、しっかり従業員専用のトイレを男女分けで設けるところもある。それは大体、中規模以上の店舗であるが、未だ必要不可欠な施設、スペースとはなっていない。

その他には、見えてはならないスペースとして倉庫、物入れ、更衣室、店長室兼事務室、休憩室、食品庫、下足室、分電盤や設備操作室などがある。

その中でも、客席充実のために犠牲になりやすいのが更衣室である。更衣室はなくてはならないものであるが、片隅に追いやられる存在でもある。高い家賃のスペースに客席以外のバックヤードが占めるスペースは、クライアントの標的になりやすい。ともすれば、近隣に安いアパートを借りるという手も厭わない。しかし従業員にしてみれば、管理が行き届く店内に設けて欲しいと願うのも無理からぬこと。それも男女別々にスペースを割いて欲しいというのも当然で、アルバイト従業員の比率が高い程、その必要性がある。言ってみれば、更衣室はバックヤードのシンボルである。その広さは、従業員の人員構成によるが、洋服ハンガーと靴入れ、荷物棚が必要で、できれば鍵のかかるロッカーが人数分配置できるスペースが欲しい。これが従業員休憩室と一体というならば申し分ないが、町場の路面店では望むべくもない。せめて狭くて一人しか入れないという場合でも男女に分けて確保したい。

よくある注文が、物入れについてである。ソファベンチの下を物入れにするというのは、今や定番である。しかし、常に取り出して使えるという物入れではないので死蔵場所になりやすい。本来物入れとしては、必要なときに、必要なところで取り出せる戸棚や作業台が求められる。例えばトイレ。トイレの中にその掃除道具入れが付帯していることが役に立つ物入れである。当然、トイレットペーパーやタオルペーパー類の補充用戸棚、芳香剤の棚、利用客の荷物棚までも配慮が欲しい。

いずれにしても、客席空間の非日常性に対して店舗のバックヤードは、住まいの場合と一緒で日常性空間の場であると理解したい。

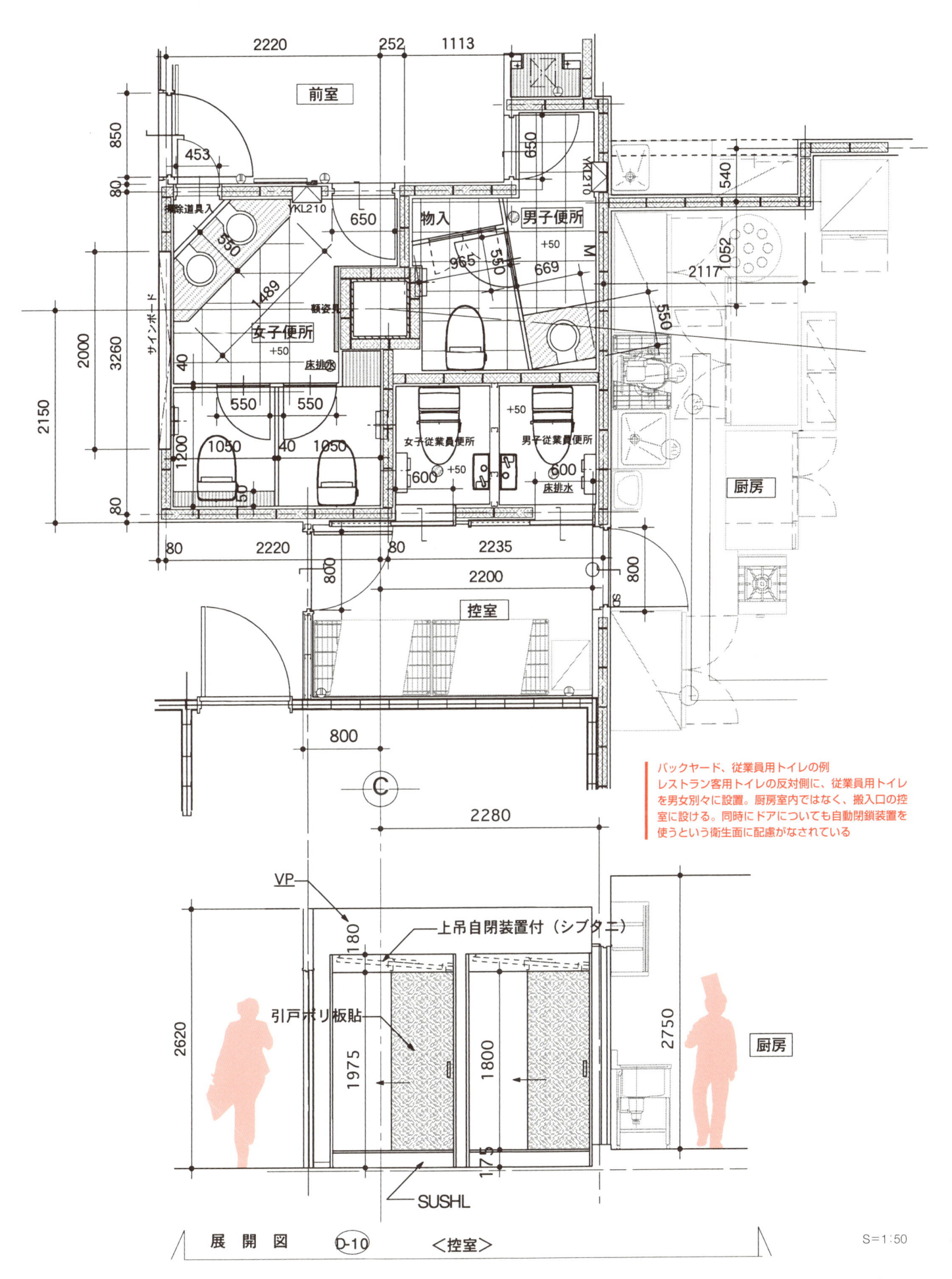

バックヤード、従業員用トイレの例
レストラン客用トイレの反対側に、従業員用トイレを男女別々に設置。厨房室内ではなく、搬入口の控室に設ける。同時にドアについても自動閉鎖装置を使うという衛生面に配慮がなされている

展開図 D-10 ＜控室＞   S=1:50

ショップインテリア｜平面計画・空間計画の実践

e｜色仕様、そのタイミングと押さえどころ

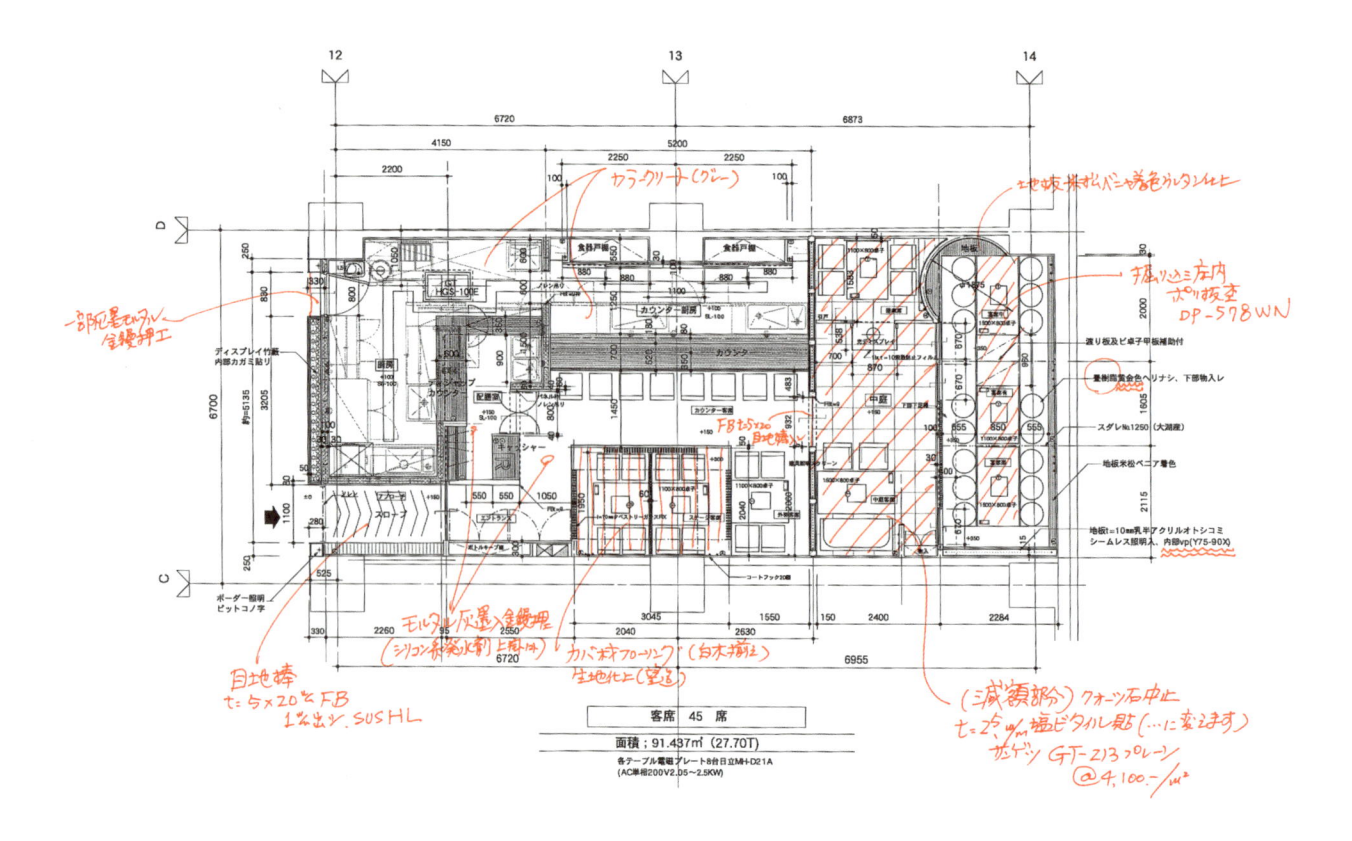

現場での色仕様図書の考え方

色仕様図書とは、あまり聞き慣れない言葉かもしれない。

あらためて図書として現す必要はないかもしれない。大概は、どの箇所と、どの部分の色を決めてください、と現場から要請があるからである。しかし必要に応じて問い合わせがあるとはいえ、ある部分だけの素材の製品番号を、そのつど決めていては、全体との関連性を見失うことになる。一度にまとめて決定すべきである。

とはいえ、色仕様には決定するタイミングがある。

ショップインテリアの仕様は、各図面に引き出し線でその部分の仕上げを書き込む。建築に比べ仕上げの種類の多さや、デザインの複雑さから逐次各部の仕様を書き込む必要がある。むろん仕上げ表もあるので、見積もり時には使用する材料が分かっていれば問題はない。

しかし工事が進行してから先は、施工上必要な決定した製品番号が重要である。最初からどの材料の何色であるかまで決定していれば、必要事項を仕上げ表に記載しているだろう。しかし施工に至るまでの間でいろいろな経緯がある。特に予算オーバーで仕様落としを強いられた場合、当然、材料が変わっている箇所が多々あるはず。イメージを崩さずスペックダウンさせるとなると選択肢も少なく、結局探しまわることで時間がかかる。実際、イメージは雰囲気である。色合いが非常に重要で、そのテクスチャーとともに予定していたものに取って代わる素材は、そう簡単には見つかるものではない。そのため色仕様図書を書くのは、着工後、ある程度現場の下地組が進んだ頃というのがベストタイミングである。またこの頃の決定は、設計者にしてみると最後の変更チャンスとも言える。実施設計を終えて、少し時間が経過した時点で、もう一度設計図を隅から隅まで見て、色仕様を決めると同時に、考えが変わってないか、設計上の間違いがないかの確認まで含めて再検討ができる機会なのである。

もし変更があるなら、仕様落としと同じような訂正で新たな素材スペックを上書きすればいいわけである。ただし工事金額が上がらない範囲でというのは言うまでもない。

実施設計図書をA3サイズに縮小して、図面に沿って、できれば赤ペンでそれぞれから取り出して製品番号と同時にタイルや石材、フローリングなど厚みのあるものは、素材のサイズ、厚みを記入する。塗装は、天井ひとつとっても引出線で「t=12.5mm PB下地AEP塗装仕上」としか記入しない。でも実際は、一般天井から下がり天井、間接照明の折り返し、その内部といった色の違いを設定してあれば、各部について、日本塗料工業会の塗料用標準色見本帳で選ぶ。その他、メラミン化粧板、ビニールクロス、特殊素材など製品番号以外では、連絡先、担当者名なども記入しておけばなお良い。

色仕様の決定には、かなりの決断力が強いられる。まさに机のまわりは見本帳や現物サンプルが山のようになる。その中からベストな素材を選ぶというのはかなりの数量の項目を即決する必要がある。逡巡するときは、まだ物足りないと思っているのであって、他の素材を当たるほうが早いくらいである。全図面に色仕様を記入するので、

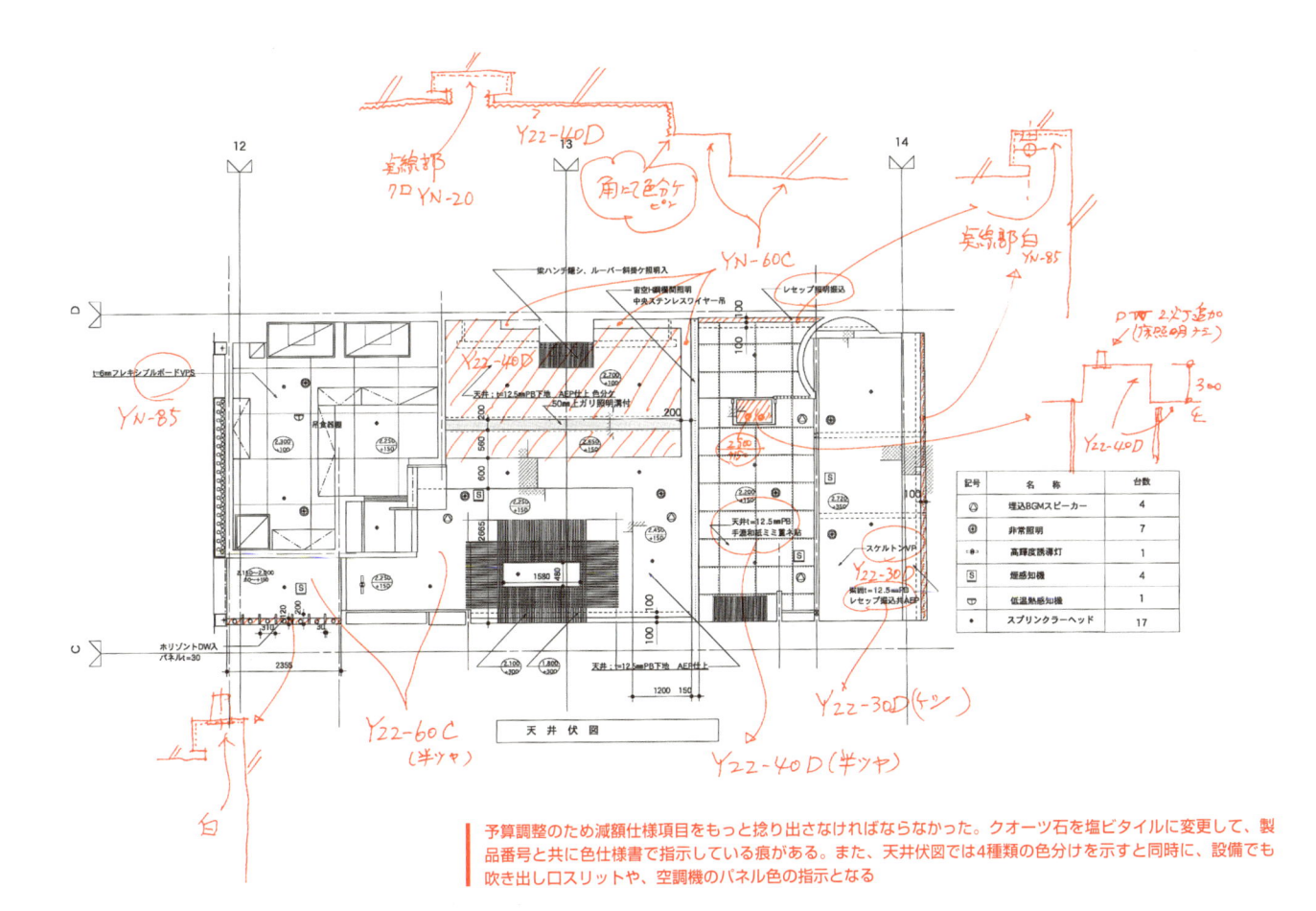

予算調整のため減額仕様項目をもっと捻り出さなければならなかった。クオーツ石を塩ビタイルに変更して、製品番号と共に色仕様書で指示している痕がある。また、天井伏図では4種類の色分けを示すと同時に、設備でも吹き出し口スリットや、空調機のパネル色の指示となる

平面図で床素材、天井伏図で天井関係の色、そして作図順序と同じく詳細図から決めていくと展開図では省略できるところが多い。

色仕様は製品番号で現す

設計者は、間違いがないように製品番号と同時に色合いも書き込んだりするが、現場の施工者は、色仕様を決めてくれという割にはこの部分が何色かは関知しない。何色なのか、出来上がりがどうなるかではなく、知りたいのはこの部分の材料の製品番号は何番かということである。似通った番号もあるので正確に記さなくてはならない。

実際、現場では仕上げ代と定尺サイズ、㎡単価とその仕切り値および在庫状況、納入期間といったところが彼らの重要な関心ごとである。

また、色仕様図書を現場に渡すと、現場監督はほとんどその図面を常に携行するようだ。赤でラフに書き込んだ、しかも縮小図面である。小型で扱いやすいだけでなく、手配をするには、そこまでの内容が図面に網羅されていなくてはいけないようだ。縮尺どおりの図面は、製作者、職方用に必要としてみれば、手配用として色仕様図書の存在がある。

素材は、必ずしも既製品ばかりとは限らない。杢部の着色の色の差、濃淡などは箇条書き文で現すしかない。あるいは、塩ビシートで近い色を選び、その色を中心に前後濃い、薄いという3色の塗装見本を要望するとか、現場での作業内容なら、その専門の職方が来るので現場で調合してもらったりする。左官の鏝パターンについても然りで、その場で実際の壁に見本を造らせたりして、イメージに近い表情を模索する。一応その前に何点かの候補の見本提示を求めるのは、カラースキーム用に準備するためである。

現場では、色仕様の記入漏れは、電話問い合わせがあるが、多い例がガラスのシーリング材、コーキング材の色である。

とっさに答えると後悔することがある。透明ガラス同志の召し合わせは、スーパークリアで透明感を増すという考えはそれでいい。しかしタペストリーガラスや、インクジェットのガラスシートを貼る場合など、発光面を造るときは、半透明にすべきである。何でもかんでもスーパークリアといっていると、内部が見えてしまう失敗をする。木製の枠にガラスの場合は、黒色がいいのか、グレー色でいいのかは、結果的にとんでもなく目地が目立ってしまうということもあるので、事前に検証する時間を確保して、色仕様図書に明記することを忘れないようにしたい。

余談だが、「カラースキーム」は現物素材を貼り込んでクライアント側に提示するプレゼンテーションの一つだが、本来タイミングとしては、色仕様書を作成した後の方が作りやすい。しかし、カラースキームはイメージ優先で計画時に作ることが多いので、工事段階で作る製品番号で表された色仕様図書は設計者任せになるのが普通である。

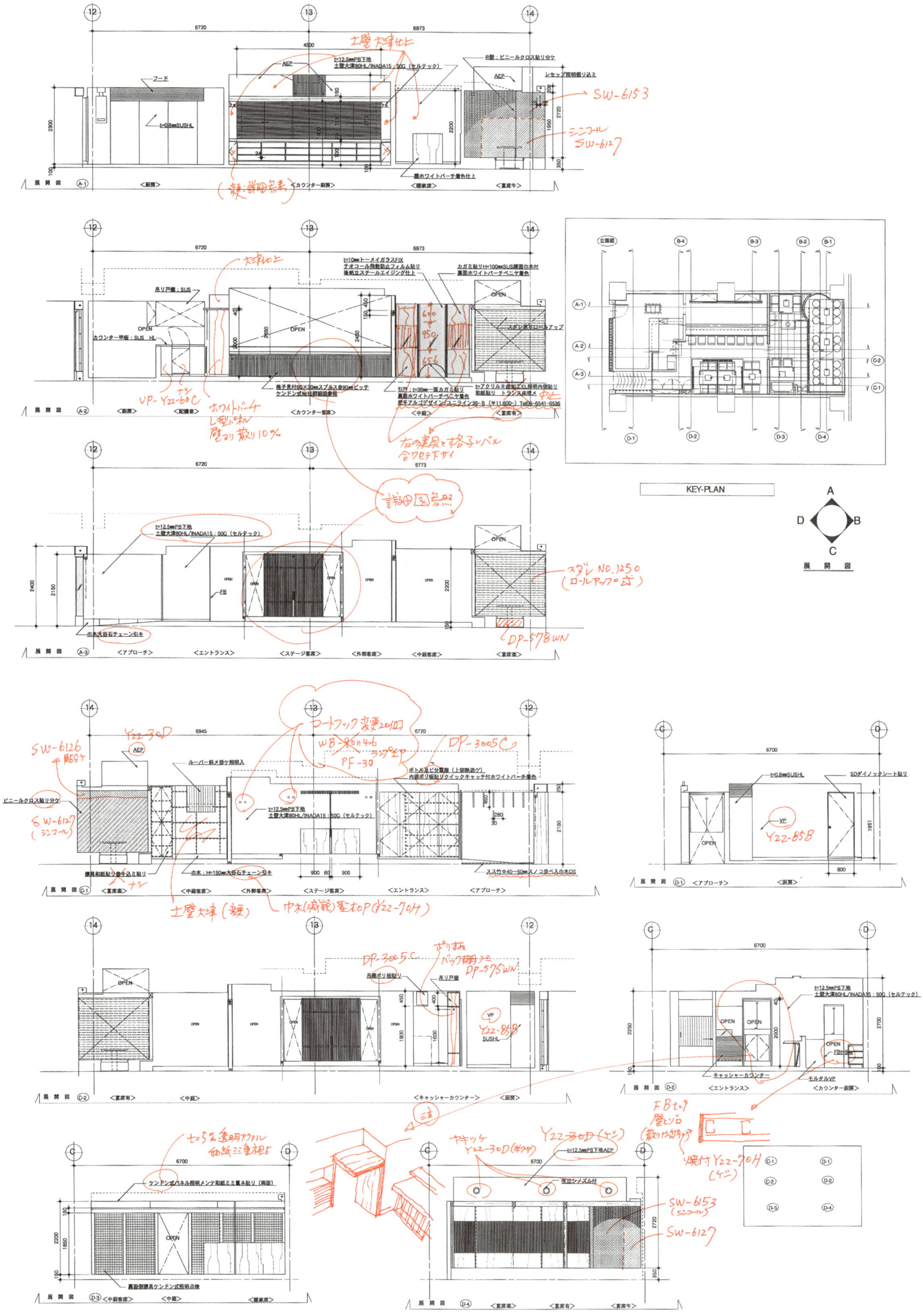

4 ショップインテリア｜各部機能のデザインの実践

a｜ファサードの印象、導入アプローチ

導入アプローチと併設したいエレメント

利用客にとってその店のアプローチの雰囲気は、店舗の「品格」を感じるところといってもよい。

効率だけを求めた考えの店は、そのまま入り口のドアを開ければ即客席という形で現れる。考えに余裕があるところは、道路境界やテナントショップのパブリックスペース一杯にまで迫り出すように、入り口を設けることなどしないであろう。入り口の扉やサンプル、メニューボードなどとともに、あえて道路に接道する前面を、内側に引き込んだ位置に設定した「セットバック」とか、露地に引き込むように入り口の扉を正面に見せないで、脇から入る隙間的導入方法とか、踏み込みのエリアを、如何に確保するかなどに腐心した跡が窺えるものである。アプローチを如何に工夫するかということもさることながら、客席が見えるとか、室内の着席した客と、目が合うというようなことにはならないように、導入アプローチは心理面、実用面まで含めて計画をする。

デザインの考え方としては、最初から目的を持っていないと、アプローチエリアはなかなかそのスペースを確保できないもので、往々にして思惑どおりにいかないものだ。むしろエントランスに併設できる別の用途を要素をエレメントにして、アプローチエリアのフィールドを広げた方が得策というときもある。

アプローチの目的やエレメントとはどんな内容を指すのだろうか。

例えば、入り口の方向ひとつとっても、北向きの場合は、特に冬の場合ドアを開けるたびに入る風が大敵で、隙間風はもっと居心地を悪くする。風除室が設けられるほどのスペースがない場合では、アプローチ空間の範囲でカバーすることになる。むろん設備のバランスもあるが、北風対策を課題としてアプローチエリアを考えると何かデザイン上の手立てが生まれるはずである。

また、フロアレベルの問題もアプローチの段階で考えておくことである。段差を必要とするにしても、ステップの切り替え場所として、余裕のある踏み面や、段数を求めることができるエリアとして最適な場である。あるいはスロープとするにしても、勾配を確保するためアプローチを長くすることに必然性が生まれる。フロアの段差をいかに吸収するかも、アプローチでの段階で工夫するもののひとつである。

アプローチ沿いに付帯させる演出は竹林、坪庭、飛び石、池や滝といった和をソースとする設定や、水槽、光や庭木とのコラボレーション、トンネル、洞窟のエントランスなどアプローチに設定するモチーフに事欠かない。アプローチ沿いのワインセラー、ドリンクバー、ラウンジ、ウエイティングスペースという機能も併設に適している。それらを設定することで、アプローチエリアの必然性が生じる。また、すでに定番ではあるが、厨房を「見せ場」として、客席までの動線を遠回りさせても調理の臨場感を見せる工夫もある。この場合は、厨房位置の設定で、そこにしか設えられなかった設備上の条件がなせる業であるということが多いにしても、「遊び心」を十分に演出することができる。

その他、アプローチエリアの最たるモチーフは、ファサードの造りである。

路面店のように入り口の位置付けづけが決定しているのは、地下層階や2階の専用階段での導入の場合とか、1階であっても、間口の範囲が限られているときなどである。考え方としては、店内のデザインや素材、雰囲気を、ファサードのイメージにストレートに表現するイメージ訴求とアプローチとのつながりで、人を引きつけることになる。サインとの兼ね合いも含めて、ファサードデザイン自体が、独立した顔として印象づけられ、シンボル化、マーク化につながることを心掛けることである。

反対に、商業施設ビルのテナント出店という多店舗フロアなどでは、パブリックスペースの通路が外周となっているので、どの位置をエントランスにすることも可能だというほうがやりにくい（第3章／ゾーニングの基本；ゾーニングエスキース　P.048参照）。通路の流れやエレベーター、エスカレーターまわりの環境を優先して考えがちだが、店内の客席ボリュームや、施設の設定の内部的要素からの考え方も検証して、合致するのならともかく、ズレを生じるようなら、インテリアの客席スペース優先ということも視野に入れて、エントランスの設定をすることである。この場合は、アプローチのデザインをインテリアからすることで、ファサードデザインを決定するということである。

いずれにしても、このようなエレメントにより、アプローチとしてのエリアを広げ、エントランスと併設することで、導入アプローチのデザインに幅を持たせたい。

アプローチの平面形態パターン

アプローチエリアを独立させるためには、何らかのスクリーンや壁により空間を遮蔽する形が望ましい。例えば透明ガラスの場合でも、客同士がお互いに見えていても、明確に空気を分けていることになればいい。アプローチを遮蔽する考え方は、通常その壁の裏側は奥まった印象の客席を造ることが狙いである。また、アプローチ空間としての期待感やドラマチック性、神秘性を抱かせる設えという意図もある。そのスペースと雰囲気は、平面形態として長いか短いか、広いか狭いかのわずかの差であっても十分個性化が図れる。むろんこれらのアプローチの違いは、大規模店舗の方が長いし、広い。中規模店舗の場合は、工夫次第で変化に富んだいろいろバリエーションが造れるということである。

アプローチに多い形状は、廊下型である。長手に奥に進む場合の突き当たりの壁は、間接照明やその店の象徴的なディスプレイで奥に進みやすくして、その手前をどちら

かに折れる。また、突き当たりにカウンターを配し、その作業中の従業員が入店客を迎え入れる。カウンターの客は、入ってくる人に背を向けているというレイアウトで、小規模店舗に多い例である。同時に、カウンター客席に沿ってアプローチの壁を設けるレイアウトも、入り口の位置によっては有効な方法である。ガラスによる仕切りや、隙間越しの建具扱いの間仕切り、また和風でいうならば飛び石のある路地型風の造りである。

また、同じ廊下型でも「くの字」に折れた形態は、奥の様子を窺うことができる範囲で…とか、あるいは逆に奥を一望させない目的などで角度を決め、空間が続く連続性を演出したりする。

一方、廊下型に対して矩形型は、レセプションホールとしての機能を持たせて、一室の空間を造るスタイルである。受付スタンドや、待合としてのスペースも兼ねている。来店に際して気を持たせるやり方で、アプローチ機能の集約型であり、円形室にするとか、業態によっては変形な空間で奇をてらうといったこともある。和風でいう「取次の間」として、ゆとりやグレード感を表現できる造りでもある。

ほかには、廊下型、矩形型の両建てというやり方もあるが、湾曲型、U字型、Uターン型とも言うべき前述の壁の裏側は、客席ブースにするという強い意志が現れた例である。廊下型でも、角度をつけて平面図上斜めに配することで、その裏側の客席ブースのボリューム配分や、アプローチの変化を求めることも同じである。

要は、平面形態は計画中の結果論であり、敷地や建物の厳しい環境や立地、それに伴う物理的条件をクリアして、最適な形状を模索することになる。しかもアプローチエリアは、初対面の印象として人を引きつける重要なファクターを担っているだけに、十分留意した考え方をしなければならない。

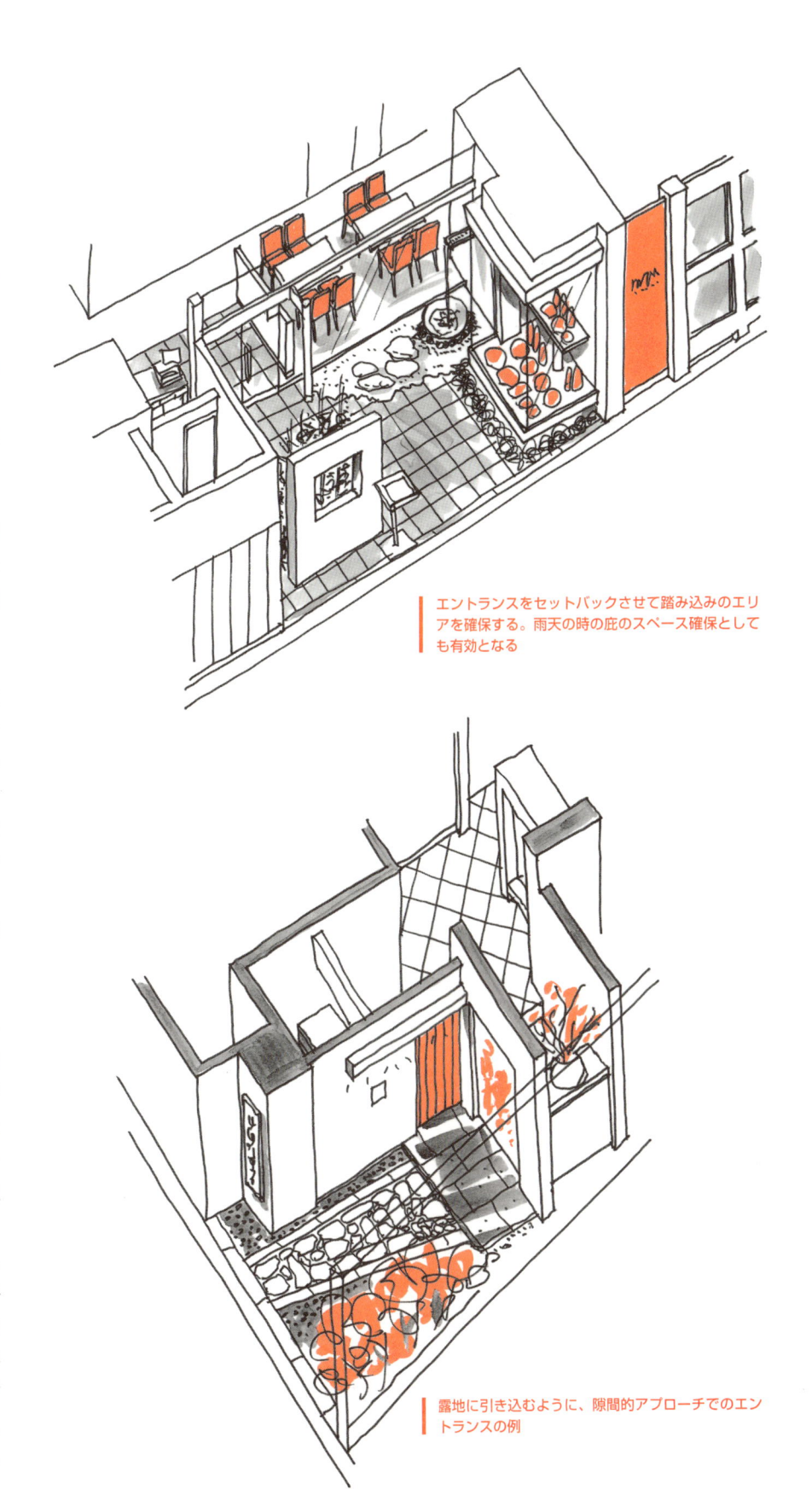

> エントランスをセットバックさせて踏み込みのエリアを確保する。雨天の時の庇のスペース確保としても有効となる

> 露地に引き込むように、隙間的アプローチでのエントランスの例

▌蒸器を正面に見せながらアプローチスペースをスロープとするか、段差の切り替えの場とするか

▌一本動線の単調さをトンネル化のアプローチで光の変化を求める

▌ドリンクバー、ラウンジをアプローチ沿いに併設したエントランスホール

▌ワインセラーと共に調理の臨場感を「見せ場」とした厨房。アプローチの段階で期待を膨らませる演出

専用階段で地下層階に降りるショップアプローチ

エントランスから「くの字」に折れた廊下型のアプローチ形態。空間の連続性を演出し、突き当たりの賑やかなカウンター席に導かれる

和風の場合の矩形型形態。機能は「取次ぎの間」として、ゆとりやグレード感を表現できる造りである

レセプションホールとしての機能を持たせた矩形型形態。一室の空間を造るスタイルである

b｜アプローチから客席へ、店内動線の考え方

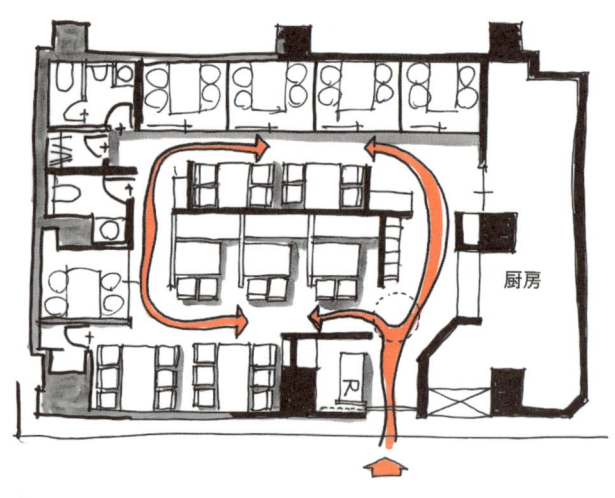

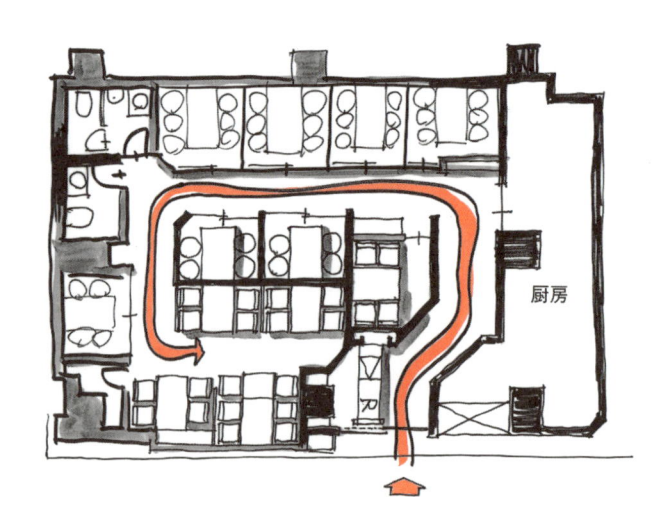

バイパスルートを設けた場合の図と、1本の基幹ルートで奥行き感を演出した図を並べてみると、店の雰囲気や、客席の落ち着きの度合いが想像できる

バイパス動線は必要か否か

住宅と飲食店舗の動線を比較してみる。住宅では、目的の部屋に行くルートは二通り欲しい。すなわちバイパスルートを造る必要性は、生活の中にこそ感じるものである。

例を挙げるなら、玄関から帰って直接居間に入る、そのまま居間を経由して台所に出ることができるルートと、玄関から直接台所に入るルートが造ってあれば、居間に行くルートはバイパスでつながるわけで、大いに生活の幅が広がる。いわゆる空間同士のつながりに、行き来できる良さが加わる。要は、一度通った道を戻る必要がないわけで、異なる用事を済ませながら、同じ地点に戻ってこられる動線の選択肢をつくるということである。飲食店舗でも、目的の場所に行くルートは二通りいるのだろうか。

店舗では、利用客動線と交差し、重複する形で従業員のサービス動線が複雑に絡む。住宅の例に戻って考えてみると、もし来客があった場合、訪問客にとってバイパスルートは必要ない。玄関から居間に通され、帰りも同じルートを辿るだけである。バイパスルートが必要なのは、居間の来客とは別のルートで台所に入れるという、むしろ家族の側の行動についてである。飲食店舗でも同じ意味になる。

従業員にとってバイパスルートは、確かに便利この上ない。物事には「ついで」ということがあって、一作業が終わってそのまま引き返すより、別のルートを経由して、パントリーに戻るほうが他のテーブルにも目が行き届き、無駄のない行動ができる。しかも込み入ったルートを避けることで、利用客とのバッティングを回避することも、利用客からのオーダーに対して反応も早い。いわゆる、家族の立場が、従業員の立場と重なるように、飲食店舗についても、バイパスルートは臨機応変な対応ができるというメリットがある。

ただ、飲食店の動線では、袋小路とならないように注意しなければならない。突き当りばかりで、入った道をまた戻るというのでは、いたずらに人の交差を誘発するだけである。個室やグループ席では、通路が独立するため常に起こり得る現象である。突き当たりは、客席ブースに至るという配置にするしかないが、このようなときにバイパスルートとなっていないと、サービス動線としては、偏った範囲にしか目が届かないということになる。また、利用客がトイレに行くにしても、どちらからでも行けるのであれば、往復を迂回できるので、この店の全体像を自然に把握することができ、別の客席ブースへの興味や魅力を知ることになる。同時に、消防署の条例で脇道の長さは、2人席でも4人席でもテーブル7卓までの範囲という制限があるが、バイパスルートで両方にメイン動線（避難通路）に接していれば、その心配も杞憂に終わるということである。

ひるがえって、バイパスルートがマイナスに働くのはどんなときだろうか。

店舗の利用客にとってバイパスルートは、どちらにいけばよいのか道に迷うようなものである。また、利用客にどちらからも出入りされると困るのは、実は従業員の側で、帰る客なのか、席に戻る客なのか分からなくなり、声を掛けるにしても、まごついてしまう管理上の欠点がある。その対策の一つとして、入り口からアプローチを経由して、通路一本の動線（メイン通路）とすれば、利用客の行動を捉えやすい。そこから枝分かれするような形で、各客席ブロックにつながる脇道（サブ通路）を造る、という露地通り風な動線である。このシーンを利用客の立場でいえば、アプローチを経て、神秘的な雰囲気のメイン動線に導かれ奥へと案内される。その過程でいろいろな客席構成や演出を目にすることによって、店に対する期待感が膨らむというものである。従業員が客を案内したり迎えることは、住宅でい

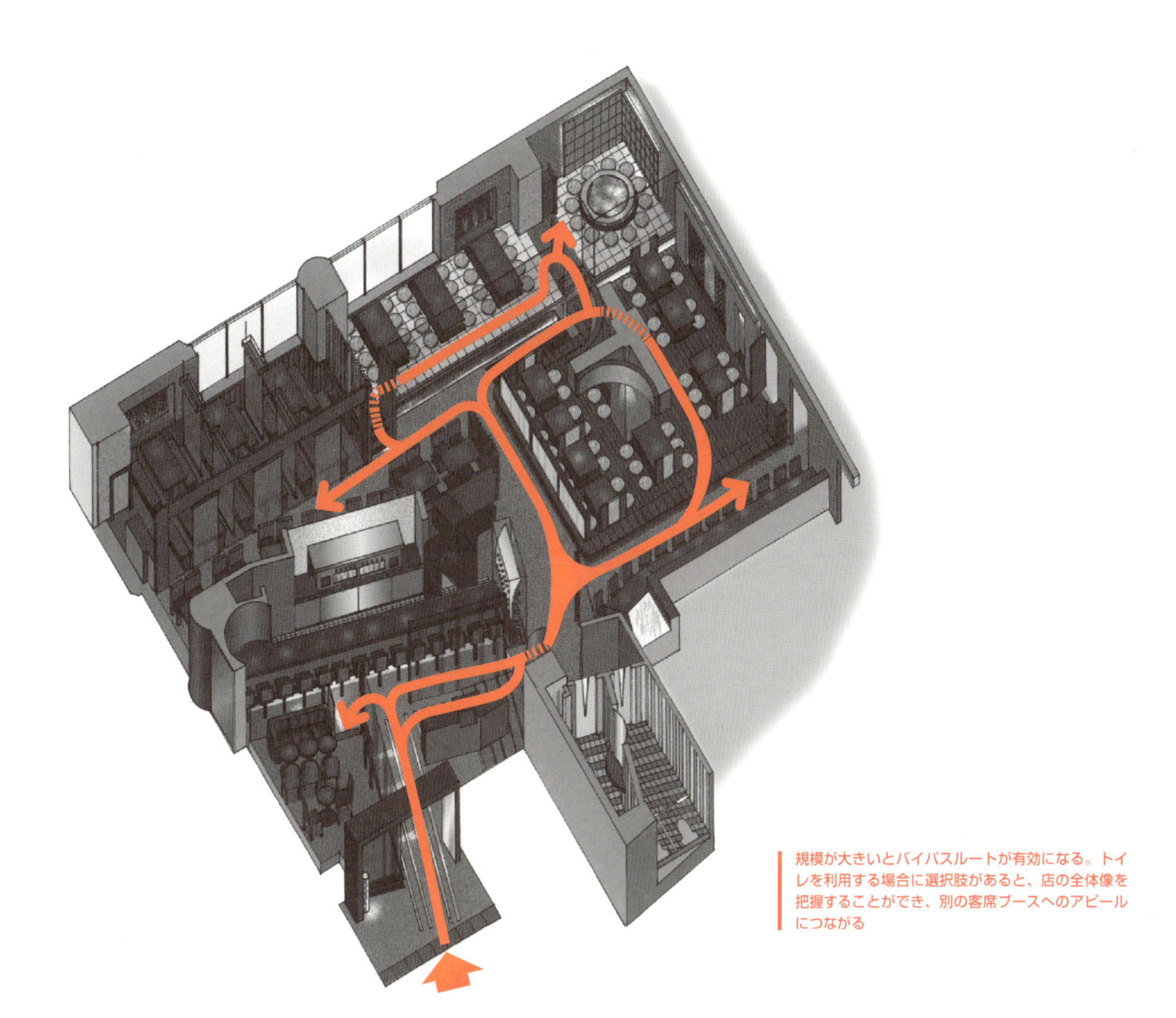

> 規模が大きいとバイパスルートが有効になる。トイレを利用する場合に選択肢があると、店の全体像を把握することができ、別の客席ブースへのアピールにつながる

えば家族総出で歓迎されるようなものである。この動線意図は、店舗の規模をスペースで現すというより、「奥行きのある店」という印象に転化出来る良さがある。確かに、1本の動線にすべての動きが集約されるわけで、動線の重複が、混乱を呼ぶことを考えると、単純化された道筋は、迎える客、見送る客（レジで精算する客）の明確化が図れるわけで、間違いを防ぐという安心要素となることは間違いない。

としてみると、飲食店舗にバイパスルートが必要か否かは、その店舗の規模によって分かれると考えてよさそうだ。中小規模店舗では、奥行き感を演出することに重点を置き、1本のメイン動線を基幹として計画する後者の例である。大規模店舗では、客席構成が多様になると同時に、バイパスルートによるサービス動線も視野に入れて、動線の選択肢を増やす必要性があると言える前者の例である。

動線スペースは余白スペース

動線計画は、機能別の用途や、客席構成と、それを利用する人の動きの関連性を軸線にエスキースしていくと、必然的に道筋のつながりが生まれる。

最初に動脈となるメイン通路は、避難通路幅員として有効1200mm（店舗面積500m²以上の規模では1600mm）を確保する。避難通路は、エントランスから、避難階段に至る二方向避難のルートとしてつなぐ必要があるが、短絡的に、双方を最短距離で求めても解決の糸口とはならない。客席のバリエーション、バックヤードの位置づけ、各設備の設置条件など、多くの機能用途に連係させながら「動線のデザイン」をする意識が必然性を生むということである。

通常は、利用客の行動の基となるエントランスから客席、客席からトイレに至る動線ルートと、従業員のパントリー出入り口を中心としたルートであるサービス動線の交錯を、如何に整理できるかがポイントとして考える。その際、一番気をつけたいのは、トイレの位置と、パントリーの位置が揃う形になることである。特にサービス動線上は、トラブルのもとになるので避けたいが、むろん双方同じ方向への動きや、鉢合わせなどがないようにと心がけるにしても、設備の設置条件によっては避けられない場合もある。その欠点を承知していれば、通路の幅員でカバーするとか、大回りになっても反対側からのトイレアプローチとするとか、コーナーのアルコーブによる空間ポケットを設けるなど、欠点を中和する手立ての配慮ができる。

しかし、動線ゾーンとしてスペースを割くということは、設計図面上の、何もない余白に当たる部分の広さを確保することに他ならないわけで、そこに人の動きを想定して、計画する難しさがある。その余白を先に求めて確保しながら、各機能のスペース配分を関連付けながら想を練っていく。いずれにしても、重要なのは、煩雑な動線通路沿いだけに、何よりも各客席の落ち着きを守ってという条件の下に、計画されなければならないのは言うまでもない。

c｜建具デザイン、間仕切りデザイン

動く建具は、家具什器扱い

ショップインテリアでは、家具デザインの比重が大きい。その場の雰囲気を家具のデザインひとつでモダンにもなれば、デコラティブにも造り出すことができる。例にあげるまでもなくモダン和風や、モダニズムアジアというような独特な和のテイストイメージや、シノワズリーなイメージは、家具のデザインだけで現すことができる。このように、家具や什器は空間の雰囲気づくりの重要な役割を担っている。

同じことが間仕切りや建具についても言える。

建具は、壁面との同化によりその存在の希薄化を狙うというデザイン上のテクニックもあるが、むしろ家具のデザイン志向と共通項を求めるといった考え方が一般的である。開閉式にしてもスライド式にしても、部屋同士や外部の空間とつながる接点としての扉、あるいは戸棚や物入れの開き戸、折り戸や抽斗といった箱物の建具も、空間の雰囲気を醸し出す重要なエレメントである。

したがって、可動のものは家具と同等、ゆえに建具も動くものとして家具扱いと考える。それには根拠があって、消防法条例でも建具は不燃材仕様の必要がない。家具と同じように見なされるので内装材とはならない（防火区画のSDは別にして）。カーテンやスダレ、木製ブラインドについては防炎処理が前提であるが、建具は同じ動くものとして家具と同じように内装制限の対象とはならない。それだけ素材の選定でデザインの自由性が利くわけで、雰囲気づくりの一翼を担うことができる。極端な例として、四面の壁面が全部障子という建具だけでの構成だとしても、何も問題がないわけで、呉服屋などで照明を仕込んで葉影の映る障子だけで店内を構成している例もあるくらいである。

また、建具は人を驚かすこともできる。人の常識のスケールを越える、天井の高さまである大きな重厚な扉が開閉するという驚きを演出することもあれば、壁だとばかり思っていた壁面が、突然動き出すという意外性を持たせたデザインも出来る。茶室の屈まなければ入れないような、人より小さい「躙口（にじりぐち）」にある板戸など、建具には、人の心に訴える存在感、思いもよらない開け閉（た）てで使い方の妙を知るといった動きによる変化が持ち味である。形状も然りで、吊り元さえ垂直なら、ドアノブ側はどんな形状でも開閉が可能である。内枠を作るのは大変だが、稲妻形でも円弧でも自由な形状になる。

また、強化ガラス戸などで使うフロアヒンジは幅1200mmとか1400mmまで開閉できる。その幅なら間仕切りとしても応用できるので、まさか閉じるだろうとは思わないデザインにしておいて、客を驚かせるばかりでなく、これが90度スイングすれば、壁に寄せてオープンな部屋として使えるといったアイデアも可能である。引き戸についても吊り戸なら動きもスムーズで、たとえ重量のあるものでも容易に動かせる。間仕切壁のすべてを引き戸にして、隠し戸袋を設ければ一瞬にして大広間を構成したり、またその逆や、間仕切りのデザインによってシースルーにすることも、人の気配を感じる程度の趣のデザインといった間仕切りイコール建具という考え方も容易である。むろん通常の建具ならケンドン式にして取り外しも可能である。いわゆる建具は、動きに可動域があるとはいえ空間の主役の役割、あるいは雰囲気づくりのポイントゲッターとして家具のデザインに通じるものがある。

そのため、ショップデザイナーは家具と同じように建具にも精通している必要がある。和で言えば、障子の桟の寸法やピッチといった造り、襖と戸襖の違い、格子のコマ返し（同じ見付寸法を同じ隙間で繰り返すこと）の格子戸寸法、無双窓の造りといった和の建具について、洋で言えば、ガラス戸の詳細、框組の造り、フラッシュ戸、無垢板戸などドアや引き戸のデザインといったそれぞれの特長を熟知していなければならない。特に建具

茶室の躙口（にじりぐち）。高さも幅も人一人がやっと通れる大きさの建具で、低い位置から入っていくことで茶室の狭い空間も、高さ奥行きを感じるという外部とは異なる別世界を演出する象徴

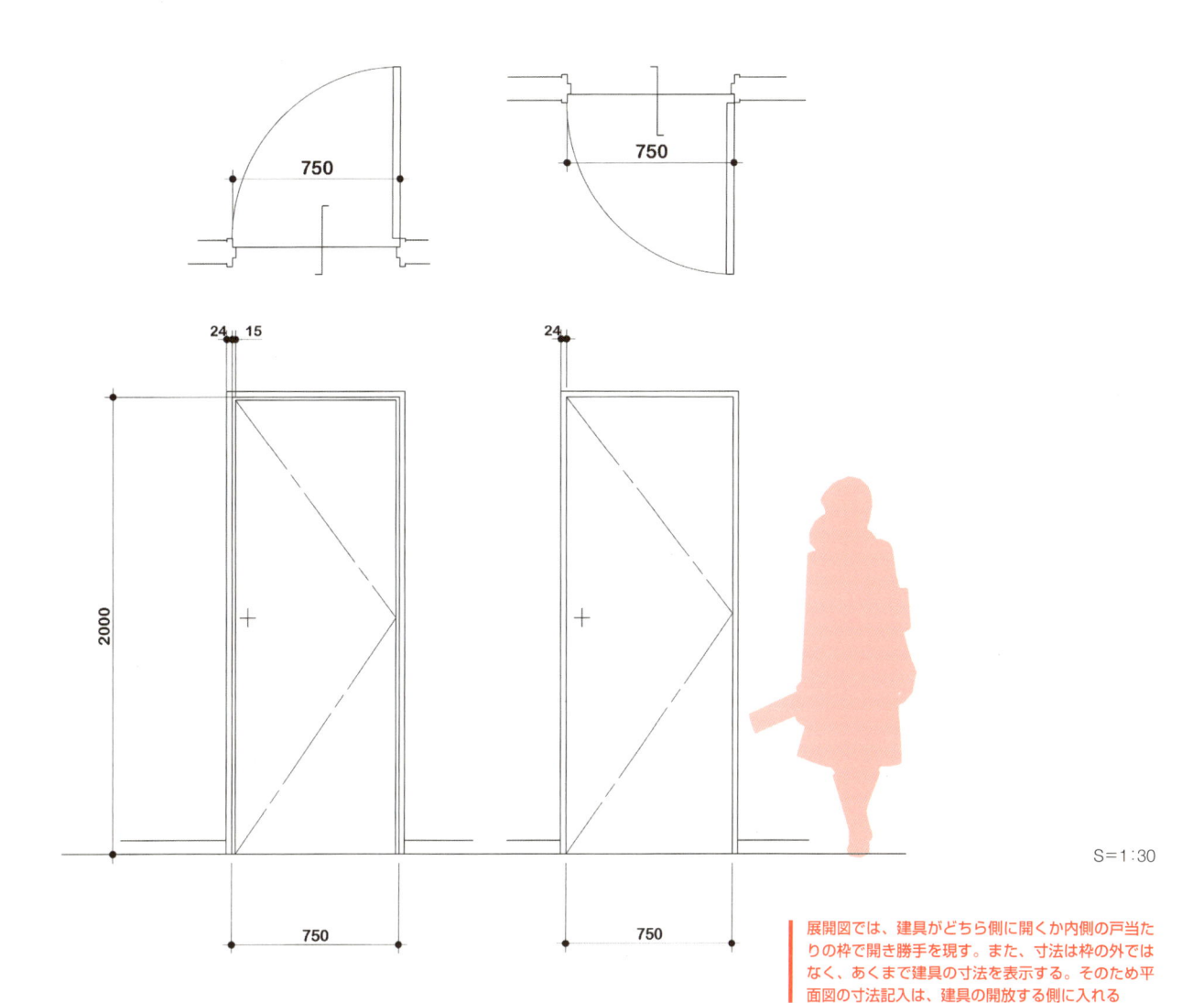

展開図では、建具がどちら側に開くか内側の戸当たりの枠で開き勝手を現す。また、寸法は枠の外ではなく、あくまで建具の寸法を表示する。そのため平面図の寸法記入は、建具の開放する側に入れる

の金物関係や「見込み」寸法などが研究不足になり勝ちである。それらをここで説明するより建具は身近に存在するだけに、メジャーで現物を採寸してみるほうが確かである。

見込み寸法とは、建具の厚みのことで、バックセットが入る、入らないとか、框の散りや建具の重みといった点に影響があるので、寸法の指示は欠かせない。通常の板戸の見込みは、33mmである。造りに凝ると重量に比例して40mm〜60mmといった寸法になる。障子は30mm、襖は17mmから19mm、戸襖になるとフラッシュ戸と同じ33mmといった寸法である。また、ベニヤ板類の化粧板は、定尺寸法がある。3×6、4×8、2×8という尺単位で表した呼称で、915×1824mm、1220×2430mm、610×2430mmのサイズである。このサイズの範囲で木製の建具は大きさを決めなければならない。定尺内とは経済的寸法ということであって、むろん無垢板はこの限りではない。

建具表は、そういう意味で姿、形より、金物種や見込み寸法の記述を重視する。

しかしインテリアでは、建具のデザインが雰囲気を左右するので、できれば1/20や1/30で正面図のデザインを現したい。複雑な造りでは、家具と同じように1/10で作図することもあるが、金属、ガラスといった異種素材が絡むと納まりの表現が難しいからに他ならない。

引き戸建具の考察

引き戸のレールは、V字型レールとチャンネル型とがある。埃が溜まったり、掃除がしやすいかということではV字型レールが勝るが、建具にもたれたり横から押されると外れやすく、思わぬ事故になったりする。その点をカバーするのが、吊りレールである。これは上部をレールとしているため、建具を取り外すことが出来ない点が厄介であるが、吊りレールはスムーズな動きといい、音が静かなことも利点となっている。ただ、ガイドレールは邪魔にならないように建具枠の端につけるので、開閉途中の建具の足元が不安定に揺れる。その点のクレームに対して工夫したのが、ガイドレールを逆に建具の下端につけて敷居に1本の溝を突くという方法で、どんな大きな吊り戸も安定した滑りになる。振れ止めを建具の下端につけるという工夫もクライアントからの苦情クレームがあって初めて発案した方法で、それが功を奏したという例である。引き戸には、オートドアでの開閉と、自動閉鎖装置という開けることは手動で、閉まるのは吊り戸のレール傾斜を利用しての自動閉鎖という機構の規格品がある。引き戸のクレームは隙間風である。オートドアはどのような状況でも全開するので閉まるまでのタイムラグが問題で、その点自動閉鎖装置は通る人の幅だけで自動的に閉まるし、価格が安いこともあり、病院はもとより店舗のメインの入り口にも採用される機会が多くなった。スイングドアでもトイレなどドアチェックの有無の検討は不可欠であるが、そのトイレのドアも引き戸として自動閉鎖装置にする例も多い。

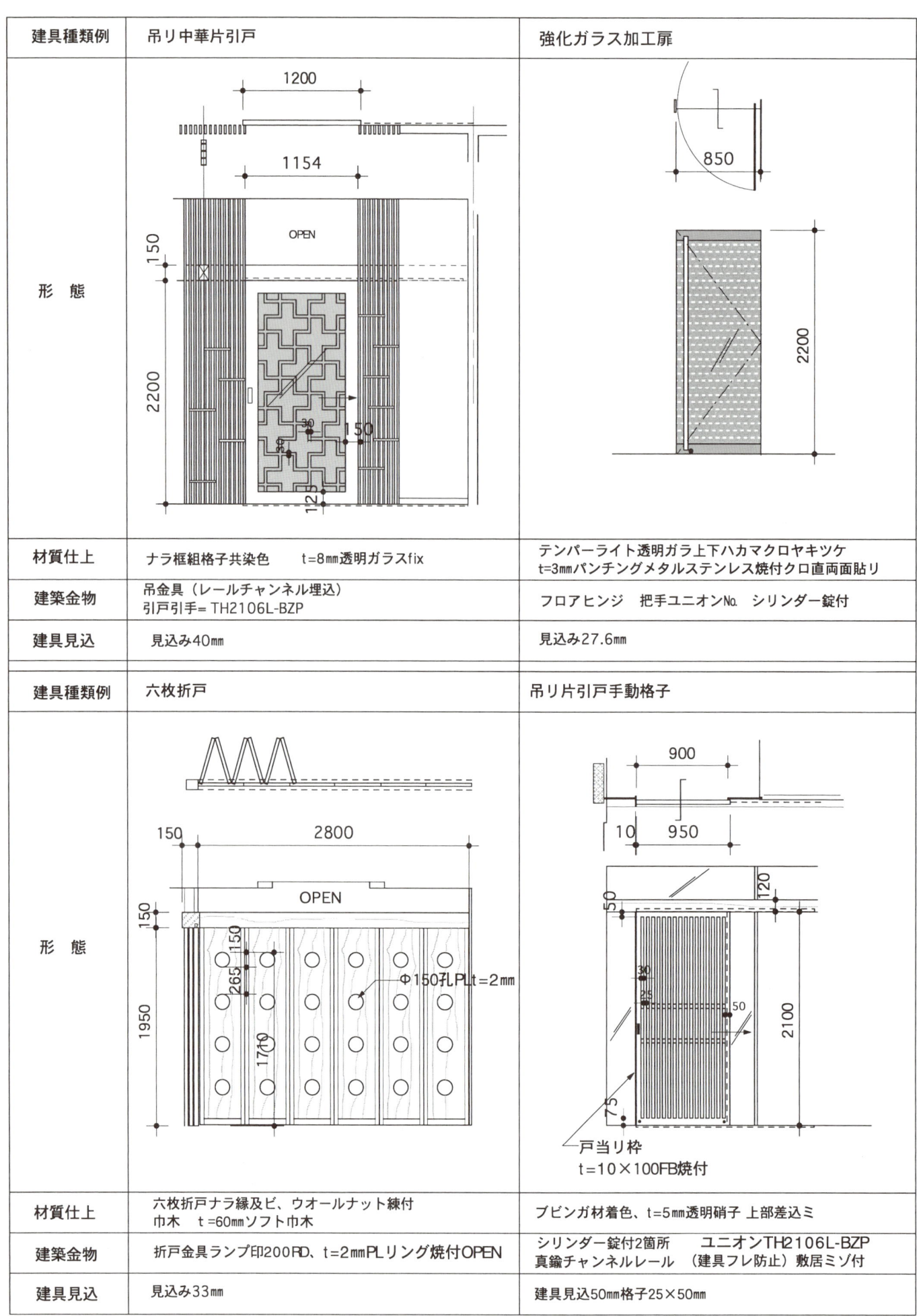

建具種類例	吊り中華片引戸	強化ガラス加工扉
形 態	(1200, 1154, 150, 2200, OPEN, 30, 150, 125 の寸法を持つ吊り中華片引戸の正面図・平面図)	(850, 2200 の寸法を持つ強化ガラス加工扉の正面図・平面図)
材質仕上	ナラ框組格子共染色　t=8mm透明ガラスfix	テンパーライト透明ガラ上下ハカマクロヤキツケ t=3mmパンチングメタルステンレス焼付クロ直両面貼リ
建築金物	吊金具（レールチャンネル埋込） 引戸引手＝TH2106L-BZP	フロアヒンジ　把手ユニオンNo.　シリンダー錠付
建具見込	見込み40mm	見込み27.6mm
建具種類例	六枚折戸	吊リ片引戸手動格子
形 態	(150, 2800, 150, 265, 150, 1950, 1710, Φ150孔PL t=2mm, OPEN の寸法を持つ六枚折戸の正面図・平面図)	(900, 10, 950, 50, 120, 30, 25, 50, 2100, 75 の寸法を持つ吊リ片引戸手動格子の正面図・平面図、戸当リ枠 t=10×100FB焼付)
材質仕上	六枚折戸ナラ縁及ビ、ウオールナット練付 巾木　t=60mmソフト巾木	ブビンガ材着色、t=5mm透明硝子　上部差込ミ
建築金物	折戸金具ランプ印200RD、t=2mmPLリング焼付OPEN	シリンダー錠付2箇所　ユニオンTH2106L-BZP 真鍮チャンネルレール　（建具フレ防止）敷居ミゾ付
建具見込	見込み33mm	建具見込50mm格子25×50mm

S=1:50

建具の例。分かりやすいように建具の平面と一緒に載せたが、通常、建具表は正面図のみで、その他凡例番号や数量などを加える。ショップインテリアでは、建築に比べて建具は少ない、むしろデザイン上複雑な建具が多いので、建具表としてより縮尺1/20や1/10で詳細図として一緒に起こす

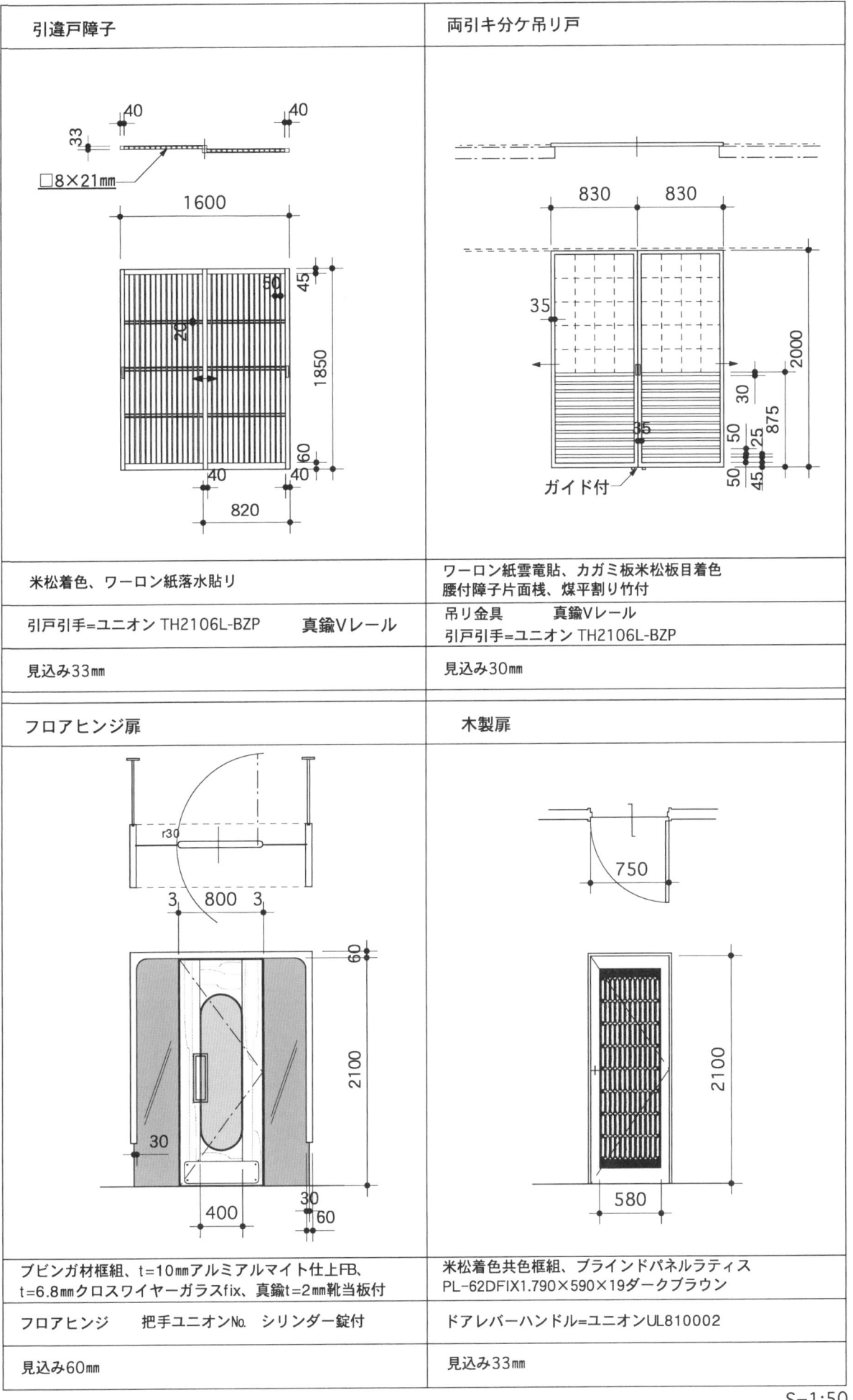

引違戸障子	両引キ分ケ吊リ戸
米松着色、ワーロン紙落水貼リ	ワーロン紙雲竜貼、カガミ板米松板目着色 腰付障子片面桟、煤平割り竹付
引戸引手＝ユニオン TH2106L-BZP　　真鍮Vレール	吊リ金具　　　　真鍮Vレール 引戸引手＝ユニオン TH2106L-BZP
見込み33mm	見込み30mm
フロアヒンジ扉	木製扉
ブビンガ材框組、t=10mmアルミアルマイト仕上FB、 t=6.8mmクロスワイヤーガラスfix、真鍮t=2mm靴当板付	米松着色共色框組、ブラインドパネルラティス PL-62DFIX1.790×590×19ダークブラウン
フロアヒンジ　把手ユニオンNo.　シリンダー錠付	ドアレバーハンドル＝ユニオンUL810002
見込み60mm	見込み33mm

S=1:50

スクリーンが宴会時に反対の客席ブースまでスライドする建具となっている。かなりの重量だが吊りレールなので構振れを抑えるため柱間をスライドする。詳細図として廻りの関係と一緒に現に現した図

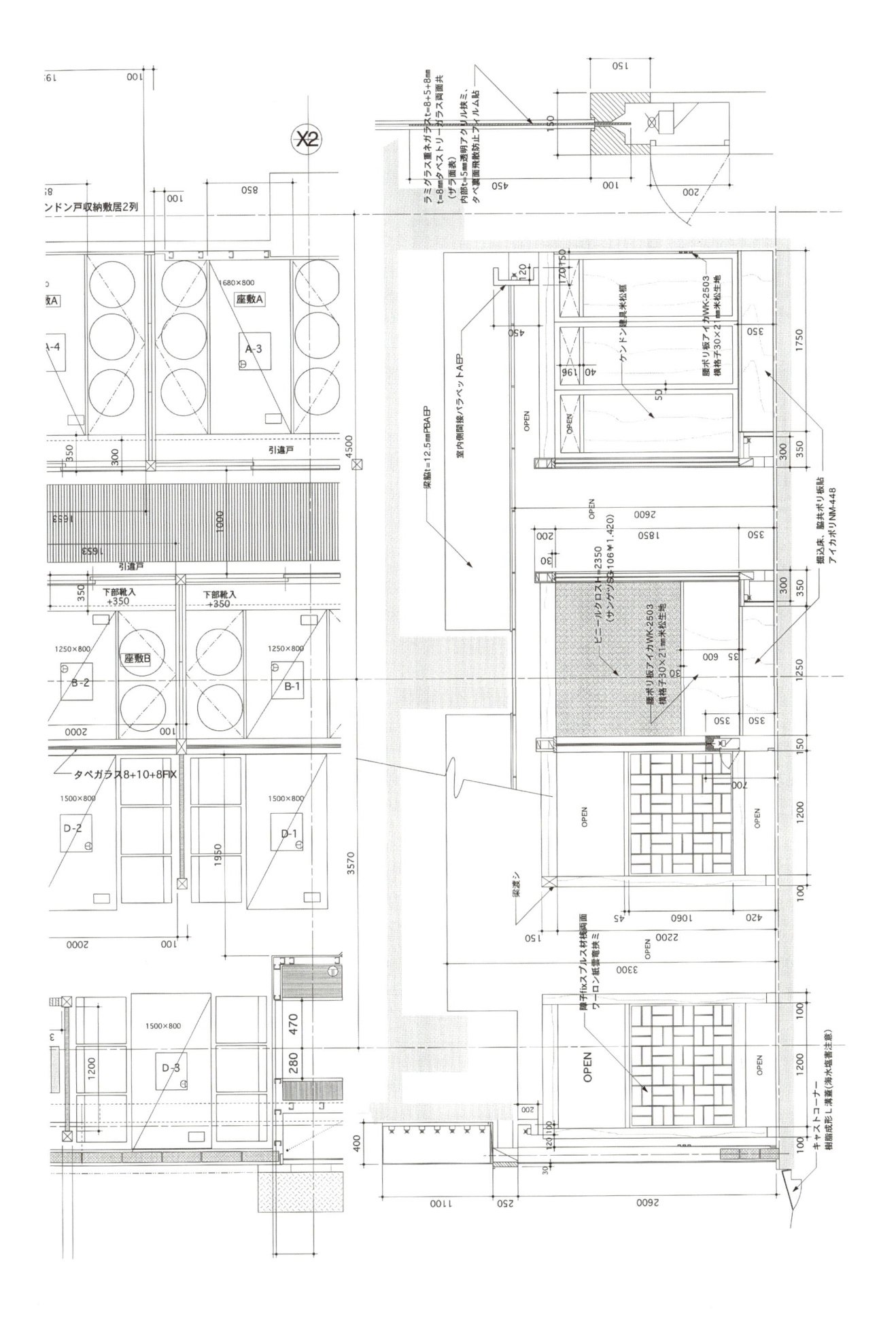

和風の店舗の建具。やはり詳細図として回りとの関係図として2種類の建具を現している

d｜箱物家具、造り付け家具

開き戸や抽斗に把手は邪魔

ドアのノブや家具の把手には、以前はずいぶんこだわったものである。直接手が触れるものだけにシンプルかつ機能的、個性的なデザインのものをセレクトしたいと探し回ったり、あるいはオリジナルなデザインで気を引きたいと思ったりするものである。究極は、建築・家具金物の技術開発がシンプルイズベストを助長し、何もついていない扉に出来ないか、建具の隆起やリブという立体的なデザインのどこであっても、把手であり引き手であるという建具はどうか…などの考えを巡らせたものである。

しかしいつの間にか、箱物家具は、クイックキャッチという開き戸を押せば反動で開くとか、プッシュ式ボタンタイプや、建具の上から下までの枠が引き手というのが最近の傾向となってしまった。抽斗や開き戸は、昔からの建具の木端、木口の掘り込みでの隠し把手が多いし、把手のデザインの存在感は益々希薄になっている。ひとつには、見付けの見えがかりの煩雑さを嫌い、開き戸の被せの納まりというスライド蝶番が主流となって、建具同士2mmの溝だけでフラットに収められるということが影響している。そこに飛び出すように自己主張した把手がいくつも取り付くのでは興ざめどころか、ひざをぶつけるとか、洗面所の例では濡れた手で滑ってなかなか掴めないといった欠点ですら露呈することになる。住宅の浴室扉の把手では、タオルも掛けられる横長棒スタイルでハンガー機能も持たせたものもある。確かにワードローブなどは、一時凌ぎにハンガーを掛けることもあるので把手が出っ張っているほうがよい。同様にプッシュ式ボタンで不要なときは押し込んでおけるというタイプが使われるのも頷ける。ただしこのような実用面ばかりで把手を選定するのではなく、ショップインテリアでは遊び心の表現や、雰囲気づくりという理由でセレクトする場合もあるので、造り付け家具の設置場所や機能、その使用頻度次第で、把手がどんな形状のものがよいのか、隠し把手でよいのか、つまみやすいことを優先した把手でなければならないのか、その建具にふさわしいベストのものを選択することが必要である。同時に家具の把手は、その店舗のデザインの共通のためすべて統一することになる。しかし、その把手の数が目に余れば意外と目立つこともあるからその存在を勘案することは重要である。当然、その指示が明記されていないと、当たり前の、有り物の把手をつけられてしまう恐れもあるので、家具金物のセレクトをおろそかにしてはならない。

見せる造り付け家具、隠したい戸棚

箱物家具は、ベニヤ板のフラッシュ構造で造る。できるだけ狂いがなく素材の伸縮変化がないことが必要だからである。しかも造り付け家具なら、工事の造作途中で本体の箱の部分だけ先付けしなければならない。壁の下地ができたら即採寸して、真っ先に壁に組み込む。開き戸や抽斗は、後で取り付けるとはいえ併せて造っておかねばならないが、素材は無垢の板戸であっても金属、ガラス戸であっても見せるための家具なら開き方も含めて、建具のデザインに腐心するところである。インフォメーションカウンターや、カクテルバーなどのバックバー、オープンキッチンの食器戸棚、また物販店舗では壁面什器や陳列什器といった、デザインされた見せるための造作家具は、固定された造り付けだからこそ成り立つと言えるのかもしれない。強いて言えば、バーカウンターも然りでこれこそ造り付け家具の典型である。造り付けだからこそ大きさに制限はないし、つないでセッティングしていくとはいえ、ボリュームは壁面一面を占めることも可能である。収納戸棚なのか、陳列什器なのか、いずれも天井まで目一杯の高さで考えると、造り付け家具は「壁」と化してしまうことになる。ある意味で造り付け家具とは、壁をデザインする認識に等しい。したがって収納機能を目的とする隠したい戸棚ならば、内部はフラッシュの可動式棚や、ハンガーパイプ、抽斗類で構成される。そして建具だけが壁素材と同等な質感、色彩を施すことになる。一方、陳列機能を目的とする見せたい造り付け什器とすると、オープン化した棚の素材がポイントになる。木製やスチール、アルミ、ステンレスといった金属製、ガラス、アクリルなど無機質系など素材の特長を加味した厚みや、可動の仕方に工夫が必要であり、スリット式、埋め込み棚柱などパーツ次第で傾斜角度を変えるとか、フレキシブルに対応すると同時に、照明効果を狙った造りにしたりする。棚を固定する場合は、上段から下段に掛けて階段状に見やすく設定するとか、照明を組み込んで商品が棚ごと浮遊したイメージにするとか、これらは、前者はサービス操作台、キャッシャーバック棚、更衣棚や物入れ戸棚の例で、後者は、テイクアウト用の陳列棚とか、サンプルショーケース、物販陳列什器などである。

建築・家具金物の種類を知る

建築・家具金物の種類は、現在豊富である。例えば、吊りレール、スライドレールひとつとってもガラスの場合、フラッシュ戸の場合、あるいは2枚引き違い戸、3枚引き違いとか、いろいろな場面に対応できる金物が多い。スライド蝶番も、開閉角度180度タイプや地震対策用のものなどから、上蓋式のスライド蝶番にソフトダウンステーをつけると小さな操作で静かに閉まると

陳列棚　＜ 1 台＞　S=1/20

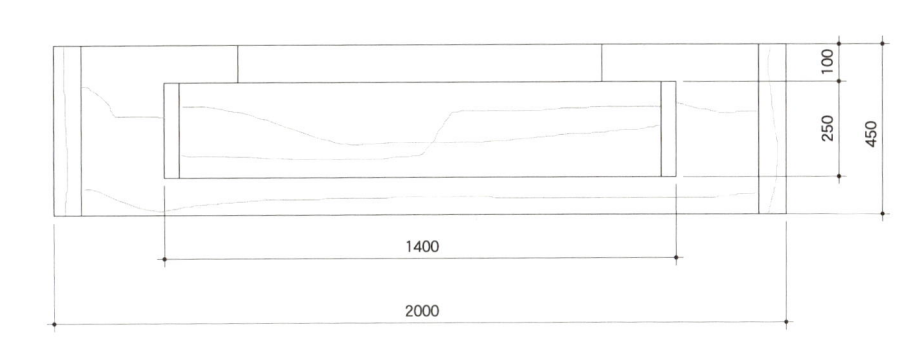

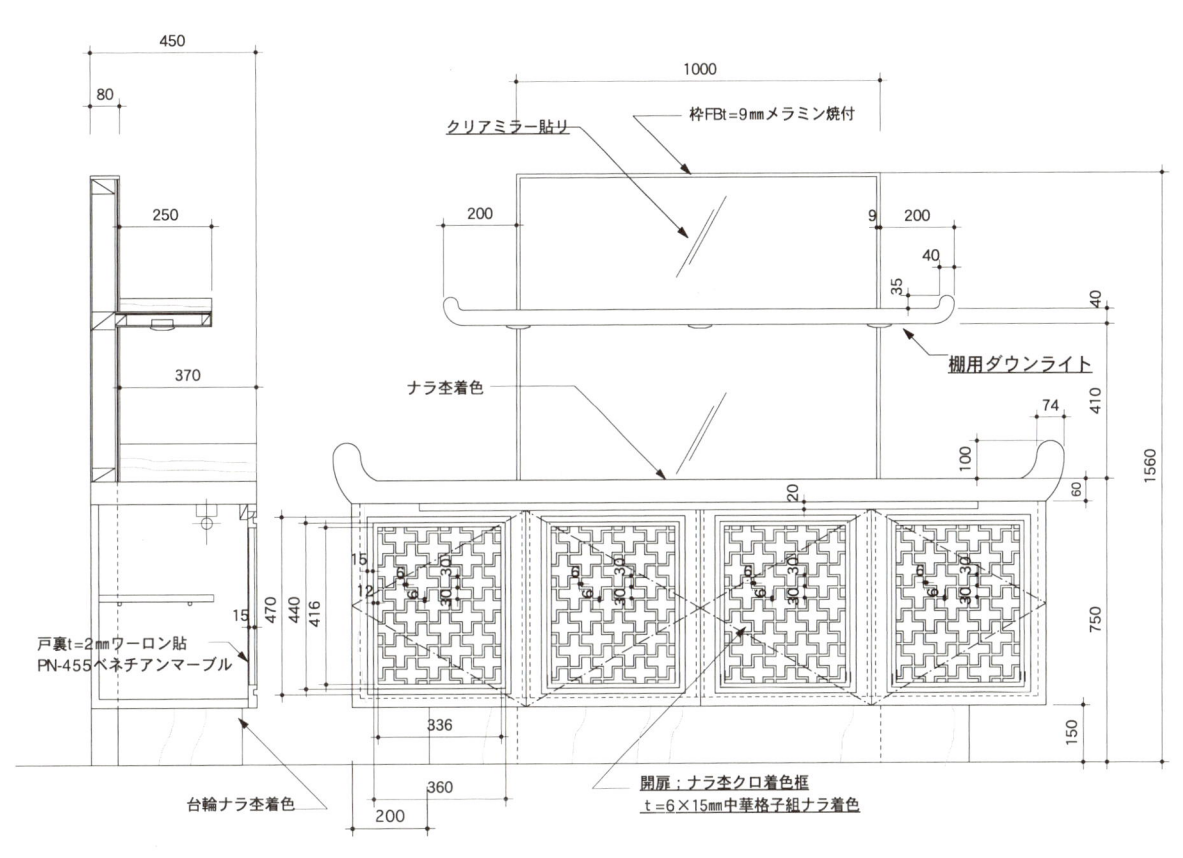

> 独立した陳列棚。間接照明や棚用ダウンライトが付いているので壁に寄せて固定とする。よって足下は電源供給のため台輪としている

か、建具のオートヒンジ、椅子の向きが自然に戻る回転ヒンジとか、またフロアヒンジもいろいろな場面の建具の大きさに対応して種類が多い。パントリー出入り口の腰建具用の自由蝶番だけでなく、ユニフローのスイングドアというスーパーのバックヤード入り口に使用する建具も、飲食店向きのデザインにすることも出来る。

また、建築でいう「巾（幅）木」部分のことを家具では「台輪」という。高さは巾木に合わせて同じ寸法にする。木縁をぐるりとまわすのが通常だが、フリーフローのように金物のアジャスターで高さのレベルを保ち正面のみ台輪代わりの板を取り付けるという納まりの金物もある。その他、コートフックも折りたたみ式があったり、和風に合う細工物の金物など、常日頃から、各メーカーのカタログと実例を確かめて、最適なものを当て嵌めたいものである。

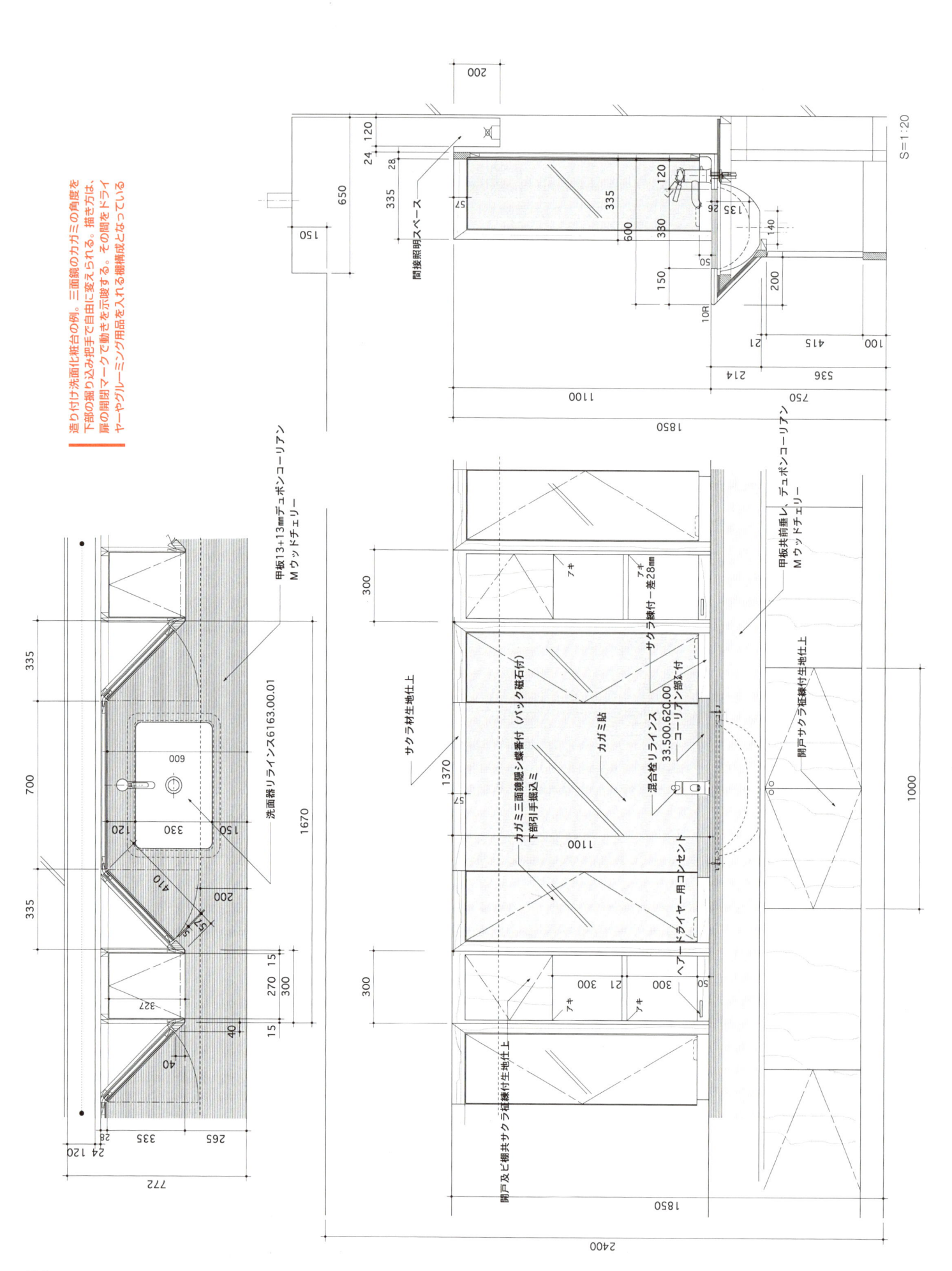

造り付け洗面化粧台の例。三面鏡のカガミの角度を下部の掘り込み込み把手で自由に変えられる。描き方は、扉の開閉マークで動きを示唆する。その間をドライヤーやグルーミング用品を入れる棚構成となっている

S=1:20

造り付け箱物家具の典型である。フラッシュ構造の本体に被せの開き戸が付く。フラッシュの帆立ての厚みは、通常21mmを越えると24mmは欲しい。下足箱の例では、1段に2足入れたいため間口が狭いので、棚の厚みを12mmの薄さにして、フラッシュではなく合板を指示している

レジパック戸棚 ＜1台＞ S=1:20

下足箱 ＜1台＞ S=1/20
（30足 / ブーツ時 26足）

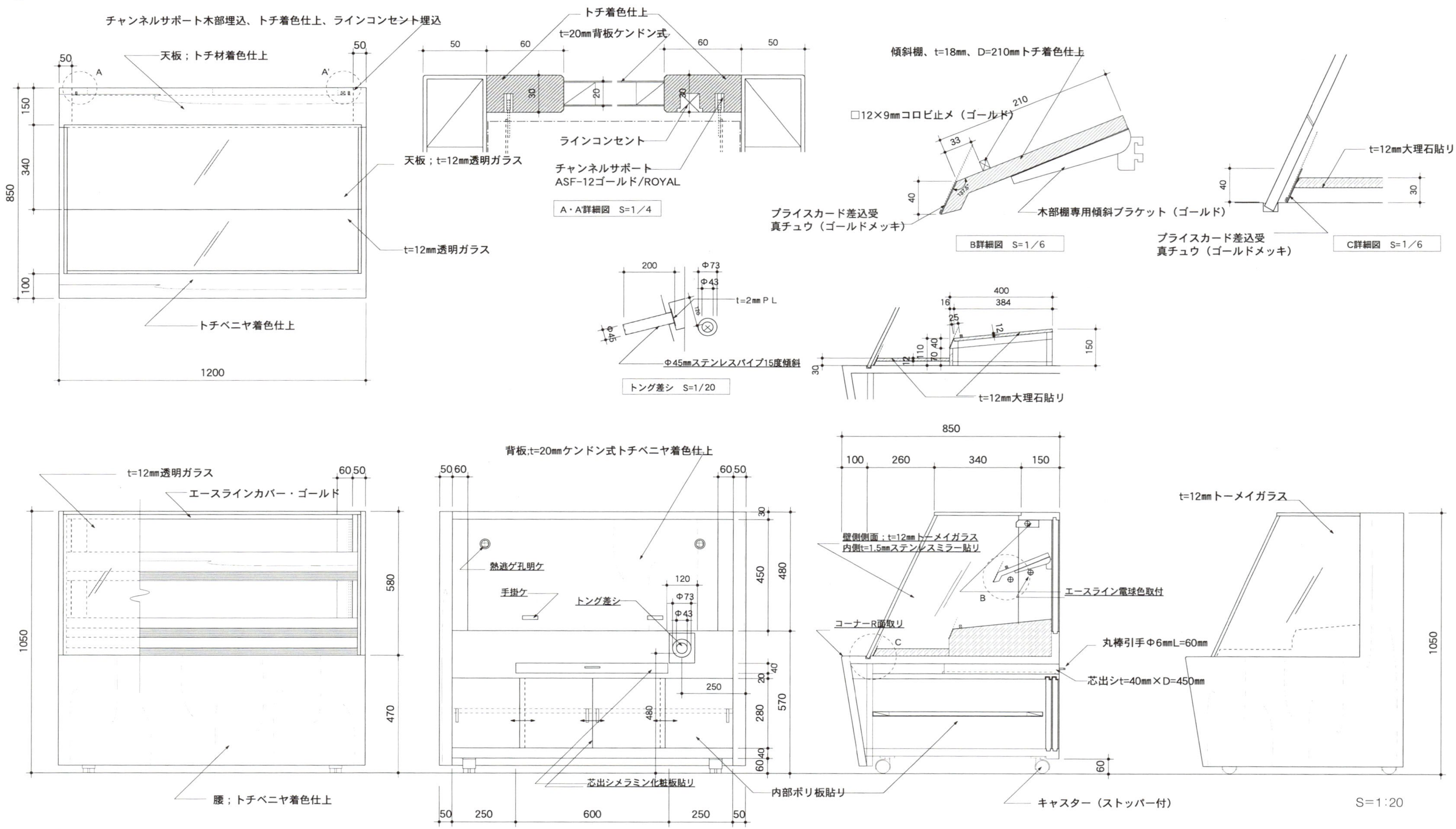

デリカ用のサンプルケース。重量があるので前後移動のキャスターを設置。ケース内は棚用ライトの熱逃げ孔を建具に設けている。腰は包装紙などの収納スペース

デリカサンプルケース

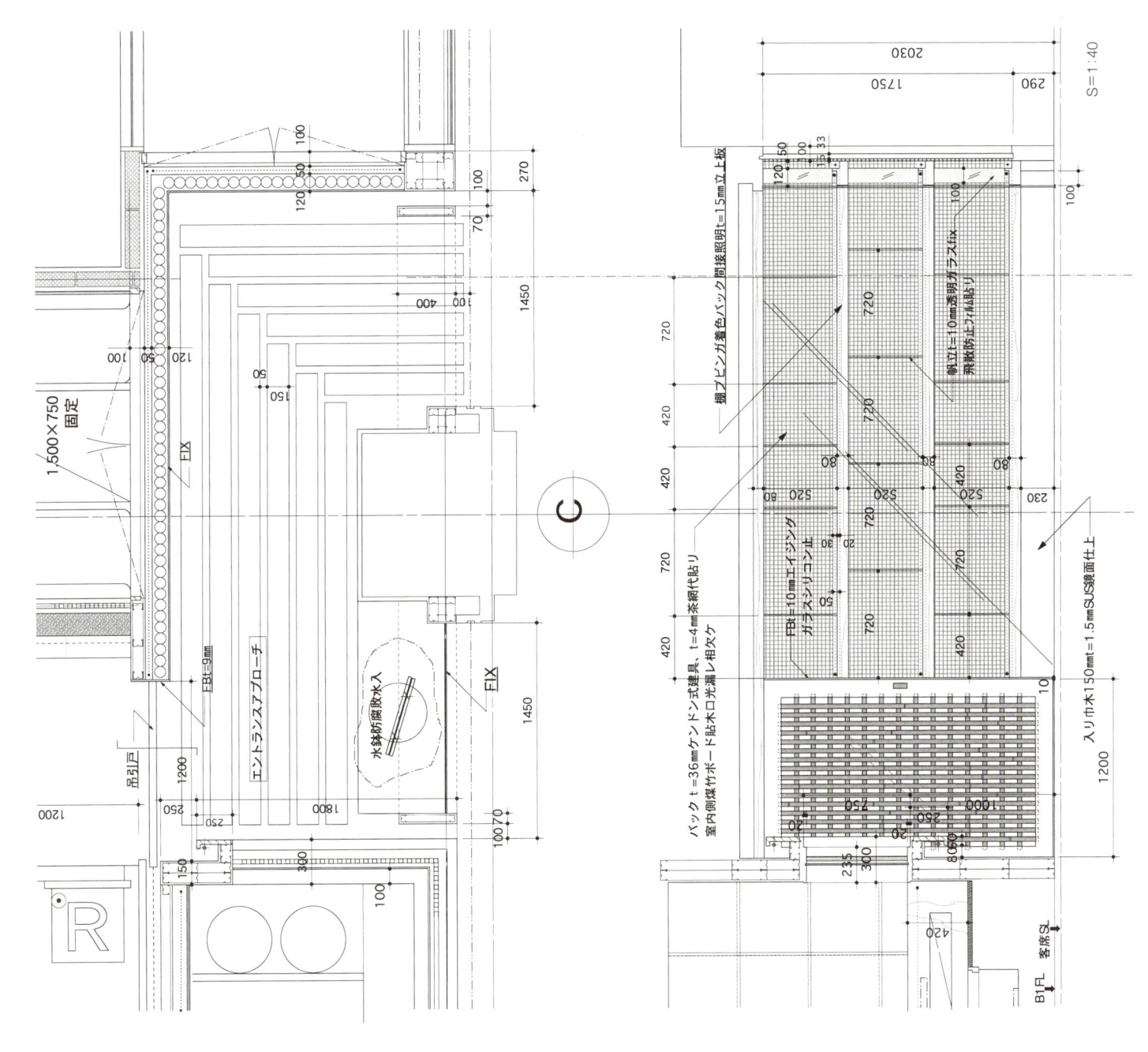

店舗のアプローチ沿いに構成したボトル棚。間接照明を バックに一升瓶を1列に3段、ディスプレイとしての要 素が強い

e｜キャッシャーカウンターの考察

入り口に近く、しかも管理できる位置

キャッシャーカウンターのベストの設置位置とは、エントランスに近いことである。しかしそれが念頭にあるために、従業員が管理できる位置かどうかを失念することがある。この場合のエントランスとは、客席ゾーンに近い位置として考えなければならない。アプローチが長ければ、それだけ入店する利用客側からはかなり奥にキャッシャーカウンターがあると感じるくらいで、ちょうど良いということになる。あくまで従業員の溜まり場に近いことが、管理上ベストの位置である。キャッシャーの位置は、帰る客に便利な位置、すなわち従業員の対応も早くできることを基本に考えなければならない。

中規模店舗に多いことだが、キャッシャーを独立した空間、例えばアプローチスペースに設置した結果、店内の従業員の視野から外れて問題となることが多い。キャッシャー係は、必要に応じての人員配置のため、店内から見渡せないことには臨機応変に対処できない。エントランスの扉は見えなくても、キャッシャーカウンターは、アプローチホールやレセプションルームによる死角を作らないことを前提にしたゾーニングが必要である。大規模店舗の場合は、人員構成に余裕があるため、レセプションルームに来店客の応対を兼用したキャッシャー係を独立させてもよい。小規模店舗では、省力化で利用客の動向を把握していなければならない、第一最初から独立するほどのスペースは割けない。しかし、中規模店舗では規模と従業員のバランスが悪い。また雰囲気を重視する余りゾーニング上の欠陥が起きるということを忘れがちである。キャッシャーカウンターの位置を決めるときは、その裏手にバックヤードがつながって配置されているとか、離れている場合は運営上の従業員の配置も念頭におかねばならない。

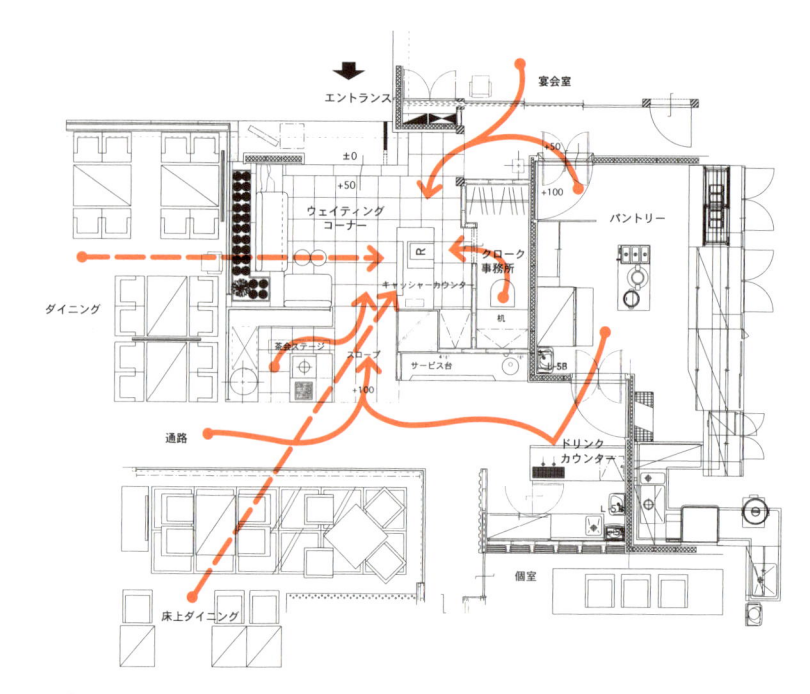

行動的なつながりのキャッシャーカウンターの例。エントランスにあるにもかかわらず店内動線の視認性や、店長室他バックヤードを背負う形なので店内の中央に位置付けされた感じで管理がどこからでもできる

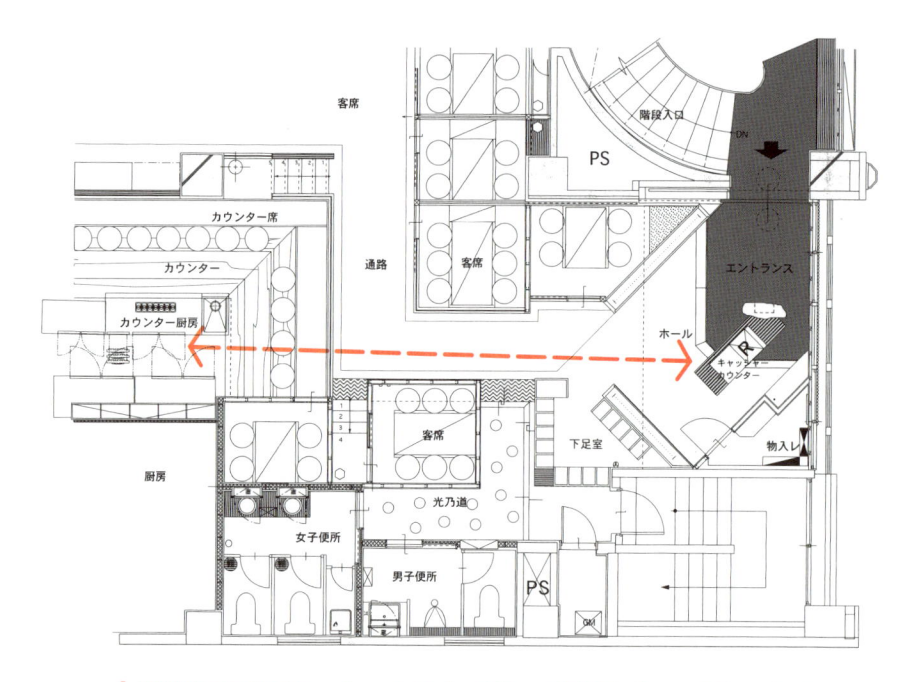

視覚的なつながりのキャッシャーカウンターの例。一見管理しにくいエントランスホールにあるようだが、フードカウンターの従業員と目が合う位置に斜めに振っていることが死角を作らず効果的である

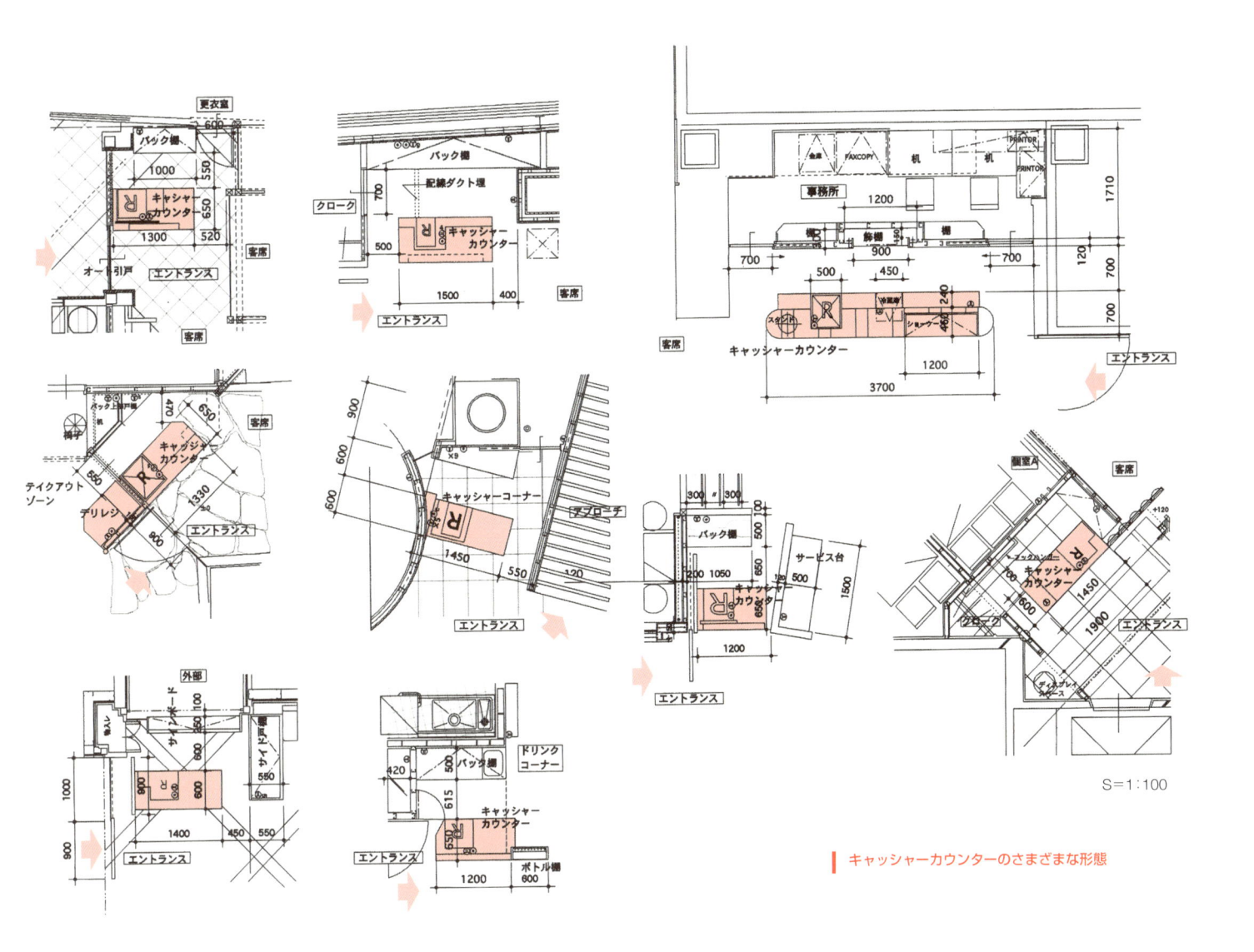

キャッシャーカウンターのさまざまな形態

テーブル会計の場合

大中規模店では、テーブル会計を採用するところもある。

女性ホステスのいるクラブでの会計方法と同じで…例えば、帰り際に退席しようとすると、従業員から「お席で会計しますからそのままご歓談ください」と言われることもしばしばである。従業員には負担がかかるが、かえってスマートさが売りでキャッシャーでの混雑や、利用客の落ち着いた帰り際など、両者にとってメリットははるかに高いようだ。テーブル会計の方式は、キャッシャーのスペースとしてはどこでもいいことになる。ランチタイムを設けるか否かでも変わるが、奥行きのある店舗ならその中間に配置するのもいいし、エントランス近くでも、従業員同士の応対窓口だけで区分し、専用キャッシャー室とすれば、レセプション台の応対と切り離して整理できる。余談だが、テーブル会計の場合に限らないが、レセプションカウンターは、キャッシャーとは別な機能として考えなければならない。予約時や来店客の人数構成による席の割り当て、またクロークを兼用とするというように、エントランスホールを持つような規模のときに明確になる。むろん規模が小さくても、レセプションの台程度は必要である。

いずれにしても、専用の従業員を要するだけに、テーブル会計にするかどうかはクライアント側の体制により、事前に協議する必要があるのは言うまでもない。

キャッシャーカウンターに必要な収納

キャッシャーカウンターのセッティングは煩雑である。POSシステムだけでも多種多様な関連機種の組み込みが必要な上、ドロアー、電話、ファックス、パソコン、有線放送アンプ、さらに金庫まで収納させたい。カウンター上にはレジスター、キャット（カードターミナル）、レシートプリンター、カスタマーディスプレイまで必要で、コンセントが電話のISDNを加えて14箇所を超えた例もあり、決して大規模店でなくてもIT化傾向は顕著である。その上、帳簿類や文房具類の収納と数え上げるとバック戸棚も併設しなければ収まりきれない。また、精算時の利用客のバッグ置きスペースは必然で、使い勝手の良いちょうどの高さに設えたいとなると、飲食店舗の場合、一体どのくらいの大きさのキャッシャーカウンターが適切なのだろうか。長さ900mmか、1200mmか、

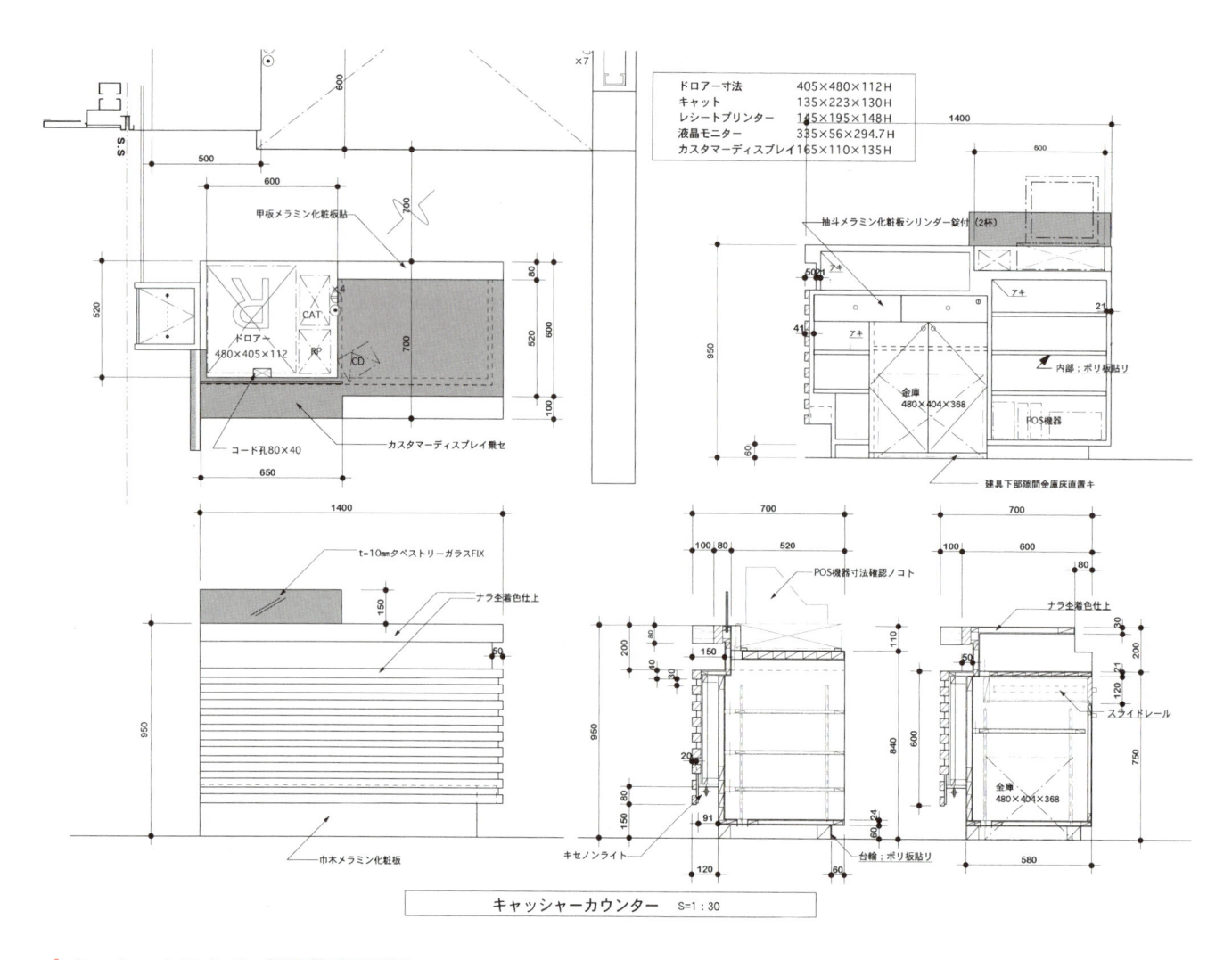

> キャッシャーカウンターは、多種多様な関連機器の組み込みが必要である。そのためバック戸棚を必ず併設して、書類を含めた収納スペースを確保しなければならない

あるいは1500mmという例もあるが、収納を重視するのであれば幅1200mmを基準にして、他に収納スペースを確保したい。その他、抽斗には鍵が必要であり、金庫は重量があるので底板なしの状態が良いなど細かいことはあるが、できるだけ収納する器具の寸法を確認し、各々の設置場所を決定しておきたい。その他間接照明を組み込んだり、また、レジスターの利用客側からは裏側になるのでタペストリーガラスや、和風なら帳場格子スクリーンで目隠しを取り付けるとか、キャッシャーカウンターには、細かい配慮が必要である。

キャッシャーカウンターのモジュール
POSのレジスター操作は、当然従業員の右利きの人主体でその位置を決める。そのためレジスター本体は、キャッシャーカウンターの右手の位置に収めるのが通常である。しかし業態や時間帯によっては、必ずしも一人での応対では間に合わないこともあり、レジスターを真ん中にして従業員2人での作業ということもあるので、キャッシャーカウンターが1200mm以上の長さの場合は、その位置を単純に決められない。キャッシャーカウンターの高さについても基準としてのモジュール寸法はあるが、女性の従業員主体の場合は、操作性のための高さを少し低めに設定することもある。通常の高さとしては、レジスター本体のキーボードの高さを1100mmに抑え、下部に金銭収納ドロアーを格納する。ドロアー自体の高さは110mmなのでカウンター甲板とゾロに埋め込みたい。接客側からは1000mm（低めの場合は950mm）の高さが最適なための折衷案ということで埋め込むわけだが、レジスターともに可動式棚として甲板から分離して高さをフレキシブルにしておくのも一方法だが、複雑な配線を考えると、実は固定にしておきたいという想いもある。

配線については、電話線も含めコンセントプラグが通る大きさの通線孔を必ず設けたい。レジスター設置場所の甲板に100×50mmの台形にとか、また各戸棚の帆立てにも左右に通線孔を設けておきたい。当然各棚の奥にも必要で、結局床下からの通線はキャッシャーカウンターを床に固定する因子になるということである。

f｜照明計画と照明配灯

知っておきたい照明テクニック

ショップインテリアの照明計画は、基本的には店舗の設計者が行う。発想の段階からイメージスケッチに、色彩や光の演出に至るまで一体で描き込むことで、空間全体を掴むことになるからである。それは照明に限らず、各設備についても空間のイメージの構想次第で、方法論がデザイン上決定づけられる立場であるだけに、空調や防災設備の位置決めや器具選択も、設計業務の範疇に入り、当然照明計画もデザイン意図を反映するために、店舗の設計者が行うことになる。

設計上、どの空間にどのような要素の光をイメージするかは、明確な意図がなければそのための「仕込み」を形づくることができない。仕込みとは、間接照明を成り立たせるための造作と納まりのことである。それは、コーニス照明やコーブ照明と言われる「建築化照明」である。店舗の基本計画があって、照明に対するコンセプトも確立して、そこから先の具体的な配灯は、照明デザイナーとのコラボレーションを図るか、照明器具メーカーにアドバイスを請うか、器具メーカー名指定を条件としたメーカーの設計部門に依頼するか、はたまた設計者自身で進めるかは、設計者の判断に任されていて、また予算にもよりケースバイケースである。ただ、照明デザイナーとのコラボレーションの場合は、設計の早い段階で関与させて、イメージを共有して協議しながら進めることがベストだということをアドバイスしておきたい。設計者の何か新しい試みから出発した前向きな姿勢に対して、やはり照明器具の技術革新は進んでいて、求めている光りに適した光源や器具、その手法の提案もディテールを考える上で、良い参考になる。そうはいっても、設計者として光の知識としていくつかのテクニックを知っておく必要がある。そのいくつかを列挙してみよう。

（1）飲食店の照明手法としては、各テーブル上の照明列、そして壁面での輝度の照明の列、さらに、通路での床面の照度の列という3本の光りのラインを考慮することである。それは、ダウンライトの器具であっても、間接照明の方法であってもかまわない。さらに、その3列の回路を分けておけば、照度をそれぞれ調光器で変えることで異なった雰囲気を演出することができる。この三つの列が照明の基本である。

（2）間接照明は、光源が見えたり、あるいは壁面に映り込んでは失敗ということになる。壁にライン状に影が走ることも避けたい。間接照明部分を見上げると光源が顔を出し過ぎているとか、コの字に曲がりがあるところはまともに見えたりしてしまうことがある。映り込みにも注意したい。床のステップの間接照明など艶のある床材のために映り込んでしまったり、鏡や夜景の窓ガラスに照明の裏方が映り込むといったことは、極力事前検証をして避けたい。

（3）間接照明の隙間は100mm、120mm、150mmといった寸法を壁から離すが、最低の隙間寸法は、手の入る範囲80mmが限界である。これは、壁面や床面での間接照明で余裕が取れないときにいつも問題になる寸法である。覚えておきたい。

（4）光天井や、光床などの面発光では、均一な光を出すために、内部は光がまわるように必ず白ペイントを塗ることを明記しておきたい。これについては、内部反射の効果を高めるだけなので、白でなくても、山吹色なら電球色の演色性を高めてくれるし、オレンジ色で色を強調するといった手法としても使える。

（5）光は当てる対象があって初めて光の存在を知る。当たり前のことであるが、これは、透明ガラスや夜景のガラスサッシを対象とすると光が逃げてしまって、かえって暗く感じるということ。あるいは、対象物に直接光を当てるというだけでは光が立ち上がらず、むしろ反射板に光を当てることで光の溜まりができ、光りが昇ってくれるということなどを応用編として覚えておきたい。

（6）電球取り替えのメンテナンス。これは、あり得ないようなことだが、意外に光のデザイン演出に意識が行き過ぎて、つい

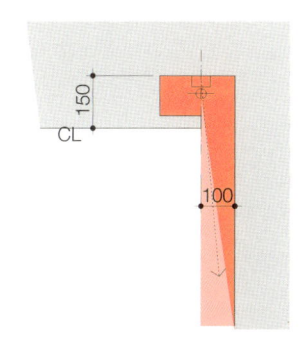

間接照明の壁と天井とのクリアランスは、100mm以下の場合掘り込みの天井に光源の中心にアゴがくるようにすれば光が下方まで壁面を照らす

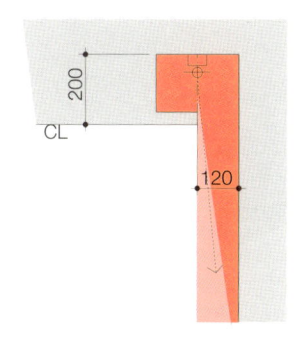

クリアランスは、120mmと広い方が良いが光源が見える危険も増す

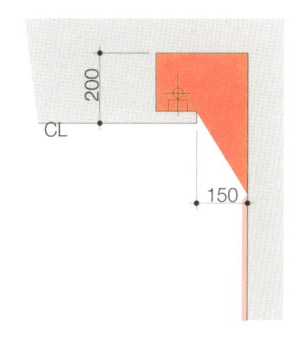

アゴに光源を乗せると光の影（カットオフライン）が明確に出てしまう

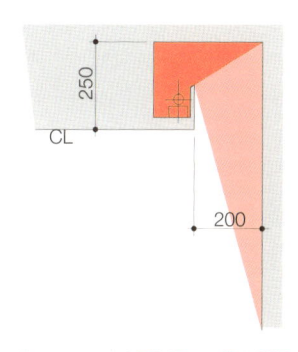

クリアランスや掘り込みの高さが得られれば、照度は弱くなるが光の均整が保てる。しかし掘り込みの高さを取るために天井が低くなるというのは避けたい

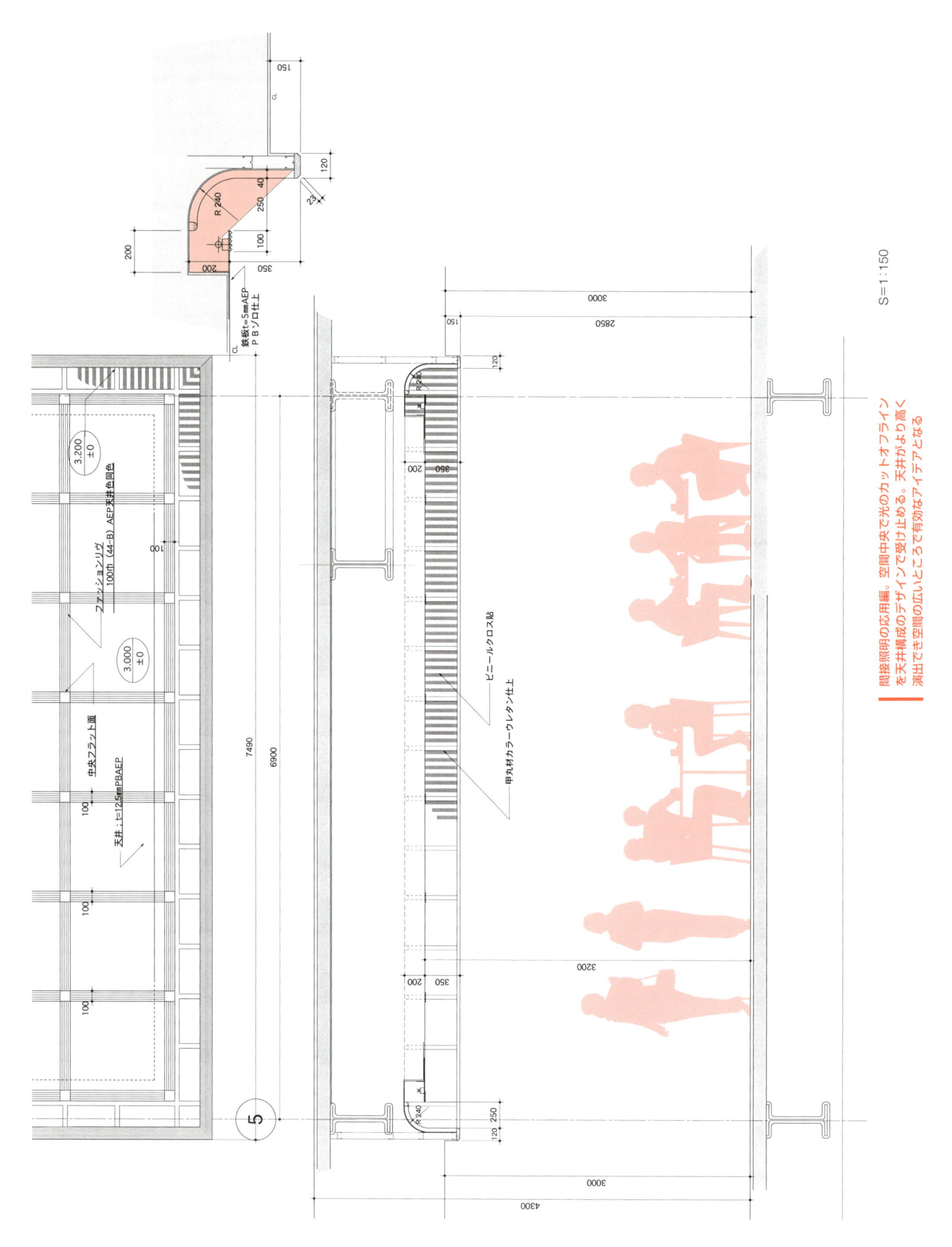

間接照明の応用編。空間中央で光のカットオフライン を天井構成のデザインで受け止める。天井がより高く 演出でき空間の広いところで有効なアイデアとなる

S=1:150

照明調整日とは…

工事が進捗して、照明器具も取り付けられ、完成間近であっても何か思い描いてきたイメージと違うなと思うことがある。それは、現場では電気工事でとりあえず指定位置に照明器具をつけて点灯しているだけで、実は電気工事の職人にしてみれば何の目的のものか、あるいは目的のものに器具を向ける時間がないままの状態で終わっていることが多い。加えてそのまま竣工を迎えてしまうこともある。その際に、どこそこが暗いというクレームで初めて分かったりする。ただ照明がついていれば良いわけではなく、何を照らそうとしているのか、その照明に対する目的物の位置決めをきちっとしないと、

電球交換の方法を忘れるということがある。そのメンテナンスの方法が最初から確立していればその照明テクニックは成功したのも同然である。

以上が、ショップインテリアの設計者として照明計画の最低限知っておいて欲しい基本事項である。

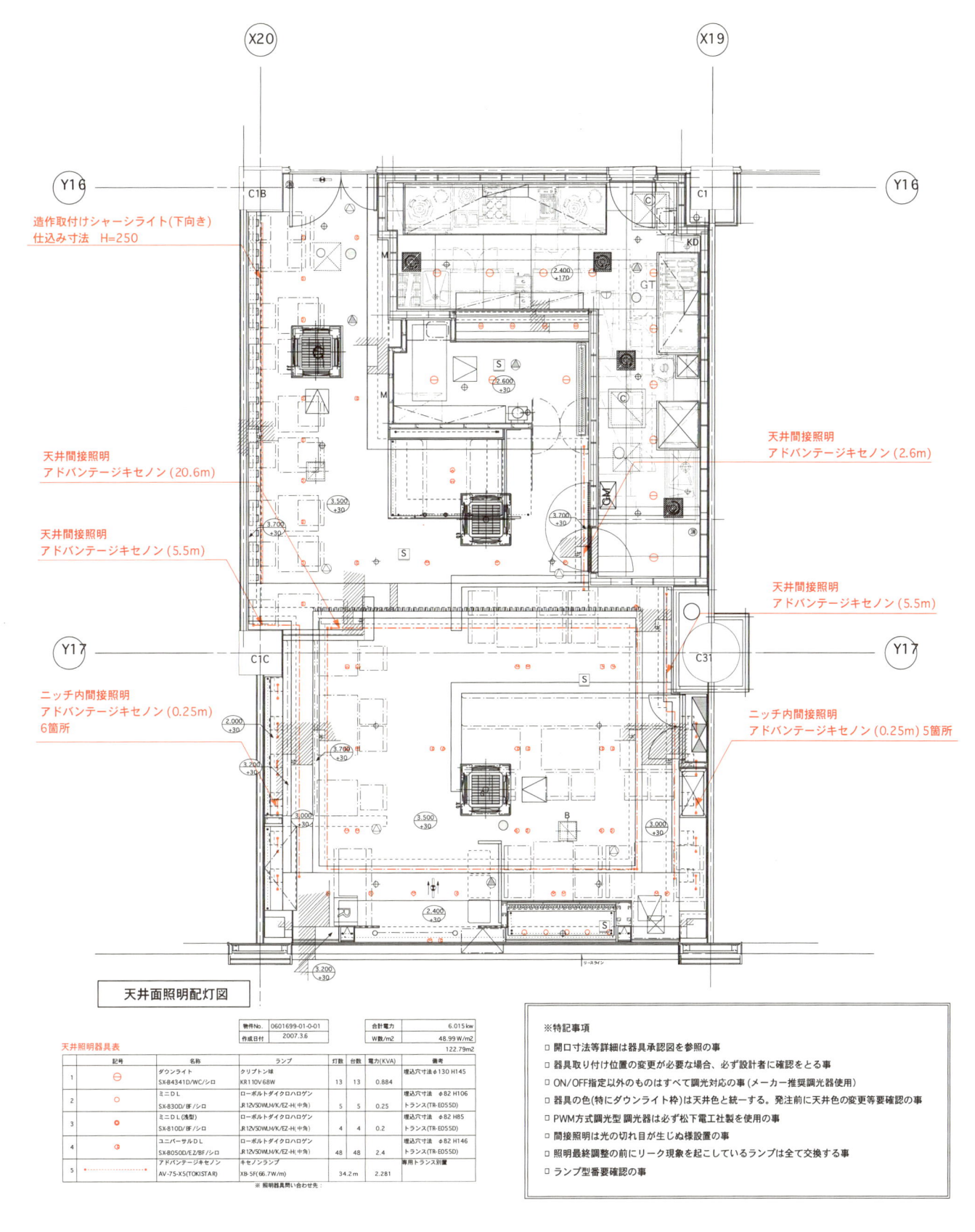

造作取付けシャーシライト(下向き)
仕込み寸法　H=250

天井間接照明
アドバンテージキセノン(20.6m)

天井間接照明
アドバンテージキセノン(5.5m)

ニッチ内間接照明
アドバンテージキセノン(0.25m)
6箇所

天井間接照明
アドバンテージキセノン(2.6m)

天井間接照明
アドバンテージキセノン(5.5m)

ニッチ内間接照明
アドバンテージキセノン(0.25m) 5箇所

天井面照明配灯図

天井照明器具表

	記号	名称	ランプ	灯数	台数	電力(KVA)	備考
1	⊖	ダウンライト SX-B4341D/WC/シロ	クリプトン球 KR110V68W	13	13	0.884	埋込穴寸法 φ130 H145
2	○	ミニDL SX-830D/ほ/シロ	ローボルトダイクロハロゲン JR 12V50WLM/K/EZ-H(中角)	5	5	0.25	埋込穴寸法 φ82 H106 トランス(TR-E055D)
3	○	ミニDL(浅型) SX-810D/ほ/シロ	ローボルトダイクロハロゲン JR 12V50WLM/K/EZ-H(中角)	4	4	0.2	埋込穴寸法 φ82 H85 トランス(TR-E055D)
4		ユニバーサルDL SX-8050D/EZ/BF/シロ	ローボルトダイクロハロゲン JR 12V50WLM/K/EZ-H(中角)	48	48	2.4	埋込穴寸法 φ82 H146
5		アドバンテージキセノン AV-75-X5(TOKISTAR)	キセノンランプ XB-5F(66.7W/m)	34.2m		2.281	専用トランス別置

物件No. 0601699-01-0-01　合計電力 6.015kw
作成日付 2007.3.6　W数/m2 48.99 W/m2
122.79m2

※特記事項
- 開口寸法等詳細は器具承認図を参照の事
- 器具取り付け位置の変更が必要な場合、必ず設計者に確認をとる事
- ON/OFF指定以外のものはすべて調光対応の事(メーカー推奨調光器使用)
- 器具の色(特にダウンライト枠)は天井色と統一する。発注前に天井色の変更等要確認の事
- PWM方式調光型 調光器は必ず松下電工社製を使用の事
- 間接照明は光の切れ目が生じぬ様設置の事
- 照明最終調整の前にリーク現象を起こしているランプは全て交換する事
- ランプ型番要確認の事

照明配灯図は、天井面の照明と、床や腰などの低い面の照明を分けて現わす(第1章d-(7)参照)。この図面は前者の図面例

照明になっていないということである。テーブル上の器具は誰でも分かるが、設計意図上での照明は設計者本人か、照明デザイナーにしか分からない。そのため、設計者の指示のもと、脚立で電気屋さんに向きを変えてもらう照明調整の時間が必要である。当然調光器で照度の加減もその雰囲気に合うベストの明るさを決定する。大型店舗などではとても一人ではおぼつかない。照明デザイナーに依頼する場合は、事前に定例会議などで日程を決めて事前に伝達しておきたい。実際、照明の向きを目的のものに正しく調整するだけで見違えるほどの輝きを放つ。メインの造りに光が向いていないのではそれは未完成と言ってよく、その反対に透明ガラスや、鏡などに直接光が当たっていると汚れが目立ち、透明感が失せるということも含めてセッティングは最後の重要な仕事である。

腰面照明配灯図

フード内照明
HL-100F×3カ所

造作取付けシャーシライト(上向き)
仕込み寸法 H=250

棚下DL
KH-12-20W-BL

足下間接照明
テープライト(3.9m)

造作内間接照明
調光シームレスライン取付

造作内間接照明
調光シームレスライン取付

足下間接照明
テープライト(1.9m)

アッパー間接照明
アドバンテージキセノン(2.5m)

棚下間接照明
アドバンテージキセノン(1.4m)

アッパー間接照明
アドバンテージキセノン(5.3m)

ゲート内3方間接照明
調光シームレスライン2列取付

什器内配灯断面図

アッパー間接照明
調光シームレスライン

棚下灯
エースライン

S=1/50

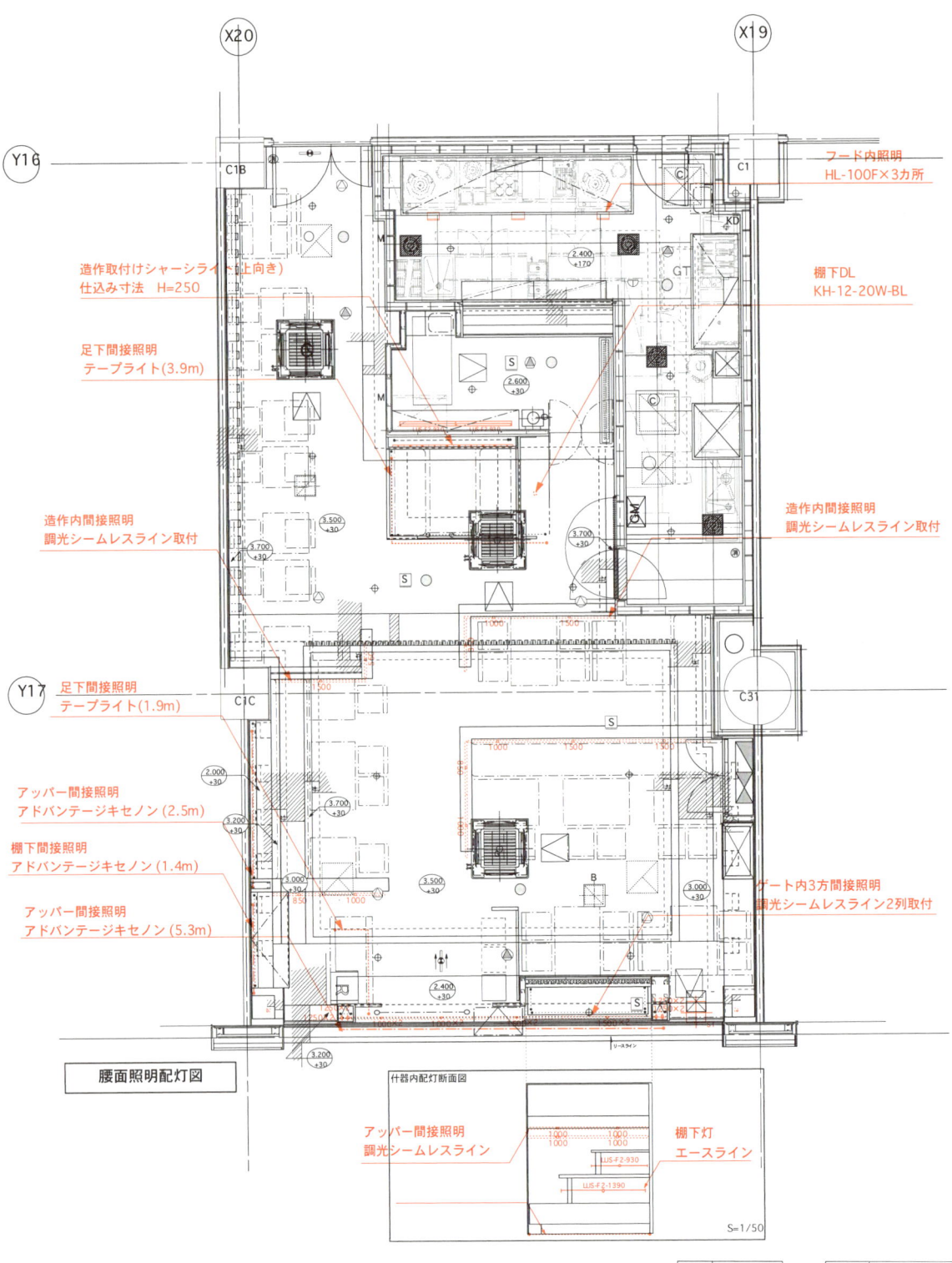

天井など上方向に対して、床面や腰の低い位置にある照明を現した配灯図。サンプルケース内の棚下灯も加味している

床照明器具表

物件No. 0601699-01-0-01　川崎西安餃子店　作成日付 2007.3.6　合計電力 5.176kw　W数/m² 42.15W/m²　122.79m²

記号	名称	ランプ	灯数	台数	電力(KVA)	備考
1	チビッコユニバーサルDL SX-005D/シロ	ローボルトダイクロハロゲン JR12V-35WLW/K3	2	2	0.07	埋込穴寸法 φ62 H62 トランス(TR-E055D)
2	調光シームレス SAL-D1500FM(NIPPO)	FRT(2500K) FRT1500EL25	8	8	0.408	専用調光器 ※PWM調光
3	調光シームレス SAL-D1250FM(NIPPO)	FRT(2500K) FRT1250EL25	8	8	0.352	専用調光器 ※PWM調光
4	調光シームレス SAL-D1000FM(NIPPO)	FRT(2500K) FRT1000EL25	12	12	0.432	専用調光器 ※PWM調光
5	調光シームレス SAL-D850FM(NIPPO)	FRT(2500K) FRT850EL25	3	3	0.096	専用調光器 ※PWM調光
6	調光シームレス SAL-D550FM(NIPPO)	FRT(2500K) FRT500EL25	1	1	0.022	専用調光器 ※PWM調光
7	棚下灯 LUS-FZ-1390S(NIPPO)	エースラインランプ(2500K) FLR54T6EX-L25	1	1	0.035	安定器別置
8	棚下灯 LUS-FZ-930S(NIPPO)	エースラインランプ(2500K) FLR36T6EX-L25	3	3	0.075	安定器別置
9	シャーシライト AHE970 042(KOIZUMI)	ミニクリプトン(レフ型) KR100/110V45WR50K×5	45	9	2.025	仕込み寸法 H250
10	アドバンテージキセノン AV-75-X5(TOKISTAR)	キセノンランプ XB-5F(66.7W/m)	11.95m		0.797	専用トランス別置
11	テープライト LSW-30-10S(TOKISTAR)	キセノンランプ TB-105(60.0W/m)	8.4m		0.504	専用トランス別置
12	棚TDL KH-12-20W-BL(SUGATSUNE)	ハロゲン 20W	1	1	0.02	専用トランス別置
13	フード内照明 HL-100F(KURAKO)	IL 100W	3	3	0.3	
14	LED照明		3	3		
15	スタンド HZ-STS05(HIZUKI)	キセノンバーランプ LA 40W1 5E17B	1	1	0.04	

※照明器具問い合わせ先:

g｜個室・個室化の考え方

個室がなければ店舗ではない？

今は個室がなくては店舗が成り立たないくらいである。居酒屋からの発祥とはいえ、フレンチから和食店、ふぐ料理店まで、いくつかの個室があることが必須である。しかし、現在の各店舗の個室がもの足りないのは、「潤い」の不足かもしれない。スペースが望めないのならせめて照明による潤いを感じる工夫とか、見るべきものがある目の置き所というディスプレイ感覚の壁面の造りが欲しい。利用客にとって個室とは名ばかり、個室の壁面しか目に入らないというのでは、かえって閉塞感だけで、その店の持ち味である雰囲気が感じられないというフラストレーションが溜まりかねない。飲食店舗は、いわゆる「ハレ」の間である。仲間同士集えればいいというだけでなく、店の全容が個室に案内されるまでに感じられるとか、個室であっても十分まわりの雰囲気や、気配でその店の持ち味が分かるようにしたい。

個室とは、本来「料亭」の専売特許であった。広さはまちまちにしても、仲居さんのサービスは、必ず一人一人に利用客の後ろから料理を出すことが基本である。そのためのスペースも必要であり、総間口で2間は欲しいと言われる。有効で3450mmである。1間半では、掘り込み席の座卓子という条件にしてぎりぎりという余裕のない座敷になってしまう。しかし、そうであっても床の間や、取次の間という余裕のスペースや、打ち水の枯山水の庭を望めるなどがその和室の潤いとなっていることは事実。それが料亭たらんとするところである。同時に、欧米料理についてもレストランとなると、やはり後ろからのサービスが基本なので、その個室ともなると、向かい合わせの席の両壁との距離も最低2900mmは確保する必要がある。かりにソファベンチ構成だとしても壁際席のテーブルを壁から4〜500mm離しておくというサービススペースを常に念頭に置いて計画しなければならない。

3種類の建具を柱・梁のフレームにケンドン式に組み込む。建具で造る個室のアイデア例

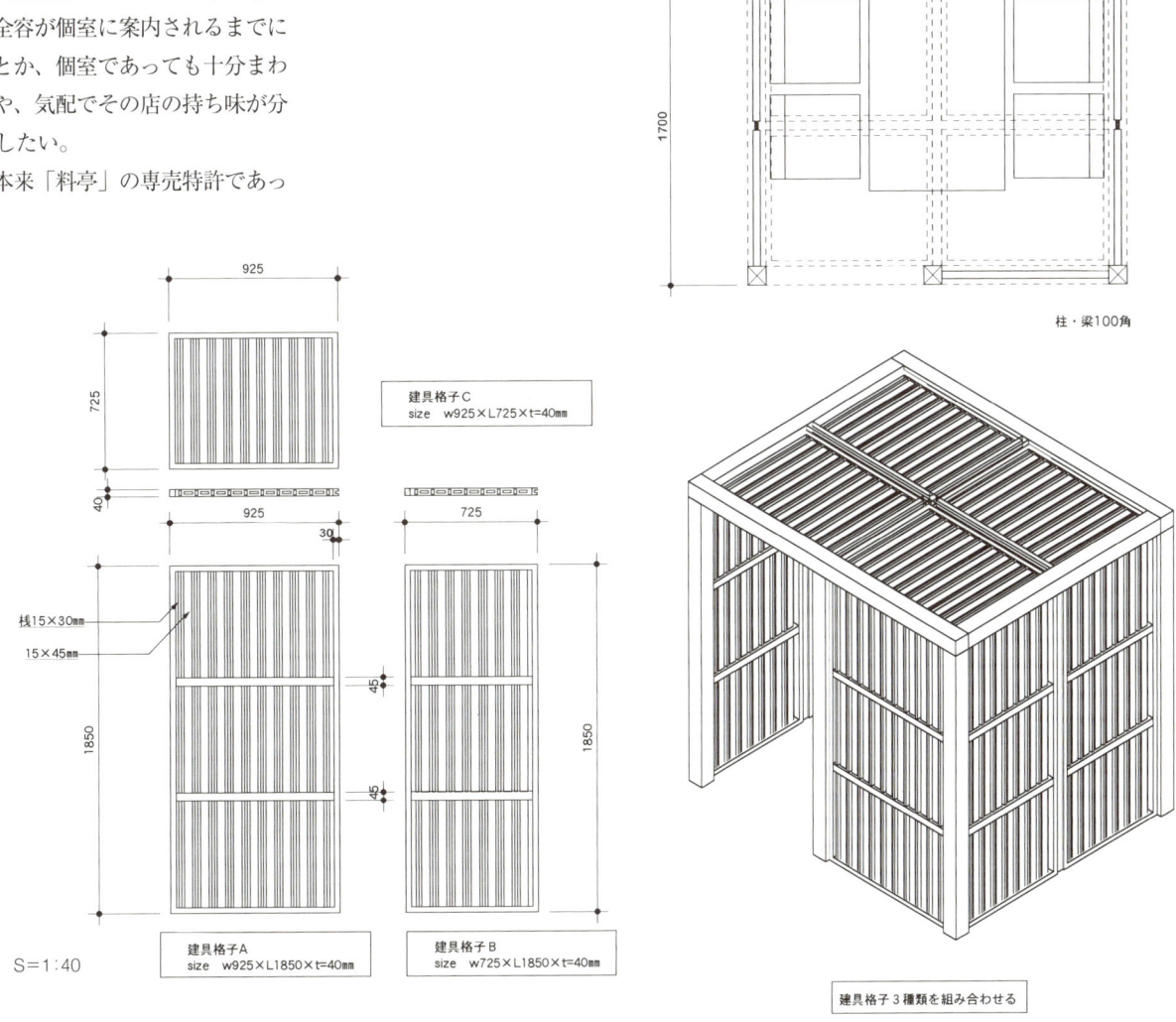

建具格子3種類を組み合わせる

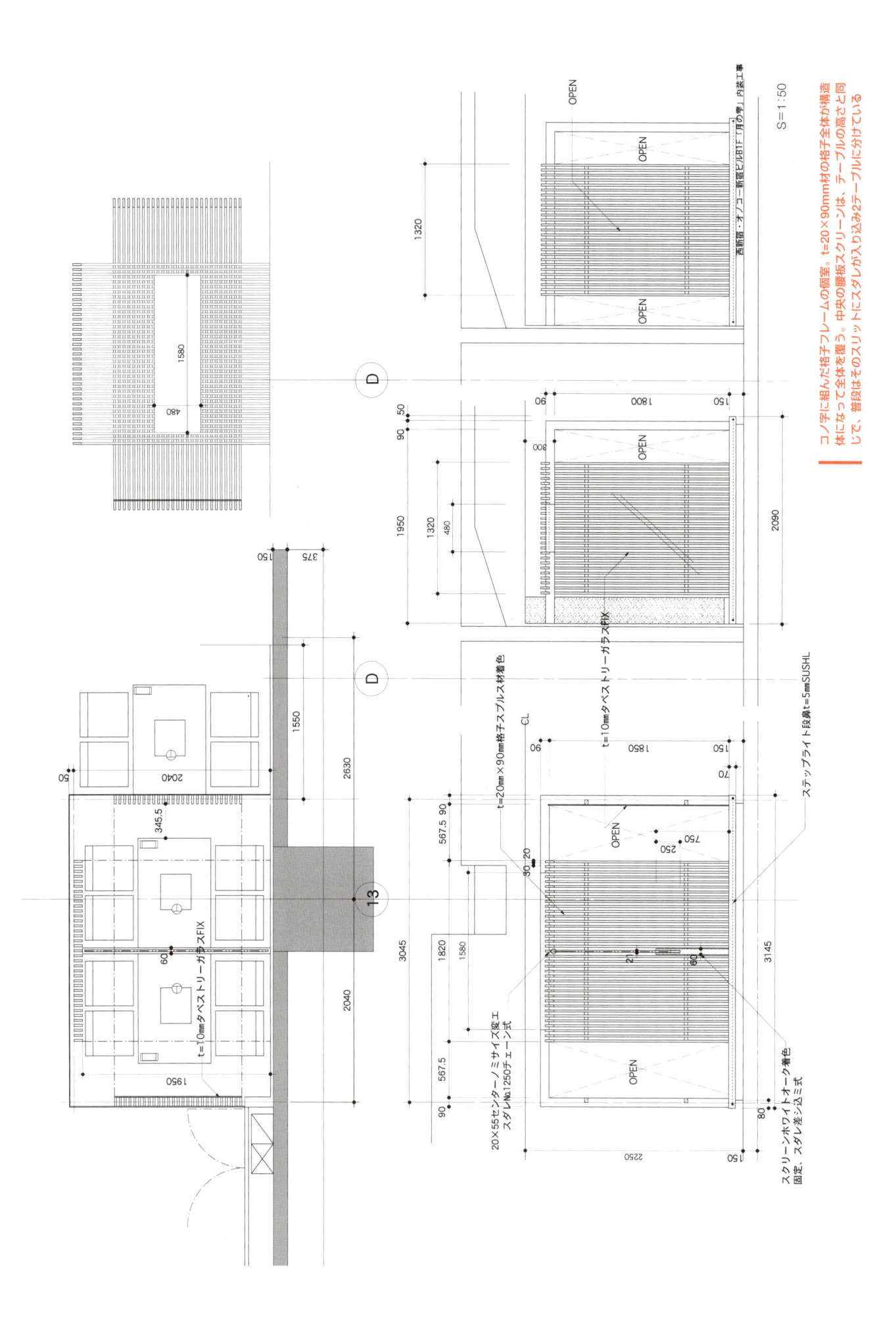

西新宿・オフコ—新宿ビルB1F「月の箏」内装工事　S=1:50

コノ字に組んだ格子フレームの個室。t=20×90mm材の格子全体が構造体になって全体を覆う。中央の腰板スクリーンは、テーブルの高さと同じで、普段はそのスリットにスダレが入り込み2テーブルに分けている

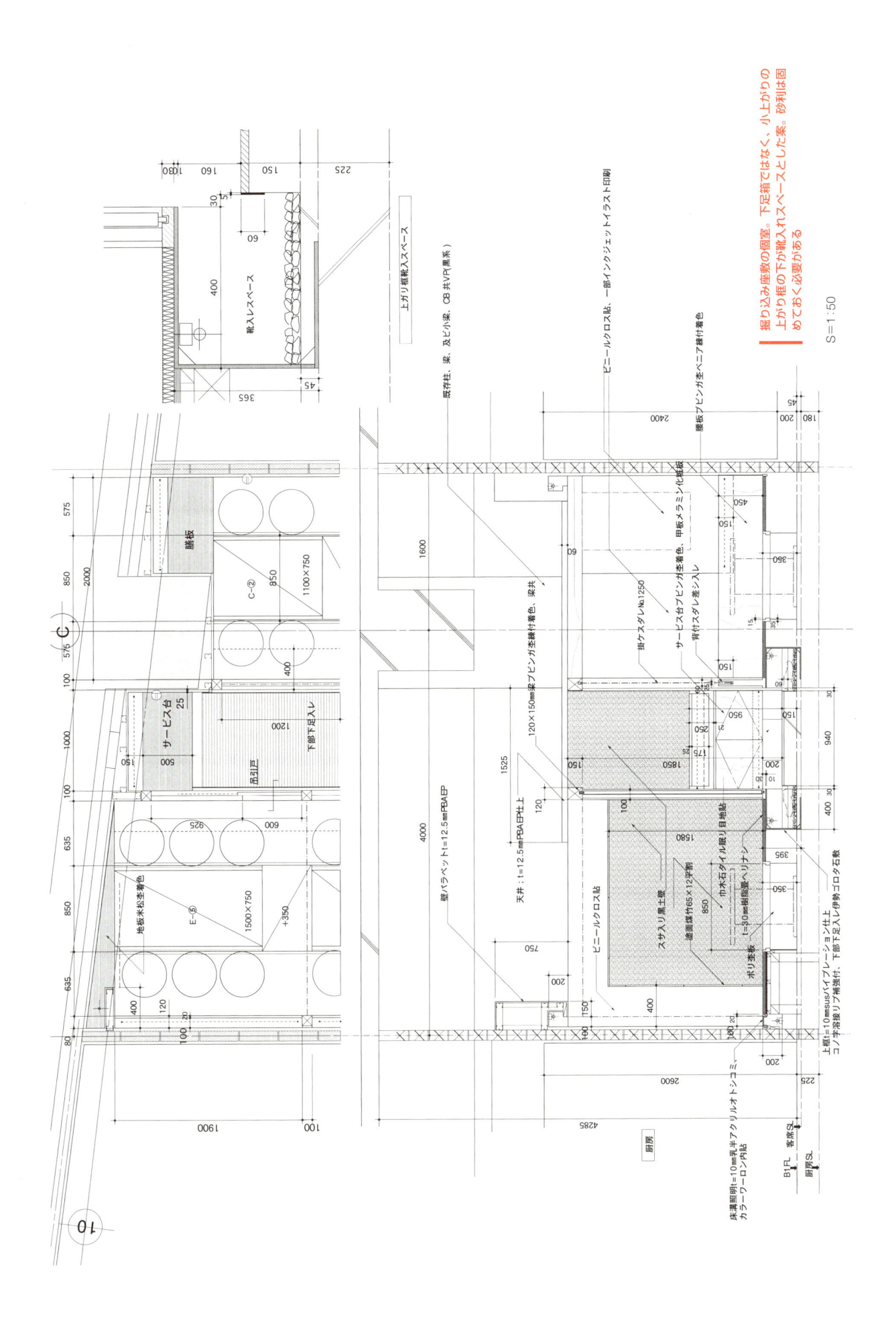

掘り込み座敷の個室。下足箱ではなく、小上がりの
上がり框の下か靴入れスペースとした案。砂利は固
めておく必要がある

S=1：50

上ガリ框靴入スペース

既存柱、梁、及び小梁共

ビニールクロス貼。一部インクジェットイラスト印刷

腰板プビンガ杢ベニア縁付着色

サービス台プビンガ杢着色。甲板メラミン化粧板

掛ケスダレNo.1250

背付スダレ差シ入レ

120×150㎜梁プビンガ杢縁付着色。梁共

壁パラペット t=12.5㎜PBAEP

天井：t=12.5㎜PBAEP仕上

ビニールクロス貼

スサ入リ黒土壁

通面盛竹65×12半割

巾木石タイル眠リ目地貼
t=30㎜樹脂ヘリナシ

ポリ杢板

上框t=10㎜susバイブレーション仕上
コノ字溶接リブ補強付。下部下足入レ伊勢ゴロタ石敷

床溝照明t=10㎜乳半アクリルオトシコミ
カラーワーロン内貼

厨房

B1FL
客席SL
厨房SL

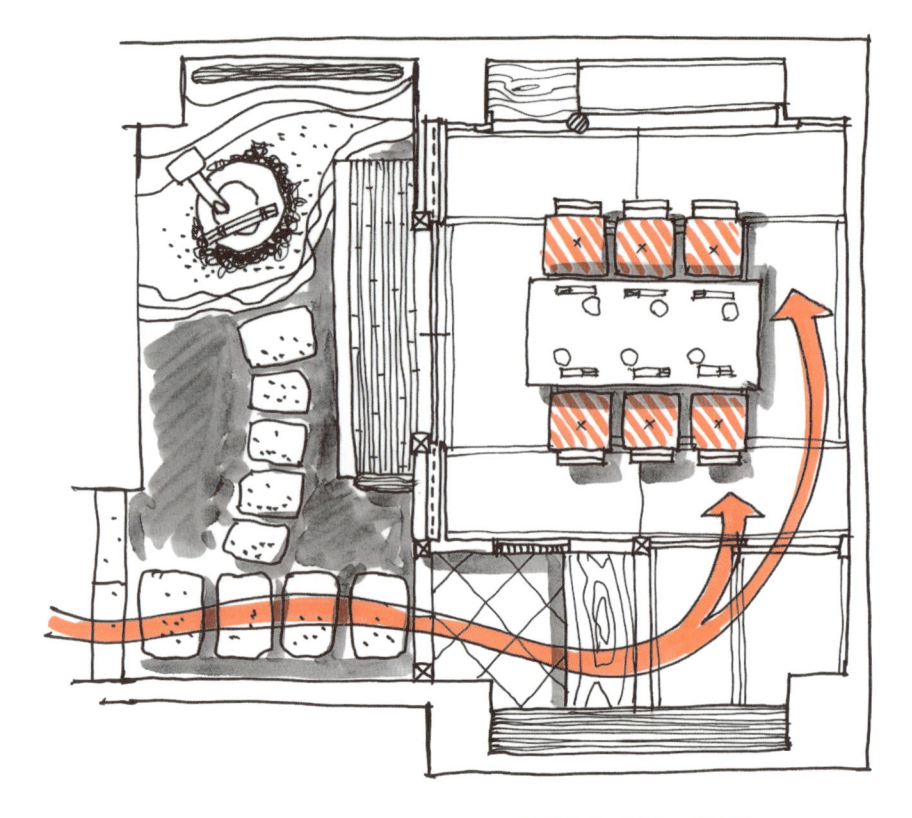

商業ビルの中での会席料理店。奥の床の間の前が上座となり、手前の右端に幹事が座る。仮に床の間が、右側の壁や、左手前に位置づけられていたら案内にも困るし、座卓子の向きにも悩むことになる

があることは言うまでもない。
いずれにしても個室が多いと迷路になってしまうこともあり、どこかで数値を明確にする必要があるということである。

個室における上座・下座の話

ある程度のグレードの店舗、あるいは会席料理主体の高級料理店では、同じ個室でもその造りに注意が要る。

ある料理屋の例である。仲居さんが利用客を案内して室内に入ると、入り口側に床の間があり、座卓子の向こう側は壁のみである。突き当たりは庭が広がり、閑静な造りであるが、いかんせんどこに主席となる人を座らせたらいいのか、いつも困惑することになるという。出入り口近くは、料理もお勘定も一番近い人に…ということは、この場合床の間側に接待する側、あるいは幹事が座るというのでは話にならないわけである。配膳サービスも含めて仲居さんがやりにくいことこの上ない。本来は、出入り口側に「下座」となる接待する人が座っていて、座卓子の向こう側に主席となる人、そして床の間があるという「上座」の設えのレイアウトにしなければならない。その意味が分かっていてもその段になると、建物の条件やゾーニングの関係でなかなかうまくいかない場合がある。仲居さんが毎日の案内に困るようなことはしたくない。何とかこのような醜態は避けたい。上座と下座の意味を知っていれば、間違ってもこのような設計にはならないはずで、無理なところが生じるにしても仲居さんのサービスを優先した個室レイアウトとするだろう。

この場合は、廊下からの直接の出入りではどうしようもないが、取次の間があれば、襖の開け閉ての位置でカバーできる。もっとも、そこまでのスペースを持つ店舗なら、設計上、床の間の位置を意図どおりにするのも容易ともいえる。

それに比べ、居酒屋などカジュアルな業態でもてはやされている個室のあり方は、客席効率を上げるために一般の場合とさして変わらないレイアウトである。個室のサービスのあり方が違い、カジュアルな店だから許されるのか、テーブル短辺面からの料理の受け渡しで、奥の席の人には客同士の受け渡しの協力が当たり前となった提供方法である。

テーブルのサイズは、4人掛けで1100×750mm、個室の広さとしては、400mmの幅の出入りを考慮して、わずか全体で1950×1500mmのスペースである。それに個室の壁の厚み100mmを要すればいいだけなので、一般の4人掛けブースとなんら変わりがない客席効率である。ただ、この広さの個室に建具をつけるとしたら、引き戸式がほとんどであるが、通常の部屋内側に引き代をとるのではなく、外側、すなわち廊下側に取ることで安全を守りたい。この寸法ピッチで個室を並べて、仕切りをケンドン式建具やスダレで開閉可能とすれば、グループ客に対応できる客席構成となる。ゆえにこのあり方が、究極の個室スペースということかもしれない。冒頭の潤いに欠ける個室とは壁で囲った、あるいは仕切っただけという例が多いと言えよう。まわりの客や従業員の動き、気配などを感じさせる何かしらの仕切りのアイデアやニッチ、膳板スペース、コート賭けスペースといったプラスαを考えたい。

個室構成の場合の注意点

個室に出入り口に戸が付いていると、その個室が向かい合わせでつながっていればその間の通路は、消防署の指導ではメイン通路1200mmが1600mmの幅員に変わる。入り口戸が付いているか否かだけで、何故幅員が広がるのか。建築基準法施行令第5章第119条に、両側に居室がある合計200m²を超える階の廊下の幅は1600mm以上とある。個室に出入り口扉がつくことで「住戸もしくは住室」と見なされるわけである。居室の規模は異なるが確かに500m²もある大規模店舗では通路が交差する箇所などで広がったスペースが必要である。それは、まだ部分だからいいが、1600mmという通路は結構広い。メイン通路をどこまでの長さで抑えるかが客席効率を左右するだけに、入り口戸を造らない方法も交えて、個室風造りにするとか、一般席との融合が必要となってくる。また、先述した「バイパス動線は必要か否か」(P.076)にも触れたが、たとえ1200mmのメイン通路にしても、そこから枝分かれする通路は、東京都火災予防条例第53条のメイン通路から8m以内ならそれ以下の幅員でもよいとか、同第37条のそうした場合の個室客席数は、一般席と同じようにテーブル7卓までという規定を駆使しながら、メイン通路を如何に短くするかを考えることになる。むろん火災予防条例は、地方条例なので、地域により多少異なるので、そのつど指導を受ける必要

h｜トイレ・化粧室の考察

トイレ・化粧室の位置

トイレの場所は、通常パイプシャフトからの汚水管の位置が基準となる。それは、必ずしも全体のゾーニングエスキースをしていく段階では、店舗のベストとする位置とは一致しないことがある。そこが悩みである。そもそも、利用客の動きと、従業員のサービス上の動きとは相反するものだけに、両者のバッティングを動線上避けなければならないということは分かっている。しかし両者の動きには矛盾がつきもので、躯体の形状や条件も千差万別、エントランスも設備の位置も異なっている。そんな状況に、トイレの位置を最初からパイプシャフトに沿わせて決定するとはいかない。

一番困るのは、汚水管と厨房の排水管の取り出しと一緒のパイプシャフトのときである。厨房のGTの位置が、排水の基から遠くなって床レベルが上がりすぎることは避けたい。そうするとトイレが手前に来て防水層を横断することになり、排水勾配のためにトイレの床も上がることになる。トイレを優先して奥に持っていけば、動線上もパントリーを望む形でトイレ動線が生まれ、バックヤードを覗かれ、加えて料理を運ぶ従業員のサービス動線と重なることが困る。ましてパントリーのそばで、女性客がトイレの順番を待たれるというのでは話にならないが、意外にそのような店舗が多い。このような場合では、トイレ動線を別に単独となるようにとって、遠回りになってもサービス動線と分離を図るべきである。トイレがエントランスやメイン客席に近い方がいいのか、店内の奥に配置してメイン客席と離れたところにあるのがいいのか、いずれにしろ、その配置を活かした全体プランとしなければならない。前者なら、利用客を遠回りさせる動きで向こう側に廻るという動線を設けて、その存在を希薄にする目的を持つ。後者なら、店舗全体を把握してもらうことで、こんな雰囲気の客席もあるといった、リピート客に役立ててもらうことができるような迂回路を持つということである。まして上層階や下層階にトイレがある場合では上・下階の客席もアピールしたいという狙いを持ったトイレ配置にするということである。

トイレ・化粧室の規模

飲食店舗では業態だけでなく、規模によってもトイレの設定が異なるが、女性ブースはいくつあれば適切かが、第一の課題であろう。できるだけスペースを取りたいのはやまやまだが、客席構成との兼ね合いや、厨房パントリーとの境界合戦の結果、ミニトイレを強いられることにもなるのが現状である。

通常、トイレ・化粧室の個数や、どう取るかの形態などは、設計の下打ち合わせの段階で、運営上の効率を求めながら話し合われる。特に規模が大きいと、器具数の比率は、男性トイレで大便器1：小便器2：手洗器1の割合で、女性トイレは、大便器3：手洗器2という具合に判断して決める。これは、規模としては500m²前後の店舗の例である。中規模店舗では、男性トイレが1：1：1で、女性トイレが2：2というところである。ただ、女性利用客が増える現状では、できるだけ化粧台カウンターを長めに取ることである。手洗器自体は両端にひとつずつあればよいので、化粧バッグが置けるとか、鏡が使えるなど多くの人が使えるようにしたい。実際、ちょっと広いと雰囲気まで変わるものである。

広さが5～60m²の小規模店舗では、ワンルームタイプのトイレ・化粧室となることが多い。例を挙げると、バー、カフェや、寿司・焼き鳥・串焼き・ラーメンという専門料理店などの業態である。この場合のトイレはまず、トイレのドアの位置を悟られないような配置とすべきである。規模が小さくても「トイレはどこですか」と尋ねられるくらいでないと、成功したプランニングとは言えない。特にワンルームタイプは、客席と隣接することもあり配慮がいる。できればトイレの前に「前室」を設けて、トイレのドアが見えないようにする手立ても必要である。当然、男女に分けてのワンルームトイレとすると、前室は兼用でいいわけである。また、ワンルームトイレの入り口がドアか引き戸かは、洋風か和風かで異なるスタイルになるが、施錠がトラブルになりやすい。特に引き戸の場合、使用中かどうかが分かりにくいこともあり、無理をして鍵を壊すとか、カマ錠のカマが降りたまま強く締めて折れるとか、それはカマが大型のものでも同じことであるから、引き戸の施錠は注意が必要で、むしろ扉の方が安全である。

ワンルームトイレの内部の配置としては、入り口から遠い、奥に便器が位置するレイアウトが好ましい。便器が手前に正面を向いているのではなく、横を向いていることが心理的な問題で有効である。手洗器の奥に便器が横になって並んでいるということで、トイレの利用者の安心感という小さな願いをかなえることが出来る。最もノックには応えることができないが、ワンルームトイレではそのようなシーンは見かけない。ゆえに鍵の頑丈さが求められるわけである。

飲食店舗のトイレの床は、規模にかかわらず基本的には湿式である。必ず床排水を設けて、床は防水する。利用客は酩酊していることもあり、不特定多数の利用者ゆえに従業員が掃除しやすい環境としなければならない。設計上、その床排水の目皿や側溝をどのような位置に、しかも目立たない位置に設定するのか腐心するところである。同時に、ドアの下枠の沓摺りについても素材を石材にする場合、防水の立ち上がりの余裕が必要で、水漏れのトラブルはこうしたところに起因する。また、化粧台の下部の戸棚にしても水気を考えると、戸棚は木製でも、底板や台輪はモルタル仕上げとか、ヘアライン仕上げのステンレスで貼るなどの配慮もあると親切である。

いずれにしても、トイレのスペースは洋服

トイレ器具リスト

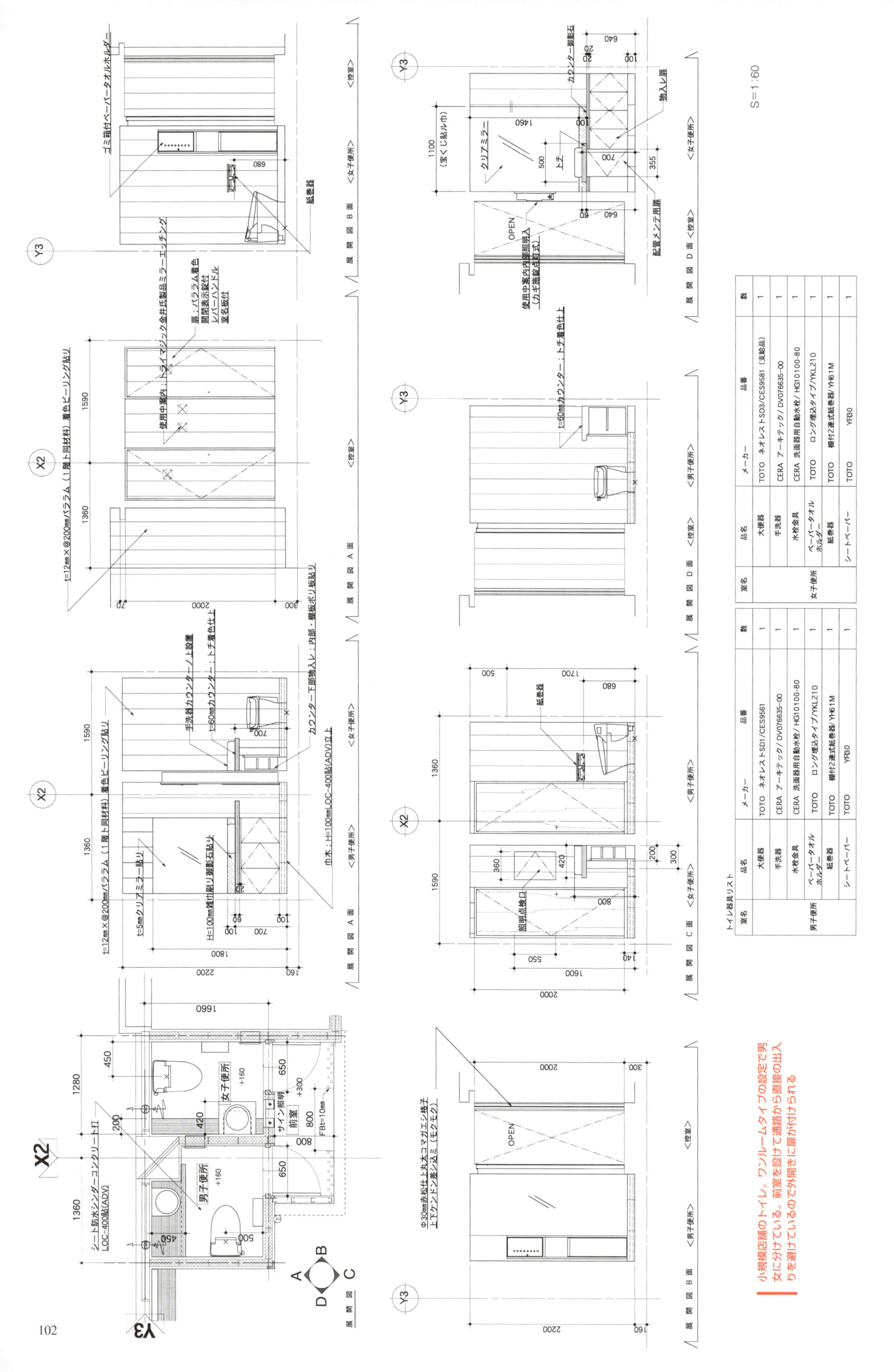

室名	品名	メーカー	品番	数
男子便所	大便器	TOTO	ネオレストSD1/CES9561	1
	手洗器	CERA	ブーケデック/DV076635-00	1
	水栓金具	CERA	洗面器用自動水栓/HG10100-80	1
	ペーパータオルホルダー	TOTO	ロング埋込タイプ/YKL210	1
	紙巻器	TOTO	棚付2連式紙巻器/YH61M	1
	シートペーパー	TOTO	YR30	1
女子便所	大便器	TOTO	ネオレストSD3/CES9581（支給品）	1
	手洗器	CERA	ブーケデック/DV076635-00	1
	水栓金具	CERA	洗面器用自動水栓/HG10100-80	1
	ペーパータオルホルダー	TOTO	ロング埋込タイプ/YKL210	1
	紙巻器	TOTO	棚付2連式紙巻器/YH61M	1
	シートペーパー	TOTO	YR30	1

S=1:60

小規模店舗のトイレ。ワンルームタイプの設定で男女に分けている。前室を設けて通路から直接の出入りを避けているので外開きに扉が付けられる

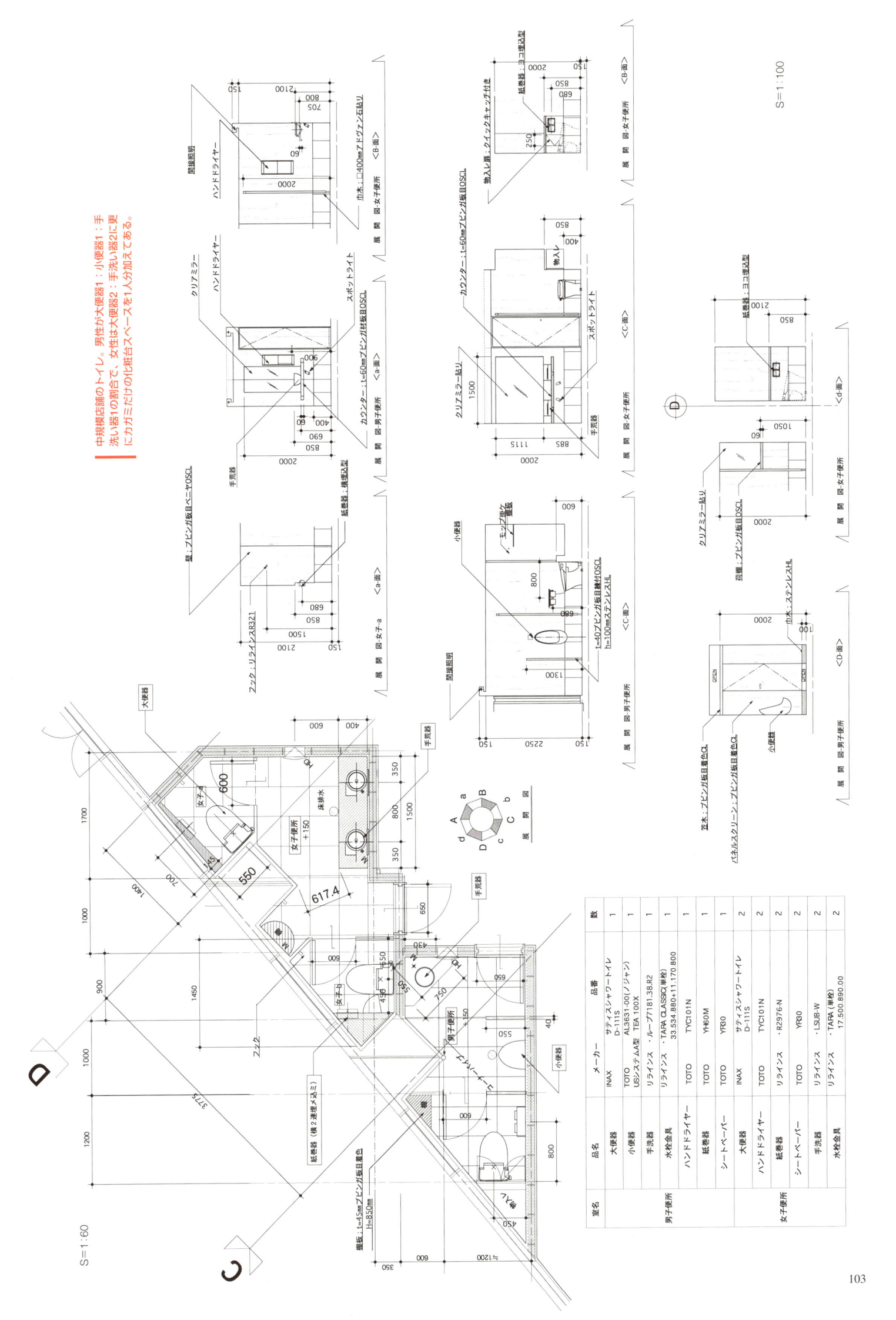

中規模店舗のトイレ。男性が大便器1：小便器1：手洗い器1の割合で、女性は大便器2：手洗い器2に変更にカガミだけの化粧台スペースを1人分加えてある。

が壁に擦れることほど嫌なものはない。手を洗っている人にドアがぶつかったりするのでは、せっかく安全上の配慮でドアを内開きにした意味をなさない。往々にして人の立つ空間をないがしろにすることが多い。すなわち、規模にかかわらずトイレのドアは内開きが基本で、ドアを開けるのに必要な人の立つ位置のスペースを忘れてはならない。中規模店舗以上のブースの仕切りにしてもステンレスの巾木で、ドアの未使用時は常時開放にした建具蝶番として、少しでも狭い空間を見通しよくした造りとしたい。すなわち、ドアが閉まっているときは使用中という理解を求めてのことである。

500m²を越える大規模店の例。男子は1：2：1、女子は2：3の構成でやはり前室のスペースを避難通路と兼用で設けている。

S=1:100

i｜カウンター席考察

カウンター席のアイレベル

カウンターのネックは、床の防水に絡んで床レベルが上がることである。単純に言えば、カウンター厨房側の防水層、配管スペース、側溝という床の設備などによって床レベルが150〜250mm高くなる。その上、アンダーカウンターとして厨房器具類の高さが800〜850mmなので、蛇口スペースなど含めて計算をしていくと、カウンター甲板が1150mmという高さになってしまう。それを中和するため、客席側の床を上げるとか、カウンター甲板を2段式にするなどで解決を図ることになる。

カウンターの甲板の持ち味としては、甲板の奥行きがあること、足掛けが要らない高さという低いカウンターが望ましい。何故なら、利用客とカウンター内の従業員との目線というか、アイレベルの差が少なければ、カウンターの特性である対面での会話や、交流が成り立ちやすいからである。奥行きについては、ある程度の距離があると両者の立場関係を保つというメリットがある。同じことで、かりに客席側の床が上げられなければ、ハイカウンターのままとなるわけだが、その時点でのお互い立ったままのアイレベルの差は少ない。ハイカウンターは、着席するまでの取り付きにくさという難点があるが、座ってしまえば、アイレベルが合うことで落ち着きが得られる。結局、ハイカウンターは、望むべくして造るものではなく、物理的に、防水絡みでそうなってしまうものなのである。木造の1階とか、逆スラブを利用するとかの建物の好条件であれば、自ずから厨房側が低く抑えられるので、悩まなくてもすむこともあるが、そのような例は希であろう。

カウンター客席側の床を上げるという解決方法は、その近くに来て階段を一気に上がるというのではなく、アプローチからのどこかを経て、床が上がった感覚を持たせないで、自然に足掛けのない高さのカウンターの前に誘導するのが望ましい。しかし客席全体の床を上げるとなると、別の問題もおきるので一概には言えないが、パントリー前の厨房との床レベル差も吸収することになれば、一挙両得である（躯体把握と現場調査と計画＝P.033）。また2段カウンター式での解決は、2段目との段差が少ないほど機能性に満ちている。高すぎれば、配膳のモジュールにも悪影響となり、客席側は壁のような立ち上がり、カウンターを狭苦しいものとしてしまうことにもなりかねない。むしろ、カウンターの床上げと2段式カウンターの併用で、両者の利点を生かしたやり方がやりやすい。2段式の高さの差を理想の120〜200mmとして、逆算して床高さのレベルを決めていけば余裕をもって検討できる。それは「付台」と言って、高くても250mmまでとしたい。しかし、この考え方は、専門料理店のカウンターで有効であって、バーカウンターやドリンクカウンターでは、甲板は1枚としたい。カウンターの造りは、業態により奥行きも含め、その形状に特長があるが、いずれも床上がりの防水ネックは共通している。

カウンターは断面図が生命

飲食店舗のカウンターには華やかさがある。その店のメインの「見せ場」が造られるからである。しかも空間演出の決め手といえるアピール度が高いこともあり、利用客同士、従業員まで交えての交流は、その店舗の躍動感の現れであり、個性的な雰囲気を創造するポイントでもある。むろんそのニーズに応えるには、その期待に見合う存在感を示さなければならない。その上カウンター席が主体という業態ともなれば、カウンターそのもののデザインが、その店舗の成否を決るといっても過言ではない。カウンターを構成するエレメントは単純である。甲板と腰の裏表、足掛けである。また、これに荷棚がつくこともある。甲板には手掛け、雑巾ずり、付台、間接照明や下引きダクトやフードが付帯する業態もある。甲板の手掛けは肌触りを重視したり、照明を仕込んだりというバーカウンターに、雑巾ずりは専門料理店などで壁際に接した甲板の掃除をするとき壁素材を保護するためものである。下引きダクトは、いわゆる無煙ロースターと同じような串揚げ、焼鳥店で利用される。いずれも1枚の甲板がメインである。それを中心に取り囲めば、隣り客との会話も弾みカウンターとしての役割が果たせる。大勢の人が囲むと考えると、当然大きな板が必要であり、構造上の板厚を素材で求めることになる。それらの素材は木材であれ、石材であれ、無垢材という単純なソリッドであればあるほど入手は困難であり、ランバー板やフラッシュ、集成材や積層材を使用するとなると板一枚が複雑な構造となってくる。そこには一番嫌われるタバコの焼け焦げまで排除する堅牢さや、水気や湿気に対しての反り、割れという耐久性まで考慮しなければならない。一方で、そのデザインの優美さ、重厚感、スケール感、そしてその甲板の醸し出す味わいまで含めて、多様な因子を生かす必要がある。それぞれのカウンターの造りの基本は、防水層立ち上がりのコンクリートや、コンクリートブロックがそのままカウンターの軸として利用されることである。

そのようなカウンターを現すのには、断面図が分かりやすい。カウンターの断面図は、従業員の作業性と利用客とのモジュール関係の検証に適している。図面の範囲としては、カウンター厨房のバックバーから、利用客の椅子のバランスまで、また上下は、床から天井まで含めて一体で現すことである。空間の断面、すなわちカウンターを中心とした矩計図である。それはバックバーやそれに絡む照明手法、天井からの造りの関係もすべて重要な背景であり、演出効果のポイントとしてカウンターまわりの雰囲気まで一挙に表すことができ、メインとしての華やかさがカウンターを通じて感じられるということである。

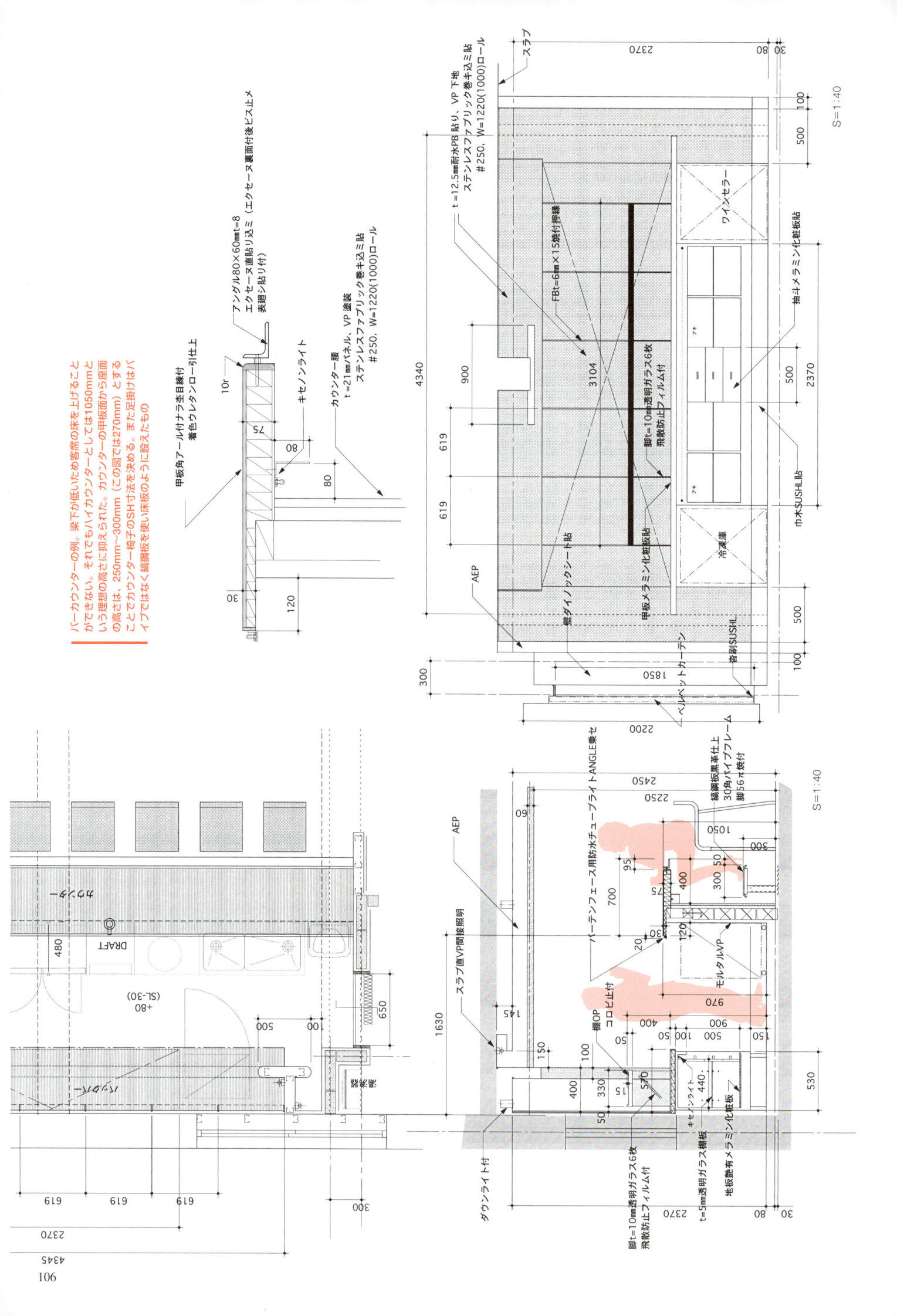

バーカウンターの例。梁下が低いため客席の床を上げることができない。それでもハイカウンターとしては1050mmという理想の高さに抑えられた。カウンターの甲板直面から座面の高さは、250mm〜300mm（この図では270mm）とすることでカウンター椅子のSH寸法を決める。また足掛けはパイプではなく縞鋼板を使い床板のように設えたもの

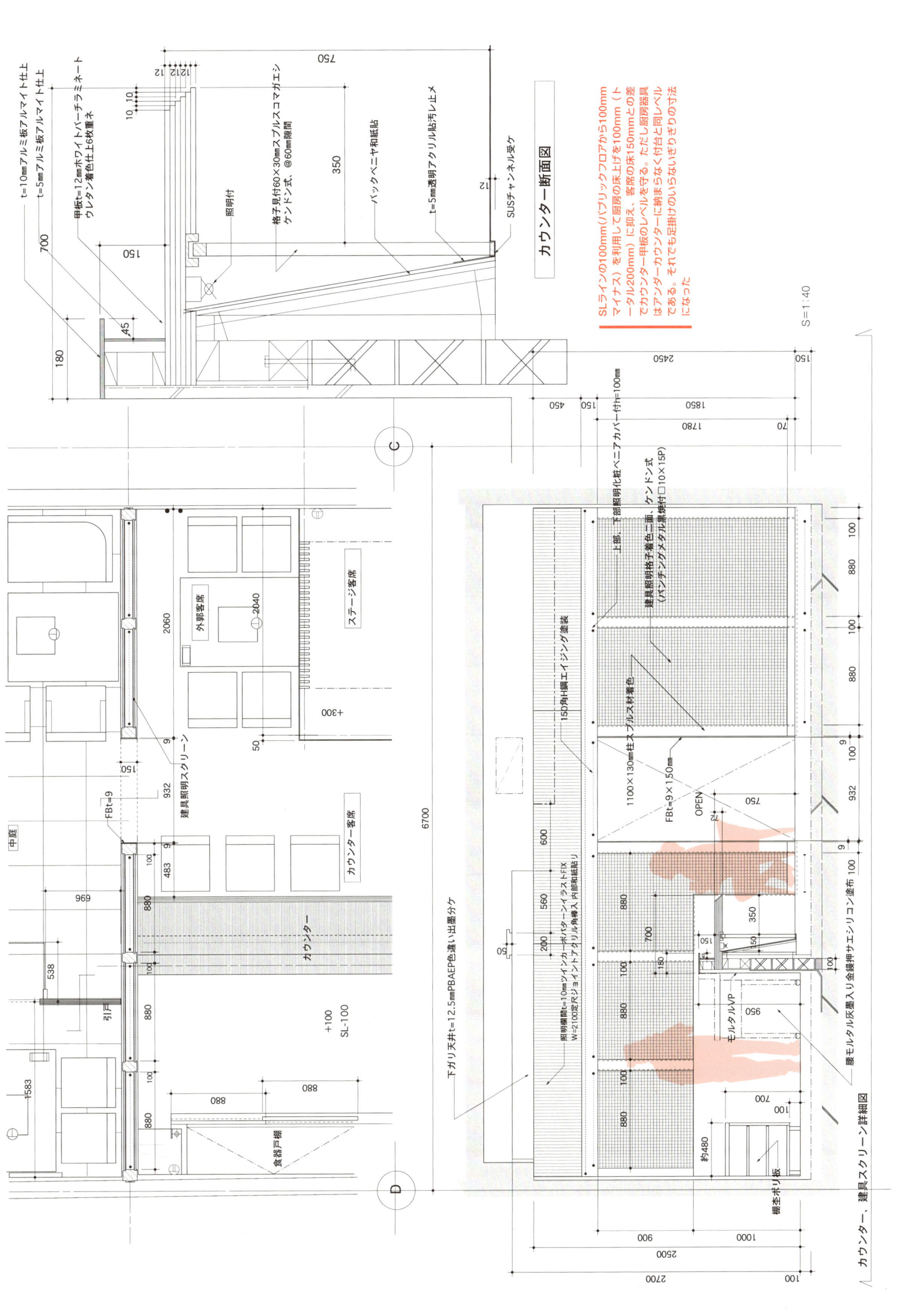

カウンター断面図 S=1:40

- t=10mm アルミ板アルマイト仕上
- t=5mm アルミ板アルマイト仕上
- 甲板t=12mmホワイトバーチラミネート ウレタン着色仕上6枚重ネ
- 格子見付60×30mmスプルスコマガエシ ケンドン式、@60mm隙間
- 照明付
- バックベニヤ和紙貼
- t=5mm透明アクリル貼汚レ止メ
- SUSチャンネル受ケ

SLラインの100mm（パブリックフロアから100mmマイナス）を利用して厨房の床上げを100mm（トータル200mm）に抑え、客席の床150mmとの差でカウンター甲板のレベルを守る。ただし厨房器具はアンダーカウンターに納まらなく付合（フゴウ）と同じレベルである。それでも足掛けのいらないぎりぎりの寸法になった

カウンター、建具スクリーン詳細図

- 中庭
- ステージ客席
- 外部客席
- 建具照明スクリーン
- カウンター客席
- カウンター
- 食器戸棚
- 引戸
- 下ガリ天井t=12.5mmPBAEP色違い出墨分ケ
- 照明棚間t=10mmツインカーボポリカーボネートイラストFIX W=2100定尺ジョイントアクリル角棒入 内部和紙貼リ
- 150角H鋼エイジング塗装
- 1100×130mm柱スプルス材着色
- FBt=9×150mm
- 上部、下部照明格子着色二面（パンチングメタル裏貼付 □10×15P）
- 建具照明格子着色二面
- 腰モルタル灰墨入リ金鏝押サエシリコン塗布
- 棚杢ポリ板
- モルタルVP

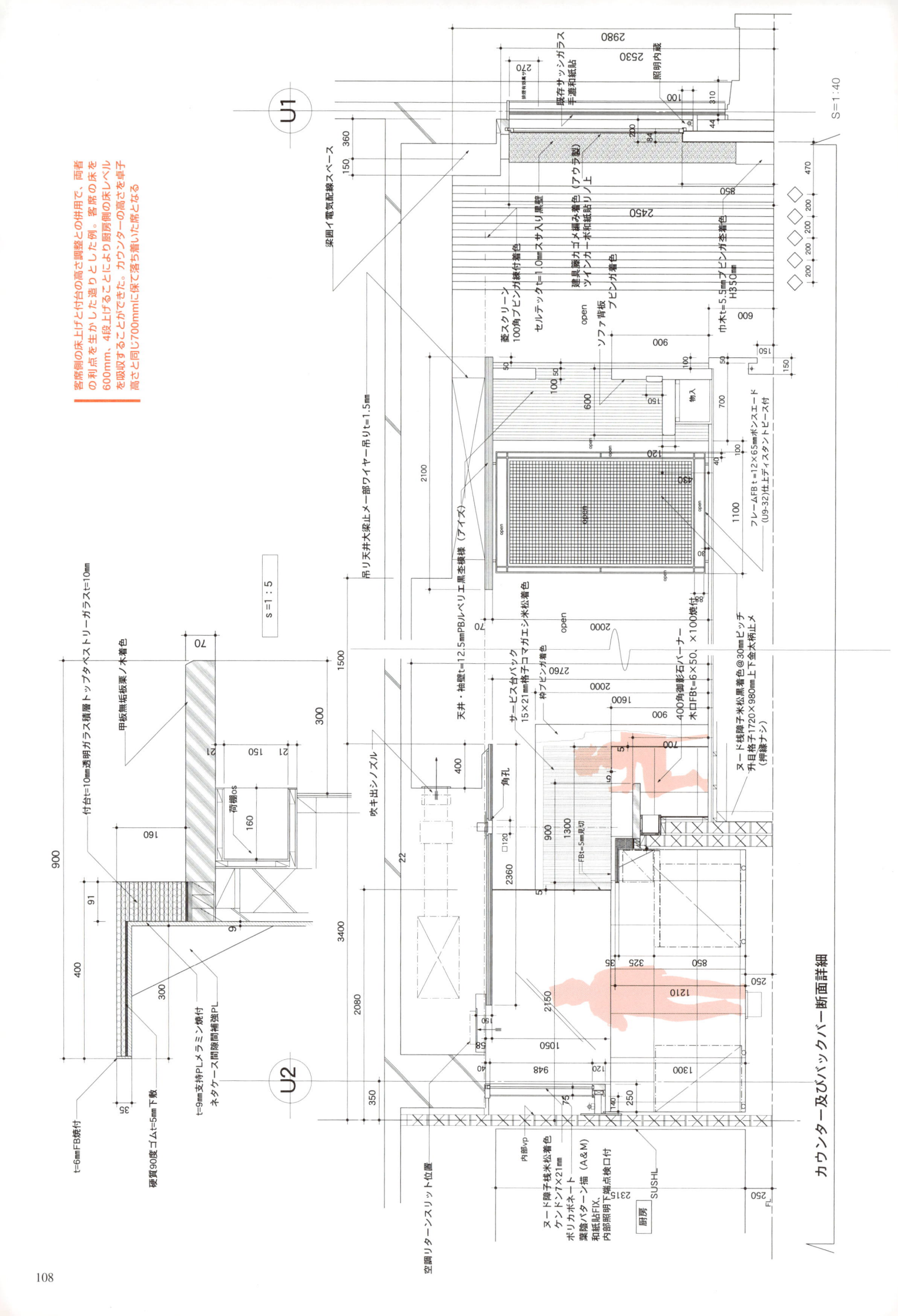

客席側の床上げと付台の高さ調整との併用で、両者の利点を生かした造りとした例。客席の床を600mm、4段上げることにより厨房側の床レベルを吸収することができた。カウンターの高さを卓子高さと同じ700mmに床で落ち着いた席となる

カウンター及びバックバー断面詳細　S=1:40

5 ショップインテリア｜設計作業の関連知識

a｜事前計画とスケジュール立案

求められるスピーディーな設計

設計の依頼を受けて、現調（現場調査）を行うというところから始めてオープンまでどのくらいの期間を見込めばよいのだろうか。

大概の場合、その時点ですでに開店の日時が決まっていたりする。しかも驚いたことに完成まで何日間必要とするかということは、クライアントの念頭にないことがある。その理由は、計画中の空家賃の期間を極力抑えたいというクライアントの思惑や、4月とか9月、12月という卒業・入学や宴会シーズンというイベントのある時期、また気候のよい人出が見込めるといった、オープンに適した季節の日を狙うことにある。そのため取り掛かる日がいつであっても、オープン日からの逆算でスケジュールが決まる。そのシワ寄せは、どうしても設計期間を短縮することになるというのは否めない。しかし、如何に早く造るといっても何を造るかが問題であって、より良いものを造るためにはその考える期間を短縮していいはずがない。しかし、工事着工に際しての物理的に必要な期間を取っていくと、スピーディーな設計を当初から求められていることになる。

そんな短期間で責任が果たせるか、という不安はあるがこの段階でどんなに説明しても理解は得られないだろう。しかも相手あっての仕事の進め方である。逆にどんなに設計の立場で急いでも、クライアント側のメニューの確立、厨房計画、運営方法などの問題もあって、計画に対する答がスムーズに返ってこないことの方が多い。要するに設計のスピードについてこられないということである。その結果、さらにシワ寄せは工事期間に及ぶことになり、タイトな工期となるのは目に見えている。そのことを見込んで無理のないスケジュールを立てて、各関係者にそれをバロメーターとして取り組んでもらうというところに、設計上のスケジュール立案の意図がある。工事が始まれば、工事工程表が作られ、しかも定例会議ごとに修正しながら進行するので心配はない。それまでの全体像というスケジ

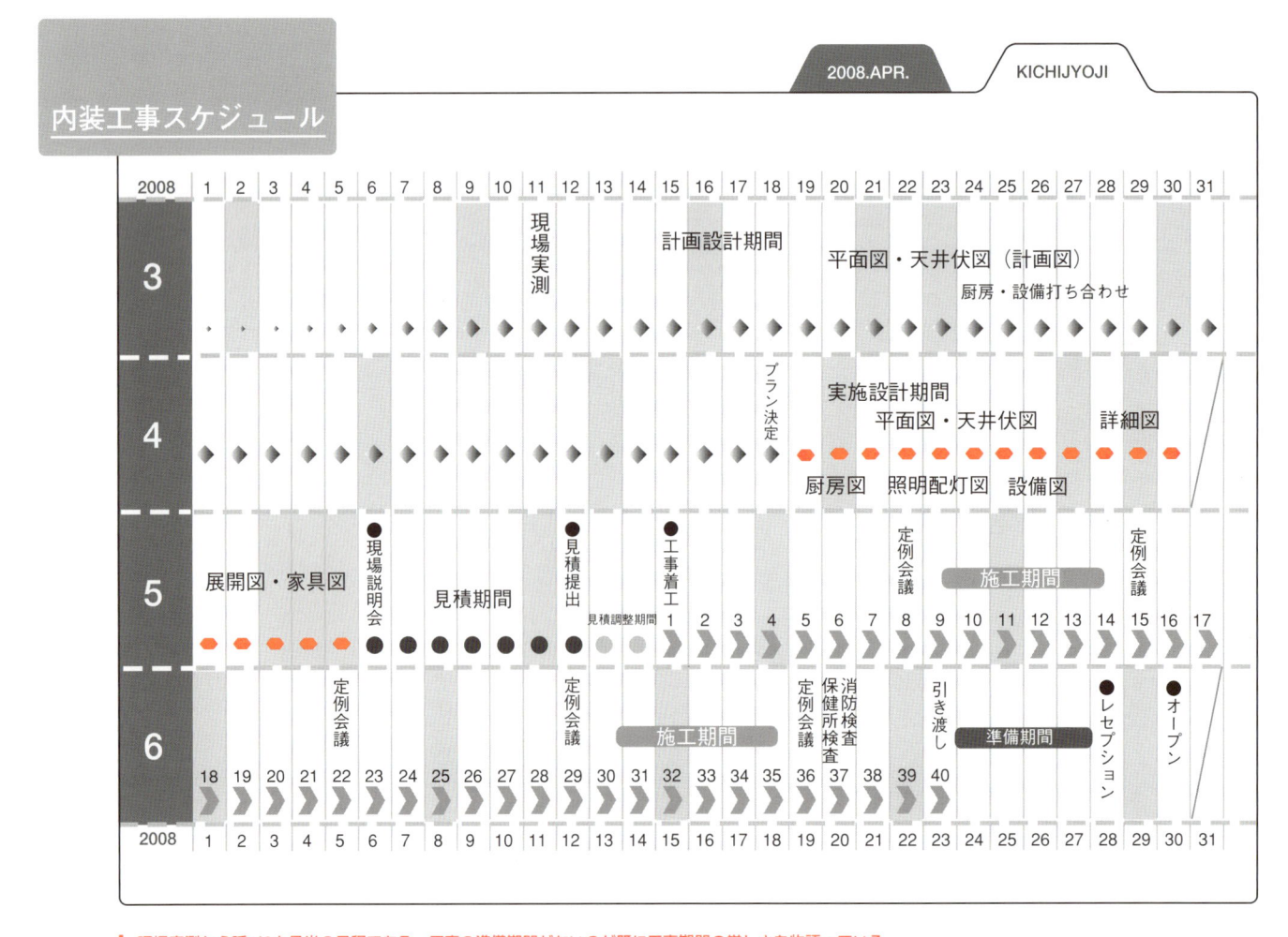

内装工事スケジュール 2008.APR. KICHIJYOJI

現場実測から延べ3カ月半の日程である。工事の準備期間がないのが既に工事期間の厳しさを物語っている。
計画設計の期間が長いようだが、クライアントとのキャッチボールの段階で曖昧な事項を決定していかなければならない重要な時期である

ュールを立案するのは、デザイナーすなわち設計業務側からしか立案できないということである。

実例を挙げれば、設計依頼からオープンまでの期間は、中規模の200㎡から300㎡の場合で、スムーズに行ったとして延べ3カ月はかかる。それでも一般の人からはそんなに早くできるのかと驚かれるが、よりタイトな例もある。工事業者が確定していて入札もなく、出来高での仕事なら70日前後でできることもあるが、それは、よほどの緊急事態の場合で、チェーン展開でマニュアルがあって、しかも信頼関係が成り立っていないと無謀な行為ということになろう。通常の例としては、計画から実施設計アップまで2カ月、入札、見積もりから決定期間で半月、工事期間で1カ月半の45日、延べ4カ月が理想である（解体工事は事前に完了しているとして、そうでない場合は設計期間中に解体することになり、実測に影響する）。したがってこの例は、町場の自由が利くという条件の現場の場合である。新築の商業施設なら、当然1年近くかかる。それは内装監理室から日程表が提起されるが、これは商業施設の工事期間、グランドオープンに合わせたスケジュールなので通常とは異なった例である。

隙間を狙って確保する設計期間

前述のようにタイトな日程で、設計期間が十分取れないときはどうしたらよいのだろうか。計画設計からプレゼンテーションに至る間は、クライアントとの打ち合わせが頻繁に行われ、双方のキャッチボールが同次元で行われるので、目に見えて進捗状況が分かる。しかし、大枠が決まって、実施設計に入るとほとんどクライアントを待たせることになるので、まとまっての本設計の期間が取りにくい。とはいっても、アイデアの実現化で悩めば当然そこで足踏みすることになる。CAD図では何回チェックしても手直し、加筆は免れないから嫌でも時間がかかることになる。設計図書は、すべての回答を載せたバイブルみたいなものであるから、それを正確かつスピーディーに仕上げるには、それなりの時間が当然必要である。それを捻出するのには、工程表のネットワークのように各項目をオーバーラップさせて進めるしかない。足りない図面や家具図は、現説（現場説明会）の後追って送るというように、見積もり期間の前半と重ね合わせるとか、金額査定のエアポケットの期間も利用する、着工後も、設備工事の期間が半月はかかるからその間に詳細図を追加するとか、設計期間の枠を外れたところでも、作図時間を捻出することで限られた時間をカバーするということになる。

見積もり調整期間も組み入れる

遠回りをしながらでも何とか実施設計図書のアップに漕ぎ着けた段階が、スケジュールの中間期で、それから入札現説なり、見積り依頼の日と、その見積り期間となる。見積り期間は休日を含んで10日間くらいは見込みたい。問題は、見積り金額が予算をオーバーした場合である。もっとも、理想を追いかけてのベストのプランなので、予算内に納まることはほとんどないのが現実である。それを予算に近づけるために、選定した材料のランクを下げるという「仕様落とし」や、計画上の一部を再利用に転換する、最後には値引き交渉なども経てやっと着工にこぎつける。その期間は、当初のスケジュールでは2，3日しかみないが、あまりに金額に差があると1週間はすぐ経ってしまう。工事業者の決定が遅れると、工事の準備期間に食い込むのでそれも痛し痒しである。しかし、重要な局面なので見込み発車とはいかないので予備日を当てる余裕を持たせておきたい。

ともかく、着工が決まるまでが、スケジュール決定のクライマックスである。あとは一丸となって施工に専念することである。

注意しなければならないのは、完成を迎える引き渡し近くのスケジュールである。消防署や保健所の検査期間を含み、またクライアント側の運営の下準備に何日を要するかも考慮しなくてはならない。例えば、1週間から10日必要という業態もあれば、ふぐ専門店のように仕入れが単純なため2日もあればオープンできるという業態もある。また、レセプションを3日に渡って行うという場合もあるし、オープンと招待日を兼ねるという場合もあり、その業態の特殊性を知って、その日程を計算するとともにクライアントの要望によっても、後半のスケジュールの組み立てが必要となってくる。

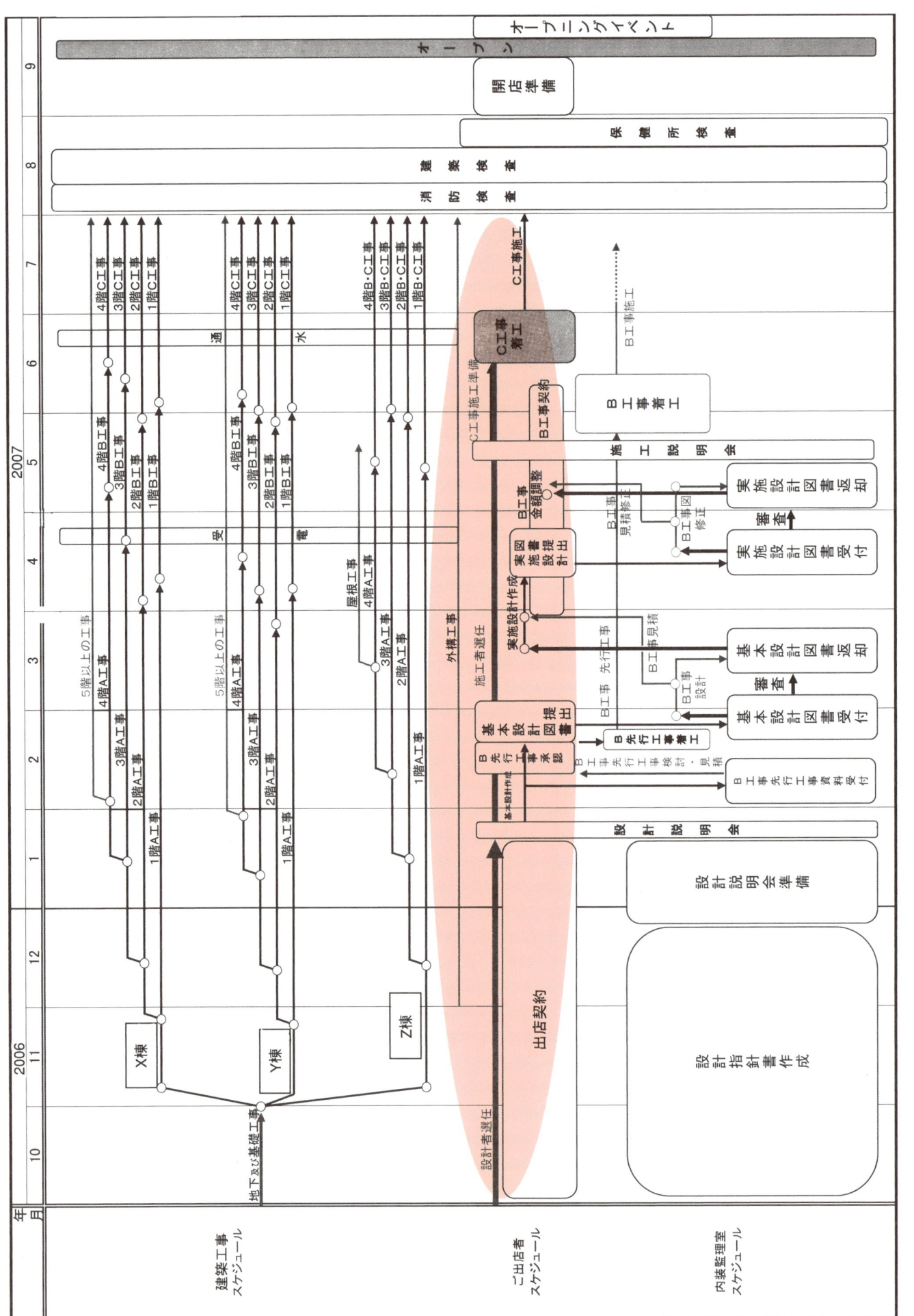

新築の商業施設は、オープニングのイベントもあり、各店一斉オープンである。建築工事の進捗に合わせて内装工事の日程が決められる。オープンが建築側での工事範囲になっている関係で基本設計先出しというスケジュールである。1年に渡ってのスケジュールなのでそうらかそうに思うかがそれは錯覚である。むしろ計画設計期間がないに等しい

ショップインテリア｜設計作業の関連知識

b｜設計着手時の問題点

何から取り掛かればいいか

ショップインテリア＝商空間を考える、モノを創るという設計やデザインに携わる立場では、常に新しいこと、初めてのことに対して、かつてなかった空間、味わったことのない雰囲気を創造したいという気持ちに駆られる。その店を利用する客にとっての初めて味わう雰囲気、未経験な時を過ごす、未知な場面や背景との出合い、意図した狙いとおりに客に衝撃を与えられれば、設計者は密かに微笑むことになる。強いて言えば、どうやって人に衝撃を与えるかという悪戯（いたずら）心が創作意欲の精神的な糧になっているのである。実際は、建物の絶対的スペースという条件や、ままならぬ設備の厳しい環境に左右されながら、またその店の業態の特性やクライアントの要望、機能性重視の用途施設、施工上のディテール、モジュールといった検証。いやそれだけではない、消防条例に関する事柄や建築確認申請が絡む時もある。あるいは「用途変更」という、出店フロアの用途が店舗用途になっていない場合に必要な届け出もある。これらのすべてをクリアしながら設計するというのは、ともすると思いどおりにならない、あるいは狙いどおりにまとまらないこともある。通常は、かけられる時間の制約もあり、時間がない理由で意外性のない当たり前のデザインになりがちで、実は、この「悪戯心」は、抽象的表現ではあるが、ごく当たり前のデザインの言い訳とならないための創作出発点、または原点を確認するためのものといえるかもしれない。

そのことを前提に、まず何から取り掛かればよいかを述べよう。
建物の調査も、現場実測も、またクライアントとの初回の打ち合わせも終わった。躯体のCAD図も起き上がった。当然ゾーニングエスキースから始まるのは先述したとおりである。
しかし、経験豊富で、その業態について熟知しているとしても、いや、通常は誰しも初めての業態ということであろう。まずその業態を何軒か見て廻って、問題点や現状を調査しなければならない。それに関する資料も集めなければならない。また、現場となる建物の周辺の対象となる客層も見極めなければならない。いわゆるマーケットリサーチである。新しい提案を模索するのはそれからである。当然、クライアントも店づくりが初めてではないとすれば、過去の店づくりがどんなものであるか、どのような運営システムであるかなど、考え方も独自なものがあるとすればその取材も必要となる。ただその点は、何回か打ち合わせを繰り返すことで分かってくるので、あまり神経質になる必要はない。それよりも同時並行で進めなければならないのが、前述の「用途変更」という建築的な問題である。今までの用途が事務所用途であれば、店舗の用途に変えるには、消防署からも建築指導課に行って手続きして欲しいという要望が出る。当然、消防署の対応はそれからとなる。そういう大きな問題点がないとしても、ほかに建築的に確認をしなければならないことは、排煙設備である。自然排煙口ならその窓の現状の確保である。厨房で占められる壁際の排煙窓は使えないので、トイレなどを含めたバックヤードの面積を減らした、居室部分の床面積の1/50以上の面積で、天井面から800mm以内に当たる開口部を求める。もしスケルトンの計画や天井が高く、3000mmを超える場合は、総天井高さの1/2から上部の開口部を対象とするか、床から2100mmを有効な開口部の最低の高さとするかのどちらかである。排煙窓は専用の欄間程度の高さに、オペレーター付きで内倒しや外倒しになっている。もし引き違いの窓なら開口する半分しか計算に含められない。また、機械排煙ならば、専用スペースに飛び込んでいる位置を確認して、あまり遠くまで振り回したくないので、客席と厨房の2箇所で最短ですむ距離を検討する、など排煙口については、建築の問題だが、消防署も必然的に問題とする箇所なので事前に確認を要する。

床面積の1/50の排煙口面積を求める

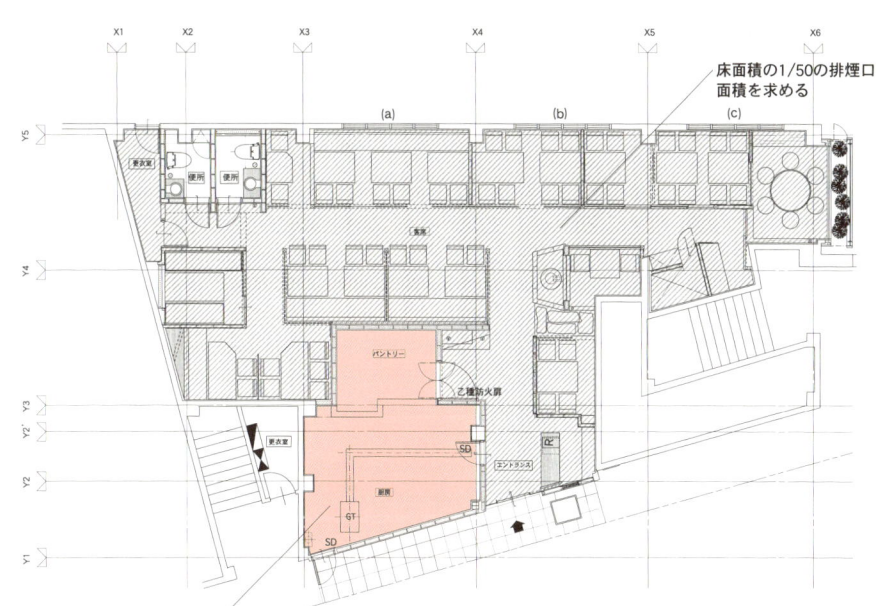

排煙設備免除のひとつとして「100㎡緩和」という告示がある。居室で100㎡以内に耐火・準耐火構造の床壁で区画し、内装は下地、仕上げとも不燃・準不燃とし、開口部を防火設備としたもの

通常、排煙設備は建築工事の段階で、想定の範囲で設けられている。ショップインテリアでは関係ないように思われるが、店舗用途のレイアウトによって部屋造りや天井高さが変わるので、排煙設備の有効性を確保するために見直しが必要になる

《排煙面積計算》
客席面積＝125.32㎡　　厨房100㎡緩和面積＝22.41㎡
排煙有効開口面積　　125.32×1/50＝2.506㎡ ＜ (a)(b)(c)0.6×0.35×4×3＝2.52㎡＝ok

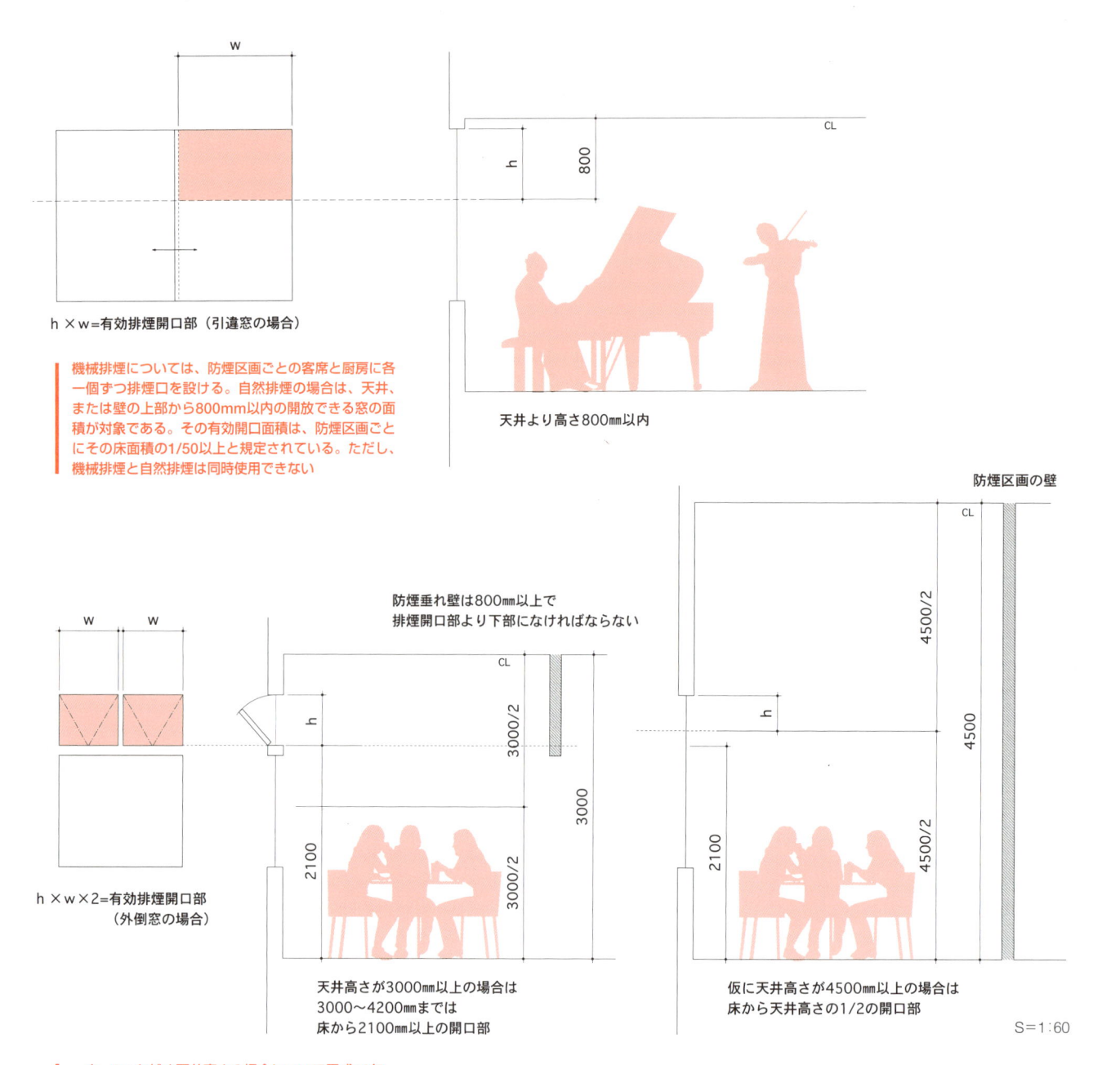

h×w＝有効排煙開口部（引違窓の場合）

機械排煙については、防煙区画ごとの客席と厨房に各一個ずつ排煙口を設ける。自然排煙の場合は、天井、または壁の上部から800mm以内の開放できる窓の面積が対象である。その有効開口面積は、防煙区画ごとにその床面積の1/50以上と規定されている。ただし、機械排煙と自然排煙は同時使用できない

天井より高さ800mm以内

防煙垂れ壁は800mm以上で排煙開口部より下部になければならない

h×w×2＝有効排煙開口部（外倒窓の場合）

天井高さが3000mm以上の場合は3000～4200mmまでは床から2100mm以上の開口部

防煙区画の壁

仮に天井高さが4500mm以上の場合は床から天井高さの1/2の開口部

S＝1:60

一方、3mを越す天井高さの場合について平成12年建設省告示1436号で追加された。天井高さの1/2以上の上部、かつ床から2100mm以上のいずれか高い方が排煙有効の範囲となる

　また、避難器具の設置、消防侵入口の確認、スプリンクラーの有無も現調の折に調べておく。
　また家主との問題を解決しておかなければならないことも多い。
　ダムウエーターや専用階段、埋め込みのグリストラップや給気・排気などの開口部、新規に躯体に絡む工事があるときは、家主側との事前協議や了承が必要である。当然業態によっては、かかる設備の容量も解決しておかなければならない。電気や水道、ガスについても古い建物であればあるほど、容量アップの申請が必要となり、期間もかかるので着工時では遅すぎるということになる。設備工事担当者に現場を調査させていないとしたら、早急に同行させた

い。例えば、各テーブルに電磁プレートをつけたい要望があるとすれば、ほとんどの場合現状の容量でまかなえるはずはない。同時に、排気ダクトの排風機や空調の室外機設置スペースの確認も必要であり、事前に設備上の解決を図っておかなければ、後で家主側からのクレームで本来の仕事に影響が出ることになる。

　エスキースやプランを進めると同時に、もう一方では、素材探しも重要で、イメージに沿う素材があるとしても、ある程度の大きさの見本で確認しておくことである。また、まだ漠然とした素材しか考えられないときは、むしろ新しい素材から創作意欲が湧くとか、刺激を受けるということも大で

ある。また、ありきたりの素材でも現物が手元にあることで、ありきたりではない使い方を発想することもある。常日頃からの溜め込んだアイデアは、必要条件下ではないためか意外に役に立つことが少ない。しかし、日頃から探しておいた素材やモチーフは、使えるとか、当て嵌められるということが多い。

　これら様々の問題点から、何から取り掛かればいいのかというより、すぐにでも始めなければならないということが分かってもらえると思う。ここまで来てこそやっと「悪戯心」で設計が取り掛かれるということである。

c｜厨房設備の条例と問題点

保健所の規定、消防署の条例

プランニングが進んでいくと、厨房の問題が浮上する。

設計上、保健所の規定を順守しなければならないのは、衛生面に関わる事項である。まず手洗器を洗い場のシンクとは別に、厨房の入り口近くに設ける必要がある。その大きさは、TOTOのL-5以上のサイズとする。また厨房の出入り口は、厨房の位置を区画する意味で、自由蝶番によるバッタリ戸を腰高のサイズでよいが設置しなければならない。また、洗浄の場では給湯設備が必要なので、瞬間湯沸かし器の設置が義務付けられる。以上は、厨房器具のレイアウトでは別途と表されるので、厨房器具の配置が別図となっていて描かれていなくても、内装の設計図上で指示しておかなければならない。手洗器と瞬間湯沸かし器は、給排水衛生工事の分野であり、自由蝶番戸は建具工事であるためである。その他、保健所で指定されることは防虫防鼠に関わることで、食器棚は必ず戸棚とするとか、2層シンクの層の大きさの規定があり、それらは厨房器具の範疇で解決することである。また、ドリンクカウンターが分かれて、別な場所にあるときも、そちらにもL-5手洗器の設置が義務付けられる。また、厨房には必ず天井が必要で、ダクトや突起物で不衛生な埃が積もらないようにしなければならない。当たり前のことであるが、天井が低いため部分的でもスケルトンの状態で塗装とする場合は、平滑で清掃しやすい仕上げ以外は避けねばならない。いずれにしても、保健所の指導も地域や担当者によって異なるので、例えばフードコート、イートインコーナーなど規模や立地によっては、客席側にも手洗器を必要とする場合もあるので事前確認をしておきたい。

一方、前項の「厨房スペースと客席バランス」でも触れたように消防署の予防課では、ガス消費量30万キロカロリー以上の場合は、厨房を防火区画にしなければならないと規定している。また、高層建築内や、単独の飲食用途でも防火区画が必要になる場合がある。オープンキッチンなら防火シャッターで区画することになり、通常のクローズキッチンにしても入り口は常開としたいので格納式SDを設置することになる。よって、入り口にはSDの閉鎖時に障害とならない位置に、保健所指定の自由蝶番戸をつけることになる。防火区画であっても、厨房の一部をピクチャーウインドーとして見せ場を造りたいとしたら、通常のガラスの6倍の強度を持つ耐熱ガラス、耐熱シールで枠もステンレスなど金物で一体製作することになる。ただ定尺寸法に制限があるので詳細はメーカーに委ねた方が安心である。

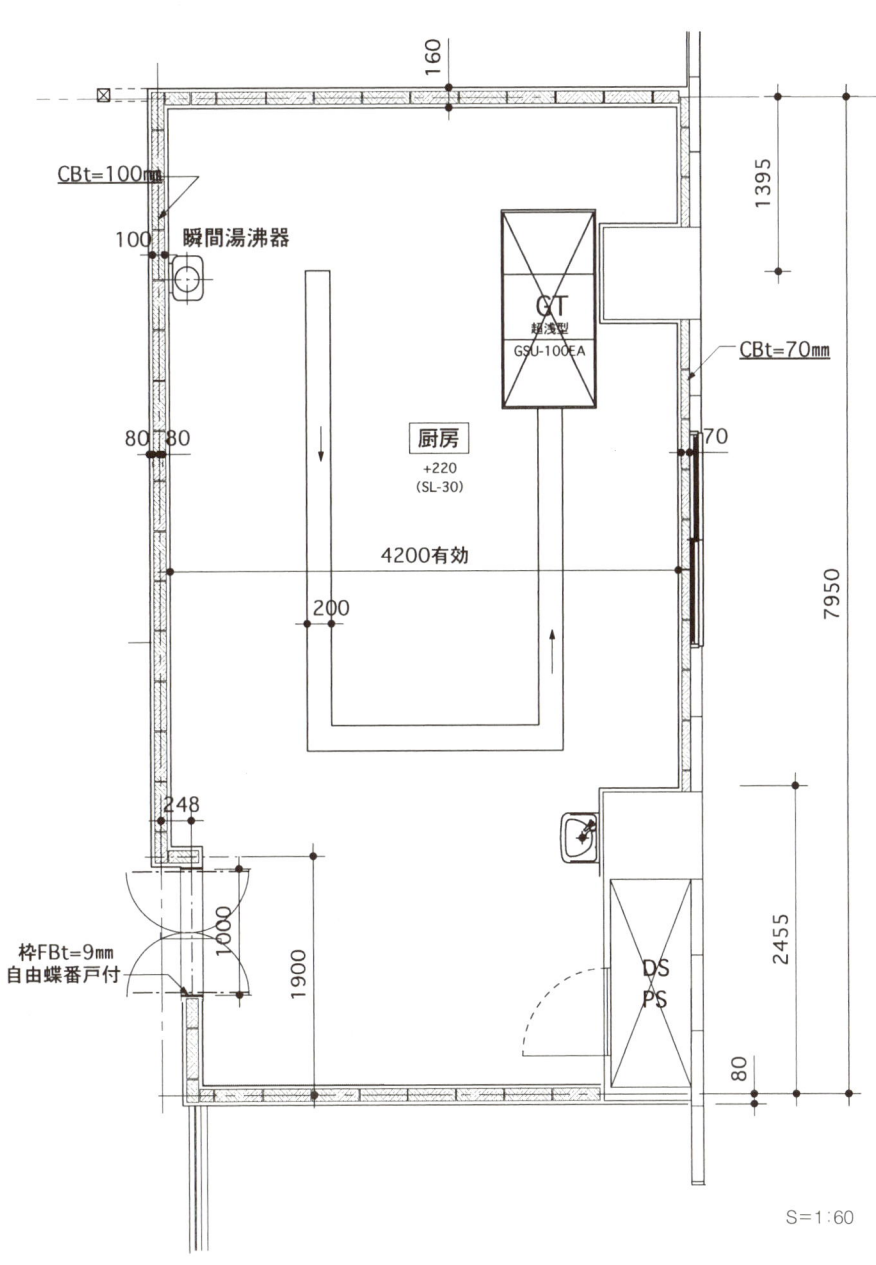

厨房の平面図は、厨房器具が別図となっていても、手洗い器と瞬間湯沸かし器、GTと側溝、入り口の自由蝶番戸は、内装の設計図上での指示がいる

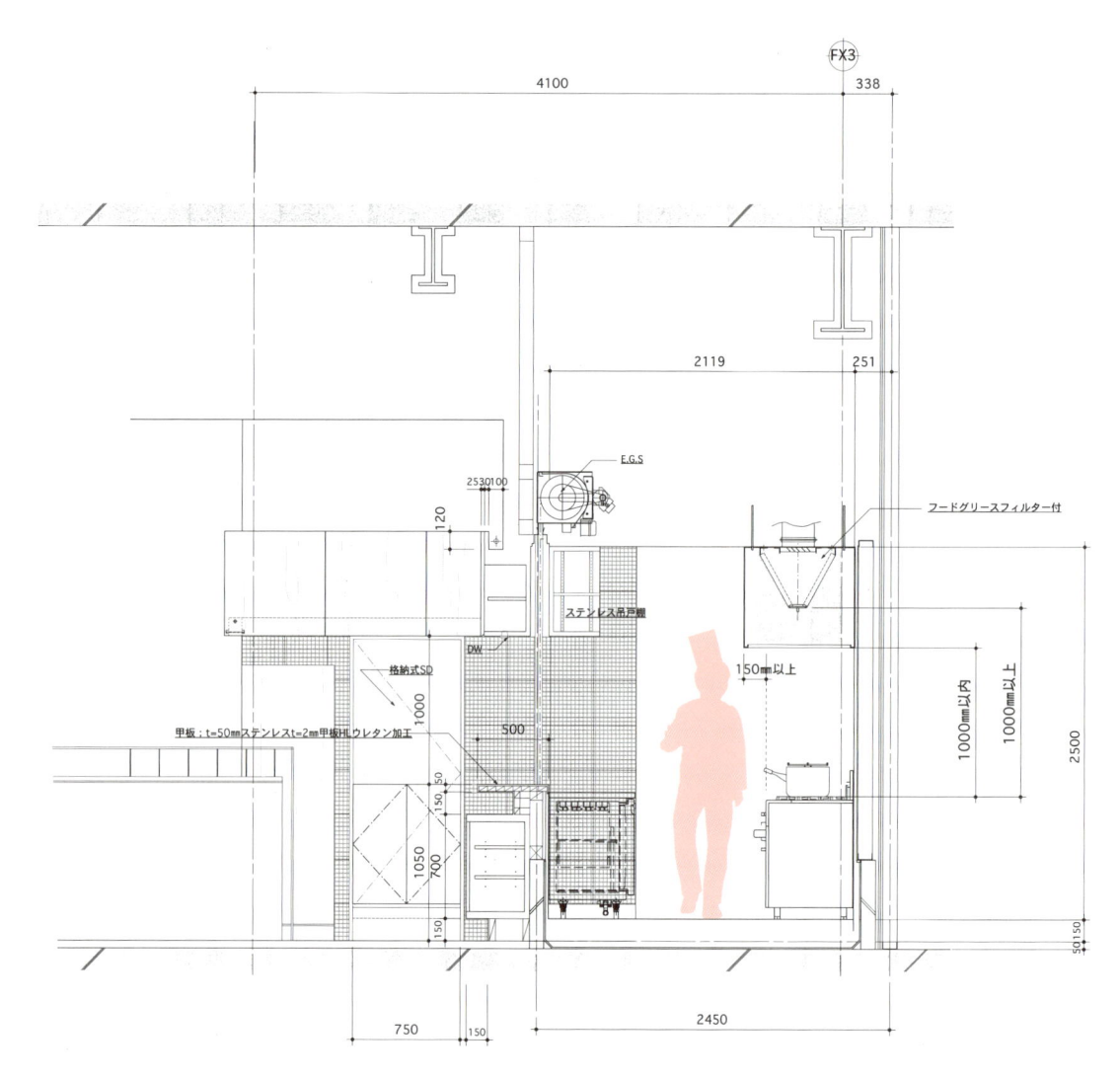

火面上とフード、グリースフィルターの高さ関係図。特に後者の1000mm以上必要という高さについては、消防官は厳密にメジャーで測ることもある。また、ディッシュアップカウンターの断面図を見ると、防火区画のシャッターが甲板まで降りてくる。カウンターの腰を区画位置として、同時に高さは、1050mmで配膳するホール側からの高さとしてはベストの高さに抑えている

S=1:50

また、ガスレンジなど火器類は、フード内のグリースフィルターは火面上から1000mm以上離さなければならない。その一方、火面上からフードの下端までの高さは、1000mm以内でなければならないし、フードの平面はガスレンジより大きく、片側で150mm以上カバーしなければならない。問題は、飲食店の厨房では、毛髪のこともあって帽子は不可欠である。そのため、フードの下端で床から1800mmでは低すぎて頭が当たる。1850mmとか、1900mmが理想だが、上記の寸法どおり150mmも迫り出しているので火面を上げるしかない、という矛盾も含んでいる。さらに、フード内自動消火、ダクト内自動消火設備や、熱機器の転倒防止、またガス漏れ警報機などそれぞれに順じた防災設備が必要である。またフードが大きくなれば、それだけ手元暗がりになる。作業性で考えればフード内に照明が必要である。しかし、熱による電球破裂もあり、認定品のフード内防爆照明器具を選定しなければならない。ただフード内全体も一緒に明るくなるので、内部が丸見えでオープンキッチンの場合は雰囲気がつや消しである。その場合は、別のメーカーからスポットライトを防爆ガラスで覆った製品が出ているが、フードの外から手元を照らすスポットライトという手も使わざるを得ない。

その上、空調設備についても防火区画を横断するとか、外部に飛び出す箇所でファイヤーダンパーが必要となる。当然その部分の天井には点検口が必要であり、これら設備計画上のことであっても、設計者としての知識、認識は欠かせない。

オープンキッチンの問題点

目の前で調理をするシズル感、アクティブな臨場感ということが持ち味で、オープンキッチンは飲食店の主流である。「見せるキッチン」という演出効果を狙ってのカウンター付帯の例が多い。見せるとか、見えてしまうなどの厨房レイアウト上の注意点は、基本的には洗い場を隠すという一点に絞られる。洗い場さえ隠せば、パントリースペースも隠すことが出来る。調理しているシーンさえ見せられれば、オープンキッチンとしての価値が発揮されるというわけである。また同時に、洗い場のほかストレージや仕込みの部分は、見せてもあまり綺麗なものではないということである。
オープンキッチンの区画は防火シャッターさえ付ければそれですむというわけにもいかない。どこで区画するか、厨房器具が並

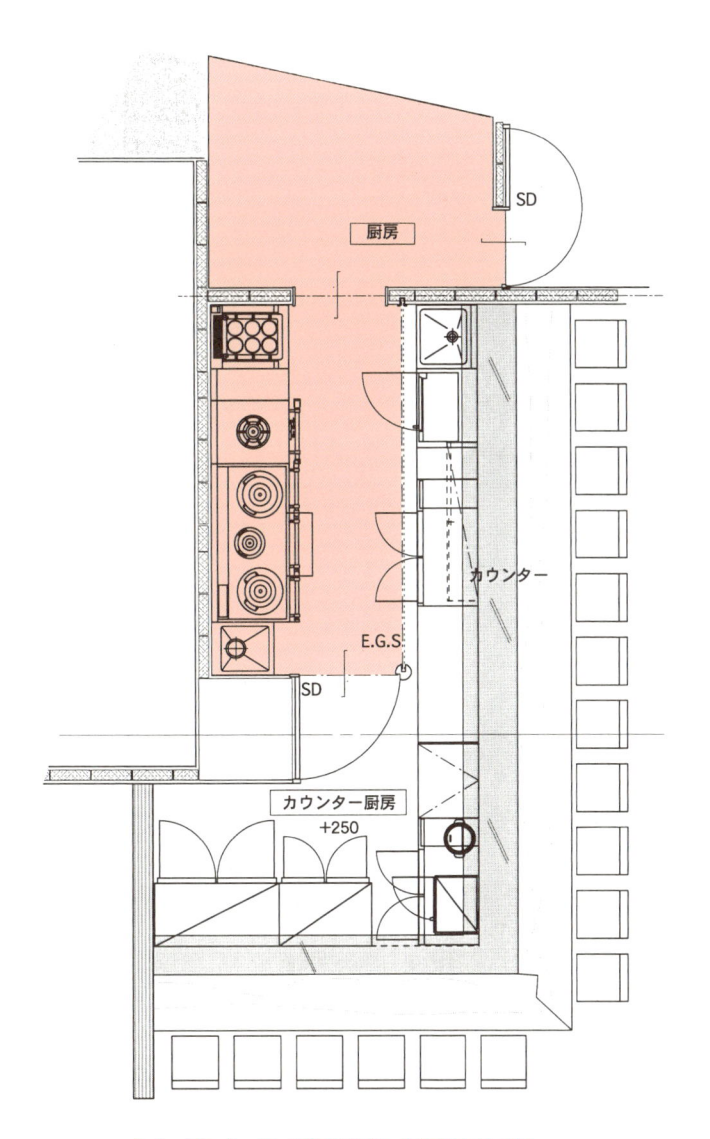

オープンキッチンの防火区画は、厨房が大きいだけにカウンターの甲板で区切るというわけにいかない場合がある。この図例は、カウンターがコの字なので防火シャッターとSDとの兼用で区画している

厨房グリースフィルター

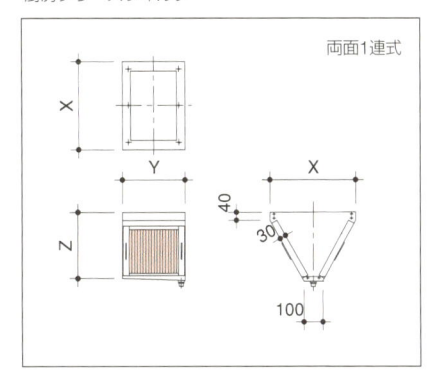

厨房用グリースフィルターの両面式と片面式の1連式図。これを2連、3連とつなげる。フードの縁溝に溜まる油や水蒸気は油受けカップに回収される

両面1連式

チャンバー寸法(mm)			静圧・風量 (m³/h)					質量(Kg)
X	Y	Z	22Pa 2.2mmAq	25Pa 2.5mmAq	30Pa 3.0mmAq	35Pa 3.5mmAq	40Pa 4.0mmAq	
420	304	320	581	617	671	715	760	5.1
370	504	280	866	919	999	1066	1132	6.4
420	504	320	1067	1133	1231	1313	1395	7.3
520	504	410	1479	1570	1706	1820	1934	8.8
620	504	500	1895	2012	2187	2333	2479	10.3

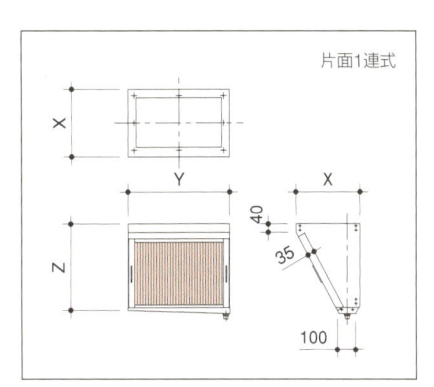

片面1連式

チャンバー寸法(mm)			静圧・風量 (m³/h)					質量(Kg)
X	Y	Z	22Pa 2.2mmAq	25Pa 2.5mmAq	30Pa 3.0mmAq	35Pa 3.5mmAq	40Pa 4.0mmAq	
245	504	280	433	460	500	533	566	4.7
270	504	320	534	566	616	657	698	5.4
320	504	410	739	785	853	910	967	6.4
370	504	500	948	1006	1094	1166	1239	7.3

ぶ位置では区画できない。カウンター上の甲板で、腰の防水ブロックを含めての区画を利用するしかない。ということは、甲板は石材か、金属という不燃材でなければいけないわけで、かりにカウンターがコの字の場合はどうであろうか。カウンターは、必ずしも一直線のカウンターとは限らないからである。コの字に二箇所の防火シャッターでは、費用的にも、またコーナーの技術的な点においても、シャッターボックスのスペースを含めても難点がある。片側だけカウンター内でSDとの併用を考えるというテクニックも使いたい。どちらにしてもコーナーの角にはフレームがくることになる。目立たないように造ることが必然となるということも言い添えておきたい。

d｜見積書のチェックと仕様変更

予算オーバーは避けて通れない

工事金額は、数社の見積り入札で決まるにしても、特命業者の見積りによる決定にしても、設計図書どおりの工事が予算内に納まるという例は、今までほとんどないと言ってよい。万が一、予算内に収まるならこの項は必要ないかもしれない。

なぜなら、もともと予算の設定は、工事にかかる物理的な施工金額とはかけ離れたところで設定されることが多いからである。運営上の予測により割り出した採算ベースから、この程度しか割り当てられないとか、できればこのくらいで納めたい、という初期投資の漠然とした希望的観測まで、工事金額の現実を踏まえずに算出することから、当然ギャップが大きい。むろん、専門家である設計者が、今までの経験からこの予算では難しいと判断しても、見積書が提出され、その現実にクライアント自身が突き当たらないと分かってもらえないのも事実。また、設計者自身もそんなに予算がないのなら、自身の設計姿勢の方向に転化して、なんとかローコストで設計できないかと考えてしまうこともある。

しかし、計画設計の段階で、もろくもその姿勢を崩されてしまう。その予算のない厳しさを当のクライアント自身がよく分かっていない。必要最低限のもの以外は最初から削るという切羽詰まった考えが、クライアント自身にないからである。そのため、設計者側から提案すべきことは、先ずこうあるべきというベストの計画を優先することである。設計だけでも理想を追いかけたプランであること、機能性を徹底的に追求した設計であることだが、事実その考えに間違いはない。ベストの計画だからこそ、そこまで検討したからこそ、何を削除してやりくりするかということを自由に考えられるのである。こうした考えを基本にしてこそ、見積りが出てから仕様を減額するという方法が活きてくるのである。ただし、このような進め方が可能なのは、いかにクライアントが提示した設計内容を理解していくるか、設計者とクライアント側とのコミュニケーションがとれていて、考えを共有できていることが前提になっていなければならない。後で何を仕様減とするか双方で納得しながら、改めて内容を組み立てていくということが重要である。

最終的には、予算をオーバーしたときはどうするかは設計者の裁量にある。予算に合わせるには仕様を落とすしかない。落とすという言い方が悪ければ、仕様減額である…といってもイメージを崩さず人に分からないように仕様を減額できる範囲は、10％が限界である。後はモノを失くすしかない。まさか客席の椅子を減らすことはできない。床や天井を未工事のままというわけにもいかない。

御見積書

株式会社　　　　　　　　　　　　御中				年　月　日
工事件名　新装工事				
工事場所　　　　148.56㎡ (45ｔ)　　㎡ (坪)				
工事期間　お打ち合わせに依る				
支払条件　お打ち合わせに依る				
下記の通りお見積りいたしましたので何卒ご用命のほどお願い申し上げます				
合計金額　￥　36,000,000.-		※ 消費税は含みません		

名　　称	数量	単価	金額	摘要
01) 仮設工事	1 式		465,000	
02) 雑解体工事	1 式		200,000	
03) 組積工事	1 式		326,000	
04) 左官工事	1 式		929,150	
05) 防水工事	1 式		336,000	
06) 軽鉄ﾎﾞｰﾄﾞ工事	1 式		1,635,000	
07) 木工事	1 式		4,726,300	
08) 石・タイル工事	1 式		657,000	
09) 鋼製建具工事	1 式		806,000	
10) 木製建具工事	1 式		443,000	
11) 硝子工事	1 式		874,000	
12) 塗装工事	1 式		650,000	
13) 内装工事	1 式		763,000	
14) 金物工事	1 式		984,000	
15) 造作家具工事	1 式		1,450,000	
16) 家具工事	1 式		932,000	
17) サイン工事	1 式		580,000	
18) 雑工事	1 式		325,000	
19) 電気及び照明器具工事	1 式		3,326,500	
20) 空調・換気設備工事	1 式		4,828,000	
21) 給排水衛生工事	1 式		1,325,000	
22) 厨房器具	1 式		5,465,000	
23) 瓦斯工事	1 式		450,000	
24) 防災工事	1 式		650,000	
揚重費・現場共益費は別途精算とさせて頂きます				
＊本見積書に記載なき事項は別途とさせていただきます				
（小　計）			33,125,950	
諸経費・運搬費			3,312,595	
出精値引き			−438,545	
工事費合計			36,000,000	

第1章（d）の項目にも現したように、トータル金額の鏡しか見ない…という見積書の「鏡」である。全体に何が費用アップになっているのかの判断ができる。この場合は木工事や造作家具工事に掛かっているので造り物が多く、大工手間がかかる仕事だということが分かる。内装と設備のトータルの割合は結果的に50：50になってしまう

結果的に、イメージが変わらないことを優先した減額方法を考え、見積書と照らし合わせて、塵も積もれば…式に根気よく単価の大きいところから減らしていくしかない。あとは施工社の出精値引きとか、クライアントのどうしても譲れないというところや、特別な施設のかかりは予算の増額をするとか両者で歩み寄るしかない。このような過程を経て予算調整をするが、これを避けて通ると「もっと安く出来たはず」という別な次元の争いとなってしまう。予算オーバーは必要不可欠な過程なのである。

見積書のチェックは…

見積書のチェックは、工事項目の「落ち」

に神経を遣う。

確かに見積り落ちは、施工者の責任範囲ゆえ、含んでいるものとみなすという暗黙の了解がある。しかし近頃は特記欄に「本見積書に記載なき事項は別途とする」と書かれていることが多い。

至近の例でも、ある入札例で一番安いところが防火シャッターを落としていた。電話で確認を求めたら、改めて見積書を出し直してきて、その分の金額が高くなり二番手になってしまい、決定に至らなかった。もし、このまま電話しなければこの施工者は、工事完了後、追加請求をしてくることになる。このような事実からも見積書のチェックに神経を遣わざるを得ないわけである。その一方では、余分な項目を見つけたりもする。

特にパソコンでの見積りに多いのだが、同じ内容が別々の項目にそのまま重複していたり、簡単な工事をオーバースペックで見ていたり、というまったく単純なミスが多い。また、施工費や補足材、雑施工のほうが材料費より高かったり、何かの勘違いがそうさせたのだろうが、そういうのを見つけると、仕様減額以外で工費が下がるので、嬉しくもなろうというわけである。特に数量があるものでオーバースペックに算定されたものを見つけると、思わぬ棚ボタ式の感を抱くことになる。

実際、このようなスペックに関する詳細は、クライアント側では知る由もない。設計した本人しか分からないところが多々あるということである。とすると、見積書をくまなくチェックする人は設計者しかいないわけで、他の人が出来ても、せいぜい入札時に項目比較表を作る程度である。そのため責任も大きい。m²数の差も施工会社の考え方次第なので、わずかな施工数量の場合、素材量が1.2倍だったり、1.5倍だったりする。また、運搬費、現場諸経費、その会社の経費などは、会社の規模などによる違いがあるので不問とせざるを得ない。仮設工事の費用も荷揚げ方法、場内清掃、あるいは夜間作業の考え方により差が出るので同じことが言える。

項目分けも施工会社により異なるので、前述の比較表の作り方も単純に項目総額だけ書き出すわけにもいかない。雑工事に入っているのか、内装工事に含まれているのか、という違いは各社それぞれである。一行ずつ確かめることになる。もっともこのような違いが、見積書のページ数にも現れ、ある会社は見積書の束が厚いというだけあって細かく拾ってある。そうかと思うと、まるで薄くてチェックのしようがない例もあり、見積書の在り方も様々である。

内装と設備はフィフティ、フィフティ

見積書の内容は、内装工事および設備工事全体の工事金額である。そのため見積もりの「仕様落とし」といっても、実際に減額の方法を講じられる対象となる工事種は、内装工事と、設備工事の一部の器具選定程度である。

実際、近年の設備のスペックでは、内装と設備の工事額の割合は、50：50である。ということは、10%の仕様減額を図ろうとすると、全体の50%しかチェックできないことになる。ということは、内装工事だけで20%の減額項目を見つけ出さなければ10%に届かないということになる。事実、設備に関しては意匠的なもの以外はスペックダウン出来ない。ダクトサイズや厚み、排水パイプの口径のサイズダウンなど出来ない相談である。まして厨房器具を減らせばメニューが減るわけで運営を考えたら本末転倒である。では減額対象となるものは何であろうか。

内装工事では、造作や造り付け什器、椅子やテーブルといった家具、それに看板、ディスプレイの飾り物、仮設工事および監理業務までが対象である。

一方、設備工事では、空調換気、防災工事、給排水衛生設備、電気音響設備、厨房器具といった類である。そのなかで、減額できるのは、設備の器具選定のものである。衛生設備の洗面器や便器、ハンドドライヤーといったものから、照明器具のセレクトが対象である。

衛生器具は、輸入物を安価な国産品にするという余地が残されているが、照明器具は、コードペンダントやスタンドといった器具であれば同様にスペックダウンができる。しかし、間接照明やダウンライト、スポットライトといった照明計画では何ともし難い。間接照明の電球をFLにしても、かえって調光機が高くつく。シームレスにすれば逆現象になりかねない。とすれば、内装だけが異様に減額対象になり、よほど予算とずれがある場合は、まさに何かを削除する、中止するという方法しか残っていないことが多い。

いずれにしても、減額方法にも限界がある。そのために、坪（3.3m²当たり）単価という表現が、前段階での判断材料になる。規模や立地条件、スペックや業態レベルなどで一概に言えないにしても、ひとつの経験値からの目安にはなる。

新築ビルや、新築の商業施設のテナントとしての出店では、また別な費用が絡む。A、B、C工事といった分類で、A工事は、ビル側の費用負担なので問題はない。C工事はテナント側工事なのでわれわれのカテゴリーである。問題はB工事の場合で、工事は建築会社の側で施工する。しかし設計および工事費用はともにテナント負担ということである。この場合、建築会社の見積り金額は、予測がつかないくらい高額になりやすい。ほとんどが、厨房やトイレの防水箇所、設備は基本となる専用面積までの取り出し口、あるいは設備は全部B工事という場合もある。同時に内装監理費や共益金という費用も含まれてくる。B工事の金額はケースバイケースで、見積書が出てくるまでとらえようがない。フィフティ・フィフティの内装対設備の世界ではなく、B対Cの割合の世界である。

工事区分	工事項目	A工事 ディベロッパーの費用負担で、ディベロッパーが施工する工事	B工事 出店者負担の工事で、出店者側の基本設計に基づきディベロッパーの指定設計者が設計し、ディベロッパーの指定施工会社が施工する工事	C工事 出店者負担の工事で、出店者側が設計し、ディベロッパーの承認を受けた施工会社が施工する工事	備考
建築	床	コンクリート直押え(FL-3mm)	アスファルト防水及び保護モルタルまで(厨房部分)	A・B工事以降の全工事	
	壁・柱型	ALCまたはコンクリート素地構造体鉄骨部は耐火被覆の上軽量鉄骨下地プラスターボードt12.5mm貼	コンクリートブロック積及び防水立上まで防火区画・不燃区画構成工事	A・B工事以降の全工事	
	店舗間仕切	軽量鉄骨下地プラスターボードt12.5mm貼、インサート止	なし	A工事以降の全工事	
	天井	A工事設備用点検口墨出しまで	B工事設備用点検口墨出しまで	A工事以降の全工事	
	外部周り建具	基準サッシュ設置(両開き、スチールサビ止め塗装まで)	A工事設備用点検口の全工事	扉仕上工事	
電気	電灯・コンセント設備	基準容量・基準配置の主開閉器盤(メーター含む)まで	A工事の増移設工事及びA工事以降分電盤取付まで	A・B工事以降の全工事	
	動力設備	基準容量・基準配置の主開閉器盤(メーター含む)まで	A工事の増移設工事及びA工事以降動力盤取付まで	A・B工事以降の全工事	
	電話設備	共用部分にIDF(中間端子盤)設置及び店舗内配管突出しまで	なし	A工事以降の全工事	指定会社
	TV共聴設備	共用部分に分配器設置まで	区画内までの配管突出しまで	A・B工事以降の全工事	指定会社
	POS設備	区画内配管・配線突出しまで	なし	電源供給を含むA工事以降の全工事	端末機器は有償貸与 指定会社
	有線放送設備	なし	区画内までの配管突出しまで	A・B工事以降の全工事	
給排水・ガス	給水設備	基準容量・基準配置のメーター取付バルブ止めまで	A工事の増移設工事	A・B工事以降の全工事	
	給湯設備	なし	なし	全工事	
	排水設備	基準容量・基準配置の区画内配管突出しまで	A工事の増移設工事及びA工事以降のグリストラップ取付まで	A・B工事以降の全工事	
	ガス設備	基準容量・基準配置の区画内配管突出しコック止めまで	A工事の増移設工事	A・B工事以降の全工事 (メーター・業務用ガス遮断弁・操作機含む)	
空気調和	空調設備	基準容量・基準配置による各常想定容量設定(区画内全てを各常想定で容量設定)	A工事の増移設工事	なし	
	一般換気設備	基準容量・基準配置の区画内配管の吹出口・吸込口まで	A工事の増移設工事	なし	
	厨房換気設備	基準容量・基準配置の区画内ダクト突出しFVD(防火風量調整ダンパー)まで	A工事の増移設工事	なし	
防災・その他	排煙設備	法基準に基く標準設置	A工事の増移設工事	なし	
	自動火災報知設備	法基準に基く標準設置	A工事の増移設工事	なし	
	非常放送設備	法基準に基く標準設置	A工事の増移設工事	なし	
	カットリレー設備	共用部の弱電端子盤まで	A工事以降のカットリレーへのコンセント設置位置までの空配管及び電源供給	天井点検口付近からコンセント設置位置までの空配管及び電源遮断弁への接続	
	非常照明設備	法基準に基く標準設置	A工事の増移設工事	なし	
	誘導灯設備	法基準に基く標準設置	A工事の増移設工事	なし	
	ガス漏れ警報設備	なし	区画内ガス漏れ検知器設置(防災センター移報用)	区画内ガス漏れ警報器設置及び業務用ガス遮断弁への接続	指定会社
	スプリンクラー設備	なし	A工事の増移設工事	なし	
	ダクトード消火設備	なし	全工事	なし	指定会社
	消火器設備	なし	全工事	なし	
	防災区画貫通処理	なし	なし	C工事作内空配管 C工事機器の接点出し	
	防災センターとの防災信号線配線接続個別機械警報	A工事機器への配線接続	なし	B・C工事機器への配線接続	
	個別機械警報	なし	なし	全工事	

この例は、ある商業施設でのA・B・C工事の工事区分表である。現場により内容は異なるが、概ねこのような分け方が多い。大事なことは、工事種によって単純にボーダーラインから引けない箇所もあり、細かい部分まで理解しておく必要がある。ここでは割愛するが、この表以外にも図表や色分けによる詳しい表が加わる。当然C工事の見積にも必要な資料となる。

e｜デザインの安全性と素材の決め方

床の段差における安全性

どうしてこんなに分かりやすい段差に躓くのだろうと思う。

たった一段のステップである。そこには目立つようにLEDのステップライトを仕込み、嫌でも目につくようにして、床の素材も色も切り変わっている。グレーの石の床から、焦げ茶のフローリングの床という違いである。分からないはずはないと思う。それでも躓いてバタッと床に両手をついてしまうということがある。

ここは明るく、日の光も入る渋谷のカフェである。従業員に尋ねると「天井のシンボルに目がいって、上を見上げて歩いてくるので段に気がつかないようです」と言う。ということは、インパクトのあるデザインに感心しているわけで、誉められていることにもなり、なんと答えてよいのか戸惑う。PL法もある。そのため壁に「段にお気をつけ下さい」と書いて貼ってある。気がつけば従業員も声を掛けるようだ。それにしても帰りには足を踏み外すという人がいないのが不思議だ。別な例でも、トイレに行くルートに段差があると躓くのに帰りに踏み外す人は少ない。ということは、どうも目的がある場合には、床の段差に気がつかないほど気が急いていて、余裕がないということだろうか。トイレの男女のピクトグラフに目がいってしまうとか、店内のデザインや他のものに気を取られるとかということであろうか。しかし、スロープにすれば解決するという単純なものでもない。法規上スロープは1/8以下、車椅子利用は1/12以下の勾配と規定されており、急な坂に近いスロープでは滑って転倒という危険がある。ある程度の長さが確保できれば別であるが、なかなか限られた空間に確保できるスペースはない。

店舗の安全性は、このような段差だけに限らず他にも安全を考慮しなければならない部位、箇所がある。同じ床のレベルでも滑ることによる転倒、階段からの転落、照明や植木鉢による落下物の危険、手摺の高さが満たされていない、また不十分な構造による墜落の危険、出会いがしらにぶつかったり、他者の開けた扉に当たる、引き戸に指を挟む、体を壁にこする、ガラスにぶつかる……と枚挙に暇がない。その他にも間接照明の懐に気がつかず、脱いだ上着がかかり焦がしてしまったということもあり、小さな危険が店舗の中には多くある。

ガラスについても、10mm厚のガラスのテーブルが空のワイングラスを落としただけで破損したことがあり、テーブルなのでけが人はなかったとはいえ、ガラススクリーンなどは、必ず飛散防止フィルムを貼るように、設計上特記しておくことである。

冒頭の段差のつまずき対策は、小さな注意書きの入ったスタンドを段の中央に置くことで、嫌でも通行の邪魔になると同時に目に止まるということでの解決となった。壁では目に付かないということでの便法だが、従業員側では邪魔で不便だということも事実である。

滑りやすい床材の安全性

安全については、平面計画のみならず素材の選定に当たっても十分な配慮がなされなければならない。その中でも前述の段差と同様に「滑る」「滑らない」というトラブルが多い。

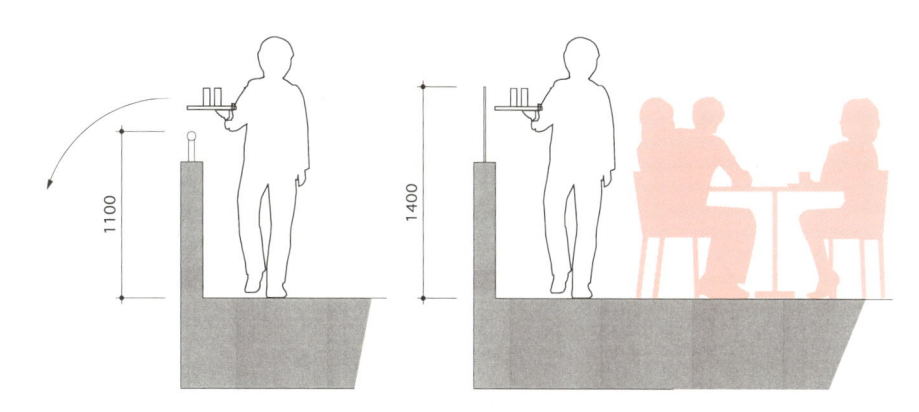

通常、手摺の高さは1100mmあればいい。しかし飲食店では図のように落下物の危険が伴うので1400mm以上確保しておきたい。目障りなら透明ガラスでもいい

チェッカー模様のある縞鋼板を滑り止めのつもりで、よかれと思って階段のステップに使ったら、女性の厚底の靴では滑るというクレームが出たりする。中国料理店では、厨房床のクリンカータイルが何年かするとやはり滑りやすくなる。どんなにクリーニングをしてもヌルヌルしてくる。これは従業員の厨房と客席への出入りにより油が広がるというのが原因である。結局は、マットを敷き詰めるしかなく雰囲気を壊してしまう。

安全については、素材の選択がポイントである。必ず滑りにくい素材をと従業員から注文が出る。しかしイメージと安全性は本来別次元である。イメージと安全性が共通することはほとんどない。それは滑らないテーマの素材に選択肢がないからである。ではどうすればよいか。危険部位は、出来るだけ目立たせて素材に変化をつける、あるいは安全性を優先して段差を造らない。バリアフリー、ユニバーサルデザインのためにすべてスロープで対応する。スロープの素材については水に濡れても安全な横溝加工を施せる石材や、ステンレスのFBを1mm出しくらいで等間隔に並べて埋めるなどの対応をする。

危険が察知できる箇所やスロープではこのように配慮をするが、むしろ問題は平滑面の床レベルである。要は、床に水をこぼ

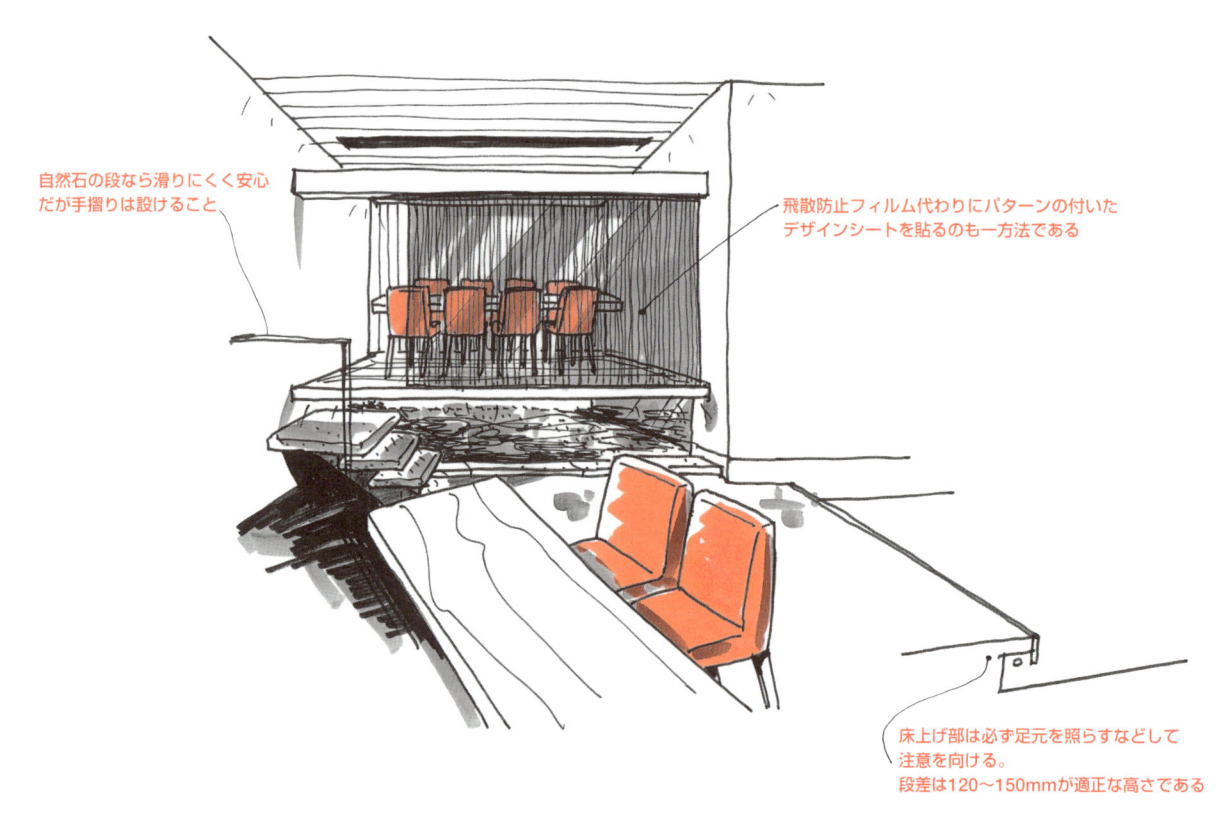

> キャッシャーカウンターやテイクアウトのスペース
> のスロープは絶対避けなければならない

> 自然石の段なら滑りにくく安心
> だが手摺りは設けること

> 飛散防止フィルム代わりにパターンの付いた
> デザインシートを貼るのも一方法である

> 床上げ部は必ず足元を照らすなどして
> 注意を向ける。
> 段差は120〜150mmが適正な高さである

す、傘の雫などはこまめに拭くという運営上のマニュアルが必要だ。ある店でフローリングの床を施した際、店長は従業員に「落ちているゴミを跨ぐのは許しても、水はすぐに拭かなければ許さない」と指導していたくらいである。床材を滑りにくい素材とすればするほどまた別の問題が派生する。人の通るところだけ汚れが目立つという「獣道」である。御影石のバーナー仕上げ、大谷石のチェーン引き仕上げ、珪素土のタタキの素材の場合や、油分の多い業態でよく見かける。その一方で、フローリングや塩ビタイルなどは、オープン後のメンテナンスのクリーニングで艶出しを掛けられてしまうことがある。「クリーニング済み」という見た目の効果を求めてのことだろうが、折角マットな仕上げにもかかわらず艶を出されたりするのも滑る要因だが、それだけでなくステップの間接照明の裏方を映し出したりする結果になるのも困ったことである。

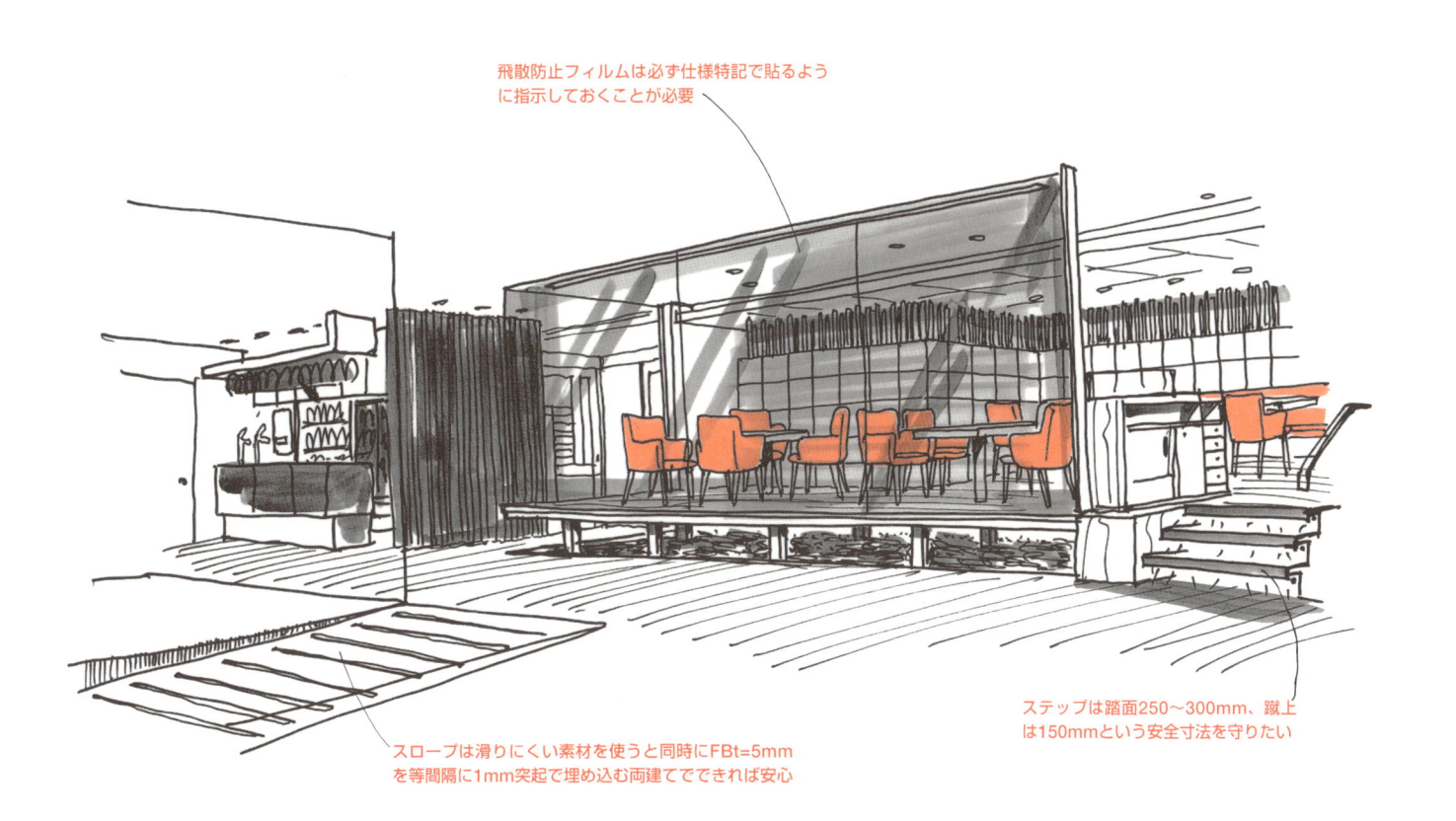

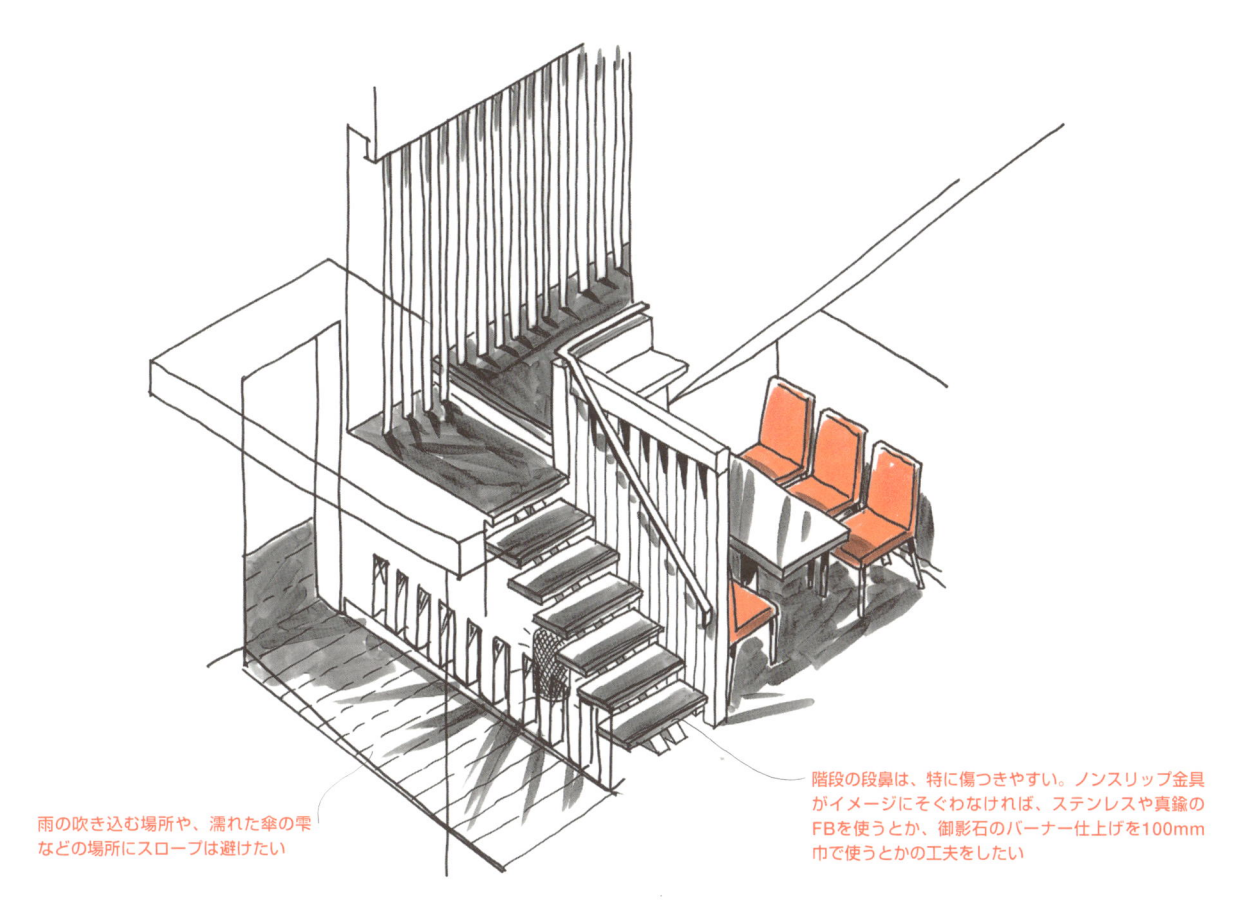

飛散防止フィルムは必ず仕様特記で貼るように指示しておくことが必要

ステップは踏面250〜300mm、蹴上は150mmという安全寸法を守りたい

スロープは滑りにくい素材を使うと同時にFBt=5mmを等間隔に1mm突起で埋め込む両建てでできれば安心

雨の吹き込む場所や、濡れた傘の雫などの場所にスロープは避けたい

階段の段鼻は、特に傷つきやすい。ノンスリップ金具がイメージにそぐわなければ、ステンレスや真鍮のFBを使うとか、御影石のバーナー仕上げを100mm巾で使うとかの工夫をしたい

PL法を意識して設計する

製造物責任法（PL法）は、設計上でも安全性を欠くようなことがないようにという項目がある。設計が安全法規や基準に合ってない、あるいは、設計段階で十分に安全性に配慮しなかったということに対する責任法である。

防止のポイントは、安全確保を常に念頭に優先して設計する。それでもなお予想を超えるようなこともあるので、さらに突発的な危険に対する警告表示をどこかに掲示する。すなわち危険防止を図るための注意喚起をあらかじめ明示する必要があるということである。どうせ表示しなければならな

いとしたら、当初より計画して、設置場所の検討や文字レイアウト、イラスト挿入といったデザインもしておきたい。

実戦的専門用語＆現場用語

店舗設計製図講座｜資料　知っておきたい店舗設計・施工に使われる

あ

あいかき【相欠き・合欠き】
「あいがき」ともいう。二つの木を組み合わせる場合，両方の木を欠き込む仕口。相欠きで継ぐことを「相欠き継ぎ」という。

あいじゃくり【相決り・合決り】
板厚の半分ずつを欠き取って合わせる板のはぎ方。乾燥しても隙間が通らない。

あげうら【上げ裏】
下から見上げることのできる面の裏側。軒先の上げ裏＝軒裏の見え掛かり。

あくあらい【灰汁洗い】
古い建築の造作材，建具，天井などを苛性ソーダの溶液で洗い変色や汚れを洗いと落とし，水洗いすること。

あご【腮・顎】
①木材仕口の一つ「渡り腮」における凸（島）部分をいう。②丸瓦の部分で，他の丸瓦を重ねるため太くしてある部分。③庭石において人間の顎のように突き出た部分。腮をたてる＝あごをつけること

あしがため【脚固め】
柱の脚元近くを互いに連結して建物の揺れなどを防止すること。

あしば【足場】
足代「あししろ」「あじろ」ともいう。工事を行うときの仮設の作業床や作業員の通路。あしばいた（足場板）＝足場に用いる厚板材や鉄板。

あしもと【足元】
工作，造作物の基部をいう。

あてトロ【当てトロ】
石材などを壁面に貼り付けるとき裏面に塗るモルタルをいう。

あばた【痘痕】
打ち込んだコンクリートの表面に砂利などが塊状に現れた欠陥部分。「ジャンカ」ともいう。

あま
セメント，石灰，プラスターなどを水だけで練ったペースト状のもの。「のろ」ともいう。

あまい【甘い】
①鋼その他金属の質の柔らかいこと。②取り付け部分の緩いこと。③左官工事で骨材の混入量が少ないこと。④物事に対する考え，認識，処理が不十分，楽観的であること。

あまおさえ【雨押さえ・天押さえ】
外壁と開口部の上枠などにおける雨水の侵入を防ぐための部材。

あまがえし【雨返し】・あまじまい【雨仕舞い】
雨水が建物の中に侵入あるいは漏るのを防ぐこと，また防ぐ方法。

あまようじょう【雨養生】
モルタルやコンクリートなどが固まる前に雨などでセメントが流れないように，ムシロやシートで保護すること。

あゆみ【歩み】
間隔のこと。

あらいや【洗い屋】
石やタイルの仕上げ面を水や薬品で洗浄する職人。建物の汚れを洗い落とす職人。

あらかべ【荒壁】
土壁を塗るとき最初に塗る壁。下塗り。

あらし【荒し】
表面を粗面にすること。

あらゆか【荒床】
畳などの床仕上げ材を敷くときに下張りとして貼る下地床。フローリング，カーペットなどの場合には「捨て床」ともいわれる。

あわせめじ【合わせ目地】
石積みなどの堅目地。

あんも
木造合わせ梁などの2枚の間に挟んで継ぐ飼い木。

いげた【井桁】
井の字形に組んだもの。井の字形のもの。井の字形模様の総称。正方形のものを「井筒」，斜方形のものを「井桁」と区別していう場合もある。

いしめ【石目】
自然石の石理に沿った割れ面。花崗岩の石目は「テッセラ」と呼ばれる。

いたじき【板敷き】
板張りの床。「板畳」「板張り床」ともいう。

いただたみ【板畳】
①畳面と同一面にしかれている地板。②床の間に使われる畳で，板に畳表を貼り付けたもの。③畳が正規の寸法で納まらない場合半端な寸法部分を板張りとすること。④板敷き

いちころ
左官工事や塗装工事などで，通常は何回かに分けて施工するところを一度に行ってしまうこと。

いちまいもの【一枚物】
はぎ合わせをしていない1枚の板から製材した板。

いちまつ【市松】
紺（黒）と白，または異なる色，違う材料を碁盤縞に並べた模様。「元禄模様」「元禄格子」ともいう。市松貼り＝板張りの床で方形の板を木目の方向を変えて碁盤縞に貼ること。

いちもんじ【一文字】
水平な一直線を示す言葉。

いちもんじだな【一文字棚】
一般の棚で「通し棚」のこと。

いっぽんもん（の）【一本物】
継がないで1本の材料から製材した柱など。

いとめじ【糸目地】
ごく細い糸のように見せかけた目地。

いとめん【糸面】
柱や部材の稜角を糸幅ように細く（かんな一筋）削ること。またはその部分。→おおめん（大面）

いも【芋】
板の木端面に枘を彫らずに接着剤で平付けにしたもの。

いもめじ【芋目地】
タイル，レンガ，石，コンクリートブロック，など縦目地が上下2段以上連続した目地。略して「芋」ともいう。

いりすみ【入り隅】
二つの面が角度をなして出合ってできる内側の隅。

いりわく【入り枠】
建具のつかない入り口部分につく枠。

いんご【一五】
1寸5分のこと。約45mm。同様に，1寸2分（約36mm）をいんに（一二），1寸3分（約39～40mm）をいっさん（一三）という。

ヴォールト天井【Vault】
アーチ型天井

うちのり【内法】
内側寸法。

うちもの【中物】
一室内の中央に敷かれている畳。人目によくつくことから周囲の畳より良い物が使われることが多い。畳職人用語。→側物（がわもの）

うつ【打つ】
墨出しの線を引くこと（墨線をつけること）を「墨を打つ」という。墨打ちに同じ。

うでき【腕木】
柱または梁などから持ち放しで出した横木。桁などを支えるもの。

うま【馬】
①わずかな高さを調整するときに挟む調整部材。スペーサー、または猫ともいう。②持ち運びができるように造られた4本脚の台。③歩み板や角材を載せて足場にする台。馬足場＝馬を2台並べて足場板を架けた足場。

うわぬり【上塗り】
左官工事、塗装工事、防水工事などで最後に塗る層、または塗ること。「仕上げ塗り」ともいう。

うわば【上端】
部材などの上の端の面をいう。「天端（てんば）」ともいう。

エイジング【Ageing】
仕上げ手法のひとつで、わざと古びた表情を作り出す仕上げ。古美仕上げ。

エレベーション【elevation】
立面図。直立投影面上の投影図。単にエレベーションと言う場合は、外観を示す立面図を指す。

インテリア・エレベーション【interior elevation】
展開図

えんこ
①縁甲板または縁甲板貼りの略。②車や機械が故障して動かなくなること。

えんこういた【縁甲板】
厚さ15～18mm、幅8～12cm程度の板で、長手方向の両側面を機械加工で本実決り（ほんざねじゃくり）したもの。床のほか壁、天井にも使われる。転訛して「えんこいた」ともいわれる。

おおかべづくり【大壁造り】
柱が表に現れないように造った壁の構造。

おおぬき【大貫】
木材の呼称で、「小幅板」とも呼ばれる。厚さ15～24mm、幅95～115mm、長さ3600mm、杉、檜、サワラ、エゾ松、赤松、米杉などがある。

オリエンテーション【Orientation】
建物などの方位。方位測定。指標。

おおめん【大面】
糸面に対し柱などにおいて大きくとってある面。「だいめん」ともいう。

おがみ【拝み】
破風板や垂木などのように、勾配のついた材を互いに町歩で出合わせること、またその組み方。

おぎ【男木】
木材の継ぎ手で、接合される2枚のうち枘や鎌（かま）などの突起を備えている方の材。枘穴のある方は「女木（めぎ）」という。また上下2段に重ねた場合の上方の材。

おくり【送り】
納品書。

おさまり【納まり】
部材の取り合い、取り付け具合をいう。また仕上がり、出来栄え。「納まりが良い」「納まりが悪い」などと使う。

おしぶち【押し縁】
板状の部材の継ぎ目を押さえ止めるために取り付ける部材。「おさえぶち」ともいう。

おちゃづけ【お茶漬け】
漆喰、コンクリート、モルタルなどが使用前に固まり始めたときに、これに水をかけて繰り返して使用すること。不正工事である。

おっつけ【押っつけ】
テキトーに取り付けること。押っつけ仕事＝その場限りのいい加減にする仕事。手抜き工事。「やっつけ仕事」ともいう。

おなま
普通レンガの1個の全形。JISでは21×10×6cm。縦に半裁にしたものを「羊羹」、さらに半分にしたものを（4分の1）「半羊羹」。長手方向を4分の3にしたものを「七五（しちご）」、横に2分したものを「半桝」という。

か

カットリレー【Cat Relay】
BGMと非常用放送のスピーカーを兼用したとき、非常放送設備が起動時にBGMやカラオケ装置などの音響設備を自動的に停止する装置。一般的にはカットリレー付きコンセントを使用して、アンプやカラオケ装置の電源を遮断する。

かいだか【階高】
スラブ上面（床面）から直上階の上面（床面）までの高さ。スラブ上面から直上階スラブ下面までを内法階高、スラブ上面から直上階梁下までを有効階高という

かえりしん【返り芯】
建築現場で柱や壁の通り芯を、正しい位置に墨が打てない場合に、左右上下に一定の寸法を離して打つ芯。「通り芯○mm返り」などと使う。つまり○mm返ると通り芯位置となる。返る方向を矢印で示す。

かがみいた【鏡板】
板壁、建具、天井、家具などで、枠や框の中に嵌め込まれている一枚板、あるいは一枚板でなくてもはぎ目が分からない板。框や格縁などの間にはめ込んだ平滑な板のこと。鏡戸＝桟を使わず周りの框枠の内に鏡板を嵌め込んだ戸。

かきのぼり【掻き登り】
1本の丸太に桟木などで足がかりを打ち付けた梯子。あまり高くないところに昇るためのもの。普通の梯子のこと。

かけや【掛け矢】
杭などを打つときに用いる大きな木槌。「大槌」「かきや」「八助」ともいう。

かさぎ【笠木・蓋木・衡木】
①パラペットなどの天端の雨仕舞いにつける横木。②手摺りの横木。

かさねめじ【重ね目地】
石積み、レンガ積みなどの横目地。

かしら【頭】
職人の親方。特に鳶職の親方をいう。

かたながれ【片流れ】
一方向に勾配を取ってあること。

かね【矩・曲】
①直角のこと。②大工道具で直角を求める道具。矩尺の略。

店舗設計製図講座｜資料　知っておきたい店舗設計・施工に使われる
実戦的専門用語＆現場用語

かねおり【矩折り】
直角に曲げること。「かねのて」と同義語。

かねざし【矩指し】
矩尺と同じ。

かねじゃく【曲尺、矩尺】
長枝と短枝とからなるL字型の物指し。長さを測り、直角をつくり、仕口その他の墨掛けをするためのもの。墨矩（すみがね）、指矩（さしがね）、矩指、曲・矩（かね）、曲矩（まがりかね）、まがり、鉄尺などともいわれる。

かねのて【矩の手】
曲尺のように直角に曲がっていること。「矩折り」ともいう。

かねをまく【矩を巻く】
直角線を出すこと。

かます
差し込むこと。

かゆみ【痒み・加弓】
菱形に歪む程度を表す。

がら【殻】
コンクリート、レンガ、石などを壊した屑のこと。

からい【辛い】
鋼の質が硬いこと。

からづみ【空積み】
石、レンガなどをモルタルなしで積むこと。

からねり【空練り】
水を混ぜないでコンクリートやモルタルの原料を練り混ぜること。

がわげた【側桁】
階段の段板を両側で支える板材。

がわもの【側物】
一室内の敷居、または壁よりに敷いてある畳。畳職人用語。→中物

カンカン
石油缶のこと。

かんかん【貫貫】
重さ、または重さを量ること。

がんど
鋸（のこぎり）の方言。

きうら【木裏】
板目材で樹心に近い側。木表より堅く光沢があり乾燥に対して縮みが少ないが、木目は木表より悪い。

きおもて【木表】
①板目材で樹皮に近い側。木目は木裏より美しく、塗装にも適している。②板において傷の少ない側。

きごておさえ【木鏝押さえ】
左官用具の木鏝で塗面を均し押さえること。表面はザラザラになり、主にタイルや京壁の下地に用いられるが、仕上げとする場合もある。

きざむ【刻む】
木材を必要寸法に加工すること。

きじしあげ【生地仕上げ】
木膚を活かした仕上げ。

きずり【木摺り】
漆喰などの塗り壁を支持させるための幅の狭い貫（ぬき）をいう。

きづもり【木積もり】
工事に要する木材の数量、寸法などを設計図により調べ集計すること。「木拾い」ともいう。

きどり【木取り】
木材を加工するために必要な部材に分割し、必要寸法の板や角材がどれほど取れるか調べること。

きもいり【肝煎】
職人の世話役。

きもん【鬼門】
東北の方向。その反対（西南）を「裏鬼門」という。

きやすり【木鑢】
木工用の鑢（やすり）。木材面を研削する。

ぎゃくスラブ【逆スラブ】
スラブが梁の下端に位置する。天井面に梁形が現れるのを避ける場合に用いられる。飲食店を設計するときには、梁下を設備・配管スペースとして利用できるメリットがある。

きよせ【木寄せ】
①木表と木裏、心と背、木目などを組み合わせること。幾何学模様やパターンを扉や甲板表面に創出する。②使用する木材の数量を設計図によって算出すること、またそれを記したもの。＝木積もり。

きりかえし【切り返し】
コンクリート、モルタルなどをまんべんなく混ぜるための練り合わせ方。一方向から多方向に繰り返し混ぜること。

きりづかい【切り使い】
長い木材を無駄の無いように必要な長さだけ切って使うこと。「切り回し」ともいう。

きりめん【切り面】
方形の材木の隅角部を45°に切り落とした面。平鉋によって面取りしてできた面。「きれめん」ともいう。

きりん
ねじの回転により重量物を上げる工具。スクリュージャッキのこと。

きわり【木割り】
建築各部の比例、大きさを決定する手法、システム。

くぎじまい【釘仕舞い】
一度使用した材料、解体した材料から、打ち込まれて残っている釘を抜き取ること。

くされぶし【腐れ節】
節の腐った材。木材の欠点の一つ。

くせ【曲】
材料の歪み。曲がったり捩れている様子をいう。曲物＝曲がっている材、捩れている材。「まがりもの」ともいう。

ぐのめ【互の目・紹の目・五の目】
「ごのめ」ともいい、サイコロの五の目からの転。千鳥状、斜め配置をいう。

くみ【組】
自分の所属するする会社のこと。あるいは下請け業者が元請け業者を指していう。組員＝元請け業者の社員、現場員。「組の人」ともいう。組下＝下請け業者。

くみこ【組子】
格子や建具を構成している細い材。通常、建具では桟よりやや細い材をいう。

くみて【組み手】
部材と部材を組み合わせるときの組み合わせた箇所、またはその方法。

くみてつぎ【組み手接ぎ】
家具仕口の方法。板材を組むとき互いの部分を欠き取って組み合わせ、各所の角度に接合

長さの単位（関東間による）

尺貫法	メートル法
1厘	0.3mm
1分＝10厘	3.03mm
1寸＝10分	30.3mm
1尺＝10寸	303.0mm
1間＝6尺mm	1818.0mm
1丈＝10尺	3030.0mm
1町＝60間	約109m
1里＝36町	約3927m
3尺3寸3分	約1m

面積・体積の単位

尺貫法	メートル法
1坪＝1歩（曲尺で6尺平方）	3.3m²
1畝＝30歩	1a＝99.17m²
1反＝300歩（坪）	10a＝991.7m²
1町＝10反（坪）	99.17a
錦などの高価な織物、写真や金属板などの面積単位	
寸坪＝1寸×1寸	約9cm²＝約30mm×約30mm
尺坪＝1尺×1尺	約900cm²＝約300㎜×約300mm
立坪（りゅうつぼ）＝6尺×6尺×6尺	約6m²

する方法の総称。

くらわたし【倉渡し】
材料の保管場所で引き渡すこと、またその契約をいう。使用場所までの運搬費用は購入者が負担する。「置き場渡し」ともいう。

くりぼう【繰り棒】
断面が丸くなるように挽いた棒。

くろパイプ【黒パイプ】
亜鉛メッキしていない鉄管

けがき【罫書き】
加工しようとする材に、基準となる線や点を記すこと。

けしょう【化粧】
見え掛かりの部分、または材。装飾的彩色や繰り形を加えたものと加えないものがある。構造材に対して装飾材一般をいう。化粧板、化粧垂木、化粧柱、化粧梁、化粧目地など。

けずりぼう【削り棒】
平らな鈍い刃が先端についた工具。型枠についたコンクリート屑、床に着いたモルタルなどの除去に使う。「けれん棒」ともいう。

けびき【罫引き】
主に建具職または指物職が用いる木材面に筋をつけたり、切り込みをつけたりするための工具。筋罫引き＝木材に平行に筋をつけるのに用いる。割罫引き＝薄板や軟材に筋状の切り込みをつけ、引き割ったり欠き落としに使う。鎌罫引き＝溝の内に筋をつけるために使う。

ケレン
①古いペンキなどを落として素面を出すこと。②使用済みの型枠材、床、壁、天井などに付着したモルタル滓などを除去すること。

けんじゃく【検尺】
寸法を測ること。

げんぞう【眼象・現造】
柄をつけない仕口で、突き付けにして組み、釘打ちで留める。粗雑な仕事を指す。

けんどん【倹鈍】
上下あるいは左右の溝に戸または蓋を嵌め込む建具の納め方

げんぺい【源平】
杉材において心材（赤み）と辺材（白太）が入り交じっているものをいう。用材に統一が取れていない場合、気配りがなされていない造作を揶揄していう。

こあがり【小上がり】
和食店などで、通路から直接座敷席などに上がるように設けられた客席。

こいた【甲板】
テーブル、カウンターなどの天端板。「天板」ともいう。

こうおつばり【甲乙梁】
木造床の大梁の間に直角に渡す小梁。略して「甲乙」あるいは「こうつばり」ともいわれる。

ごうはん【合板】
原木を薄く剥いたもの（単板＝Veneerベニヤ）を乾燥させ、奇数枚の単板を繊維方向（木目方向）が交差するように積み重ねて接着剤で貼り合わせて1枚の板にしたものをいう。天然木化粧合板＝突き板板を合板に貼ったもの。ポリ化粧合板＝合板にポリ塗装をしたもの。プリント化粧合板＝木目や絵柄プリント紙を合板に貼ったもの。塩ビ化粧合板＝塩化ビニールを合板に貼ったものをいう。

こかべ【小壁】
幅の狭い壁。

こく【石】
木材量を示す単位。10立方尺を1石とする。30×30×300cmの体積。0.27m²を1石とする。

こぐち【木口】
木材の端部。木材の繊維方向に直角の横断部の端面。

こぐち【小口】
レンガやコンクリートブロックの長手方向に直角の面

こざしき【小座敷】
4畳半以下の座敷。

こする【擦る】
少し削ること。

こそば【小傍】
小さいものの側面。

こて【鏝】
左官材料の塗り付けや仕上げなどに用いる道具。木鏝、金鏝、プラスチック製や動力で回転する鏝もある。用途に応じた寸法、形状のものが多数あり、それぞれを示す名称も多い。

こていた【鏝板】
左官材やパテなどを塗るときに練り混ぜた材料を載せるための板。持ちやすいように握りや柄がついている。この板の上で材料をさらに練ったり、塗り付けた材料のこぼれるを受けるのにも利用する。大きさは30cm角程度。

ころし【殺し】
①不要になったものをそのままにすること。配管、配線を途中で切って閉塞、絶縁したままにすること。「その配管は殺していいよ、後で埋めるから」　②動かさず固定すること。嵌め殺し窓など。

こまがえし【小間返し】
格子の組子などで、材の幅と空きを同じにした組み方。小間返し連子格子戸＝格子戸の見付け寸法と空きが同じ格子戸。

ころび【転び】
柱などの傾きをいう。半転び＝柱頭を基準に柱下が直径あるいは柱幅の半分ほどずれている状態。

さ

ざいこういっしき【材工一式】
材料費、工賃合わせての費用。元請け、下請け間の契約に「手間請負」と「材工持ち請負」がある。材工持ち請負＝材料と手間（工賃、施工費）の両方を持って請負施工すること。手間請負＝材料は元請けから支給され手間のみの請負。

さげすみ【下げ墨】
①垂直線のこと。②下げ墨縄の略。大工が墨糸を垂直下げて柱などの傾斜の有無を見定めること。「下げ振り」ともいう。

さげふり【下げ振り】
垂直を調べる道具。糸の先端に逆円錐形の重りがついている。

ささらげた【簓桁】
階段の段板を下側から支える登り桁。

さし【指し】
物指し、スケールのこと。

さしがね【指矩・指金・指金】
「かねじゃく」に同じ。

さしね【指し値】
取引価格を指定しての値段。

店舗設計製図講座｜資料　知っておきたい店舗設計・施工に使われる

実戦的専門用語＆現場用語

ざつざい【雑材】
①正規の規格から外れた材料。②使い物にならない材料。「雑物」「端材」ともいう。

ざっぱいすい【雑排水】
厨房からの排水。

さぶろく【三六】
尺貫法による3尺×6尺の呼称。三六板＝合板の標準品で3尺（91cm）×6尺（182cm）のもの。

ざんざい【残材】
施工完了後に現場に残った材料。

しきとう【敷きとう】
レンガ、石などを据えるときに敷くモルタルをいう。

しきばて【敷きパテ】
建具にガラスを嵌め込むとき馴染みをよくするために框や桟に敷く少量のパテ、および敷き込むことをいう。

しこむ【仕込む】
①嵌め込むこと。差し込むこと。②材料の手配、調達をすること。

したうけ【下請け】
元請け業者を注文者とする請負業者。職別業者、設備業者の場合が多い。「下請負」「下請負人」を略して下請け。

したかた【下方】
下請けと同じ。常用またはこれに準じるものに限って指す場合が多い。

したじ【下地】
仕上げ材のすぐ下の造作材。仕上げ施工を行うその素地に当たる部分で、「地」ともいう。

したば【下端】
部材の下部の面。梁、桁などの下面。

しはち【四八】
尺貫法の4尺×8尺の呼称。四八板＝合板の標準品4尺（122cm）×8尺（243cm）のもの。

しぶいた【四分板】
厚さ6～8mm、幅12～30mm、長さ180mmの板。杉、エゾ松、米杉、サワラ、檜などがある。

しぶいち【四分一】
①材を4分の1にしたもの。②4分（12mm）に削った材。

じまつり【地祭】
地鎮祭のこと。

しまり
①閉まり＝建具などの開閉の出来具合。②締まり＝塗装工事、左官工事にあって表面が乾ききった状態。または乾燥硬化していく状態。「締まりが早い」など。

しゃっかく【尺角】
1尺角（30.3mm）の板材。床仕上げ用タイルなどの標準的な大きさ。

しゃくり【决り】
板などを接合するために欠き取って作られた溝や突起。欠き取って溝や突起を作ることを「决る」という。

しゃぶい
塗料を溶くための溶剤を入れすぎた状態。

しょうわり【正割】
厚さ7.5cm未満で幅が厚さの4倍未満のなかで横断面が正方形の挽き割り材。

しらき【素木・白木】
塗装されない生地のままの材。

しろぱいぷ【白パイプ】
管の内外面に亜鉛メッキをした鉄管。

しん【心・真】
中心・中心線・中心面。柱心々3mとは柱の中心間が3mということ。

しんかべ【真壁】
壁を柱と柱の間に納め柱が外面に現れるようにした壁。

しんざい【心材】
樹心に近い木材。その色から「赤み」「赤」ともいわれる。

しんずみ【心墨】
柱や壁の通り心を示す墨で引いた線。

すえくち【末口】
丸太の細い方の先端。立木の時の上方の先端。元の方は「元口」という。

すてばり【捨て貼り】
①中空パネルなどのそりや暴れを防ぐため裏面に表面材と同質の部材を貼り付けること。またその部材。②防水層の下に緩衝材として貼り付ける部材。③下地材の下（裏面）に補強するために貼る部材。

すみ【隅】
隅角部のこと。

すみうち【墨打ち】
墨糸で木材やコンクリートに直線の墨をつけること。

すみだし【墨出し】
①仕上げ作業のため壁、柱、床、天井などに墨で中心線や幅、什器の位置、仕上げ面の位置を原寸で示すこと。②その部材に取り付く相手材の位置、寸法を印したり継ぎ手、仕口を加工するために線を引きこと。「墨打ち」「墨付け」ともいう。

すみつぼ【墨壺】
大工、石工が直線を引く（出す）のに用いる道具。

せ【背】
①正面の反対側。反りのある板材の凸面側。凹面側は「腹」という。②椅子の背もたれ。

せい【成・背・丈】
桁、梁、石などの長さに対して、下端から天端までの垂直距離。

せいた【背板】
①丸太から板あるいは角材を挽き取った残りの部分。②補強のために裏側に取り付ける板。③椅子の背もたれの部分。

せきそうざい【積層材】
単板の繊維方向を平行にして積み重ねて作った材。狂いが少なく、長大な材が得られる。挽き板を積層したものを「集成材」という。

せつぱん【折版】
平板を折り曲げた材、またその形状に作られた材。

せみ
滑車のこと。「せび」ともいう。

せわり【背割り】
丸太や角材の背にあらかじめ樹心に近い達する鋸目を入れ、これに一定間隔で楔を打ち込み乾燥して他の部分に割れが入るのを防ぐ方法。背割りした側は見え隠れに回して使用する。

ゾーニング【Zoning】
一つの敷地あるいは建物の中を、用途によっ

て複数の区域に分けること。店舗にあってはエントランスゾーン・アプローチゾーン・客席ゾーン・厨房ゾーンなどがある

そ
職人の符牒で「4」のこと

ぞうがん【象眼、象嵌】
金属や木材、陶磁器などの面に模様を刻んで同種または異種材をはめ込む技法。

ぞうきんずり【雑巾摺り】
壁と床板の取り合い部分に設けた細い板。「幅木」「雑巾留め」「箒（ほうき）摺り」ともいう。

そでかべ【袖壁】
①建物から外側に突出して設けられた幅の狭い壁。②目隠しなどの目的から設けられた幅の狭い壁。

そとのり【外法】
一方の外側から他方の外側までの距離。厚みを含めた外側の寸法。

ぞろ
表面が同じ高さのこと。「さすり」「つらいち」ともいう。

そんりょう【損料】
施工上必要な材料、機械で、その工事に負担させる費用。一種の使用料。レンタル費用など。「工事が延びると、機械の損料が増える」

た

だいくのふちょう【大工の符牒】
数に関する符牒として1～9までを「本・ろ・つ・そ・れ・た・よ・山・き」という。18は「本山」、25は「ろれ」という。

たいこばり【太鼓張り】
枠の両面に板や和紙などを張り、中空の造作を造ること。襖やフラッシュのほか、間仕切り壁（木造下地、軽鉄下地）の両面にプラスターボードを張るなど。略して「太鼓」ともいう。

だいし【台紙】
タイル張りの施工がしやすいように、タイルに貼り付けるシート状、ネット状のもの。「表貼り」と「裏貼り」がある。表貼り台紙はタイルの貼り付け後は剥がすもの。裏貼り台紙は施工のときそのまま埋め込むもの。

たいるごしらえ【タイル拵え】
タイルを現場寸法に合わせて切断、加工すること。

たすき【襷】
桟などを斜め十文字に交叉させること、またはその材。装飾または補強のためのもの。

たたく【叩】
①仕事を粗雑にやること。「叩き仕事」②値切ること。「下請けを叩いて予算内に納める」③石の仕上げ方。「小叩き」「ビシャン叩き」

たっぱ【建端】
高さのこと。トップ、てっぺん、最上部、上端、階高、軒高。「ずいぶん、たっぱ（階高）のある現場だ」 転じて身長のこともいう。

たてかた【建方】
壁、階上床、屋根などの主要構造、骨組みを組み立てること。

たてしげ【竪繁・縦繁】
障子や格子などの竪の組子を普通の間隔より狭く密に組んだもの。「束障子」。横に密に組んだものは「横繁」という。

たてつけ【建て付け】
建具の吊り込み状態。建具と竪枠、柱や方立てとの接触面の正確度。建て付けが悪い＝建具と柱の間に隙間が出来たり、スムーズに動かない状態。

たてつぼ【建坪】
建築面積の一般用語。面積を平方メートルではなく坪単位で表現。

たてまえ【建前】
①棟上げ、上棟式のこと。柱、梁などを組み立て、その上に棟木を上げること。またその式。②表向きの方針、考え。「立前」とも。

たに【谷】
①屋根の二つの流れが会するところに出来る溝形の部分。②二つの傾斜材が会して出来る溝、凹部分。凸部分を「山」という。

だんいた【段板】
階段の踏み板のこと。

だんうら【段裏】
階段の傾斜した裏側のこと。だんうらいた（段裏板）

だんごばり【団子貼り】
タイルやレンガ、石板などの接着面にモルタルを団子状に押しつけて貼る工法。

たんざく【短冊】
短冊状の長方形。

だんち
①高さが不揃いのこと。②仕上げの出来栄え、持ってる技量に格段の差があること。「段違い」の略。

だんちがい【段違い】
①上端が不揃いのこと。②水平の不同のこと。

だんどり【段取り】
工事が円滑に着手、進行できるよう、事前に工事工程に基づいて順序よく計画、準備、手配すること。

だんどりがえ【段取り替え】
作業の準備を場所や方法について変更すること。一つの段取り替えが、他工事に影響する場合があるので注意が必要。

だんどりはちぶ【段取り八分】
工事の出来栄え、作業の成否は、段取りでその8割がた決定されるという意。

たんぶ【端部】
材の先端部分。

ちからいた【力板】
襖の骨組みの四隅に取り付けた補強用の板で「燧板（ひうちいた）」ともいう。転じて主構造材を補強する補助材をいう。一般に「力木」「力骨」「力縁」などの「力」は補強材の意味を持つ

ちせき【地積】
土地の面積

ちどり【千鳥】
ジグザグ形の配置。左右互い違いに並んでいる様。

ちばん【地番】
土地台帳に登記されている土地の1筆ごとにつけた番号。以前は地番を住居表示に使う慣習があったが、不完全なので、市街地の住居表示には別に住居番号を用いることになった。

ちゃんぽん
①互い違いのこと。②2材、または異質の材を混ぜて使うこと。

店舗設計製図講座｜資料　知っておきたい店舗設計・施工に使われる

実戦的専門用語&現場用語

ちょうば【丁場】
工事場，または砂利，石などの採集場。

ちょっかん【直管】
曲がりのないまっすぐな管。

ちり【散り】
①二つの平面間の差を表す総称。壁面から柱や枠が凸形に出ている場合，その凸形の出の寸法をいう。「柱ぢり」「枠ぢり」などという。また家具などで甲板が側面から出たり，引っ込んだりしているとき，その部分の出や引っ込んだ部分の寸法。ただし，見かけ上わずかな寸法では「ちり」というが，他の部分と比して大きな場合は「ちり」とはいわず「出の寸法」という。②真壁の柱外面と壁面との距離。

つきいた【突き板】
語源は突いて削り出した薄い板（単板）。下地材として用いられる合板とは異なり，突き板は表材として使われるためグレードが高く，見栄えの良い高級材が使われる。厚みは，薄突きが0.2mm〜0.25mm，厚突きが0.55mm〜0.6mm。

つきつけ【突き付け】
ほぞなどの継ぎ手加工を施さずに材を付き合わせて，隙間の無いように面と面をぴったり付けること。補強のため釘打ちをする場合，金物や木材の沿え板を用いる場合，接着剤を使う場合もある。

つの【角】
出っ張っている様。突起物。

つぼ【坪】
尺貫法による面積の単位。3.2m²。おおよそ畳2枚分の広さ。

つま【妻】
すべてのものの端，先端。建築の場合は特に棟と直角の側面をいう。戸袋，出窓の側面。

つまいた【妻板】
側面の板。引き出しの側方の板。戸袋，出窓などの側方の板。

つら【面】
表面のこと。「仕上げづら」などと使う。

つらいち【面一・面一致】
つらは表面，いちは同一の意味。複数の部材の表面が食い違うことなく平らにそろっていること。

つりこみ【吊り込み】
建具を取り付けること。

つりもと【吊り元】
扉などの丁番，軸吊り金物が取り付く側。

つんこ
一つの材を他材に取り付けるときに，工作することなく面づけにすること。

で【出】
他の部分より飛び出ている様。

であい【出合い】
2方向から来てぶつかるところ。

であいちょうば【出合い丁場】
同じ敷地または同じ現場内に，2人以上の請負人や同じ職種の下請け人が重複して仕事をする工事現場。

ていた【手板】
①塗装見本に使う板。②現場用に職人が板に平面，伏せ図，納まりを描いた板。

てかけ【手掛け】
建具の開閉で指（手）を掛けるところ。什器などの移動のときに指（手）を掛けるところ。

ですみ【出隅】
二つの面が出合って出来る外側の隅（角）。

てすりこ【手摺り子】
手摺りを支持する束材，竪子。「手摺り束」ともいう。

てちがい【手違い】
人工，材料などの手配を間違えること，また狂うこと。

てっぽう【鉄砲】
エアハンマーのこと。

てぬき【手抜き】
作業をいい加減にすること。

でばな【出鼻】
突出部分をいう。

てま【手間】
工賃。大工手間，左官手間などと使う。

てもと【手元】
職人の手伝い人足。

てんいた【天板】
①テーブルやカウンターなどの上面の板。「甲板（こういた）」。②天井板。天井に貼る仕上げ材。

てんだか【天高】
天井高のこと。床上端から天井面まで，または上階スラブ下面までの高さを指す。

てんち【天地】
縦寸法のこと。

てんば【天端】
上端のこと。

とあたり【戸当たり】
①開き戸を閉じた場合，扉が行き過ぎないように枠や方立てに取り付けられた部材の総称。②引き戸を閉じたとき戸の当たる柱や建具枠の見込み面。戸当たり金物＝扉が開いたとき，壁や建具に当たらないよう取り付ける金物。幅木や床に取り付けるもの，鴨居や建具に取りつけるものがある。

といめん【対面】
向かい側のこと。

とうま【等間】
等間隔のこと。

どかづけ【どか付け】
左官工事で，一度に厚く塗り付けること。後でひび割れ，剥落を起こす。手抜き工事の一つである。

とじゃくり【戸決り】
柱または枠の建具の当たる部分を決ってつけた溝，また決ること。

とめ【留め】
仕口の一つで，木口を見せない継ぎ方。接合する角度の中心に継ぎ目をつける。接合の仕方により，さまざまな名称がある。

とろ
モルタルや漆喰などを水で練ったペースト状のもの。「あま」ともいう。

どんづけ
留め継ぎにしないで平面で取り付けること。

な

ないへき【内壁】
建物内部の仕切り壁。「間仕切り壁」ともいう。

なかつぼ【中壺・中坪】
中庭のこと。

ながて【長手】
材の寸法の長い側。

ながもの【長物】
寸法の長い材をいう。

なく【泣く】
①塗装工事で、下塗りの色が上塗りの塗膜に染み出てくること。②同、塗料が乾燥するまでに塗膜の一部が流れること。③価格の取り決めで値引きさせられること。

なぐり【名栗】
材の表面を釿（ちょうな）で斫（はつ）って仕上げること、また仕上げのこと。

なげる【投げる】
①仕事を放棄すること。②仕事、あるいはその一部を他の業者に請け負わせること。

なじみ【馴染み】
材と材、下地と仕上げの折り合い、具合。馴染みが良い＝建具などの動きがスムースなこと。

なでる【撫でる】
丸みを付けること。

なめる【舐める】
極く薄く削ること。

なわばり【縄張り】
敷地に建物の位置を定めるために縄を張ること。

にいごかく【二五角】
2寸5分（75mm）角の材。

にぎりだま【握り玉】
開き戸の取っ手の握り金物。金属製、ガラス製などがある。

にげ【逃げ】
納まりのための部材の位置関係の余裕。部材の製作、取り付けにあたっての誤差に対しての調整幅。

にんく【人工】
作業に必要な職人の人員数。

ぬりしろ【塗り代】
塗り上げる厚さ。塗ろうとしている厚さ。

ねこぐるま【猫車】
コンクリートや土砂運搬用の一輪車。箱の前部に車輪が1個あり、後部の2本の柄で押していく車。縮めて「ねこ」ともいう。容量は50～70リットル。

ネゴ（ネゴシエーション）【Negotiation】
見積金額などについて発注者と受注者とが話し合うこと。転じて、関係者が話し合って「うまく切り抜ける」「根回し」を指す場合もある。

ねむりめじ【眠り目地】
目地が密着して、ほとんど隙間のない目地。「盲目地（めくらめじ）」ともいう。

ねりつけ【練り付け】
薄く剥いだ化粧板、プリント板などを下地板に接着剤で貼り付けること。

ねりもの【練り物】
練り付けをした板。

ねんたつ【念達】
念を入れて知らせること。転じて、トラブル回避のため現場の周辺、近隣に挨拶に回ること。

のうてん【脳天】
頭の頂部。転じて上部、上端をいう。

のうてんうち【脳天打ち】
材の上端から釘打ちすること。造作工事では粗雑な手法と見られる。

のづら【野面】
①屋外。②切り出したままの石材の表面、または挽き割ったままの板材。「野面石」「野面仕上げ」

のみこみ【呑み込み】
2材を組み合わせるとき、取り付ける材が相手のほぞや決りに入り込んで見えない部分をいう。

のり【法】
①傾斜の程度を表す。②長さの意味。「内法」「外法」

は

ハートビル法
（高齢者、身体障害者等が円滑に利用できる特定建築物の建築の促進に関する法律）高齢者、身体障害者などが利用しやすい建築物の整備に関する法律。学校、病院などの公共施設はもちろん、一定規模以上の商業施設、店舗なども対象。対象となる建築物を新築、増築、用途変更するときは、通路や階段等の特定施設を高齢者や身体障害者等が領しやすいように整備しなければならない。バリアフリーの整備をしなければならない場所は、廊下、階段、傾斜路、便所、敷地内通路、駐車場、出入り口、昇降機など。飲食店舗の対象規模は500m²以上。

バイブレーション仕上げ【Vibration Finsh】
ステンレス材などの表面仕上げのひとつ。繊維状の研磨材で、金属の表面に方向性のない螺旋状のヘアラインつけたもの。無方向性ヘアラインともいう。

バリューエンジニアリング【VE=Value Engineering】
予算オーバーなどで仕様落としをして価格的に適合する素材に変更する案（VE案）を提起すること。一般に、製品やサービスが果たすべき機能や性能を低下させることなく合理化を行い、製品や素材のイメージとコストとの対比により得られる価値を向上させる手法である。

ばかじょうぎ【馬鹿定規】
現場製の簡単な物指し。「馬鹿棒」単に「馬鹿」とも。

はかま【袴】
什器などの腰下を隠す板。「スカート」ともいう。

はしらがた【柱形】
壁面から突き出して設けられた柱状のもの。

ばたいた【ばた板】
ばら板に同じ。

ばっちり
開き戸に取り付ける締まり金物の一種。「玉握り」「キャッチ」「キャッチャー」ともいわれる。

ばらいた【ばら板】
幅の不揃いの板。

はつり【斫り】
ノミやタガネで石やコンクリートなどを削り取ること。

ばり
鉄材などの切り口のガサガサしているもの。鋳物やコンクリートで型枠からはみ出た不要突起物。

店舗設計製図講座｜資料　知っておきたい店舗設計・施工に使われる

実戦的専門用語＆現場用語

ばんせん【番線】
型枠工事，足場工事に使用される8〜10番の針金。転じて，結束などに使用される針金などをいう。

ひらかく【平角】
正方形のこと。

ひろう【拾う】
図面や仕様書から材料の種類や数量を算出すること。「拾い出し」ともいう。

ぴんころ
塗装工事で1回仕上げのこと。2回塗りを「りゃんこ」という。

ピンコロ石
1辺45〜90mm程度の斑岩や花崗岩を加工した小舗石のこと。

ピンホール【pinhole】
①細孔のこと。②塗膜欠陥の一つ。塗装中に水分，空気が入りできた細孔突起。塗膜剥離を起こす原因となる。③タイル，衛生陶器の0.3〜1.5mmの釉薬の無い部分。④木材における小さな虫食い穴。⑤溶接部に残った微少なガスの空洞。

ふかす
①生石灰を水に溶かすこと。②セメントを袋から転容器に入れること。③隙間が空かないよう仕上げ面や仕上げ線を若干大きくすること。

ふける
①セメントや石灰が湿気を含み使い物にならなくなること。②床下など湿気により部材が腐ること。③無断でいなくなること。行方をくらますこと。

ふしん【普請】
工事のこと。

ふたつわり【二つ割】
部材を等しく2分すること。3等分を三つ割，4等分を四つ割という。

ふちょう【符牒】
その業界，専門分野での隠語。「大工の符牒」参照。寿司屋の数の通り符牒／1＝そく，よろず，ピン，2＝ぶり，ののじ，リャン，3＝きり，げた，4＝だり，5＝め，メノじ，がれん，6＝ろんじ，7＝せいなん，8＝ばんどお，9＝きわ，10＝丁（ちょう），100＝にんべん，1,000＝けた。げめ＝35，350，3,500，35,000。そくだり＝14，140，1,400，14,000。めなら＝55，550，5,500，55,000（メのじの並び）

ふところ【懐】
囲まれた内側の部分。天井懐＝天井と床裏の空間。天井裏。

ふりく【不陸】
水平でないこと。面が平らでないこと。「ふろく」ともいう。

べろ
他の部分より突き出しているところ。

へんざい【辺材】
樹皮に近い部分の木材。「白太」ともいう。

ほいとこ
跳ね上げ，滑り出し窓や扉の建具金物。

ほうずだたみ【坊主畳】
縁無し畳のこと。

ほぞ【枘】
木材，金物，石材等の2材を接合するために設けられた突起。

ほぞあな【枘穴】
ほぞを差し込む穴。

ほぞつぎ【枘継ぎ】
ほぞとほぞ穴で継ぐ方法。

ま

ま【間】
間隔のこと。

まえいた【前板】
家具の引き出しなどの前面の板。

まがりもの【曲がり物】
曲がっている木材。

まくら【枕】
長い他材を受けるために，直角に据えられた短い部材。

まさ【柾】
柾目のこと。

まさいた【柾板】
柾目の板。

ます【桝】
排水用の溝桝。または排水溝の合流点，分岐点，起点をいう。

みえがかり【見え掛かり】
目に見える，露出している建築部材の部分。

みえがくれ【見え隠れ】
隠れていて目に見えない建築部材の部分。

みがく【磨く】
または「磨き」。材料の表面を研磨して光沢を出すこと。塗装，金属，石材などに使われる仕上げ方。磨き程度によりさまざまな名称がある。石材＝水磨き・本磨きなど。

みきり【見切り】
①仕上げの終わる部分。②仕上げの異なる境の納まり，また納め方。

みこみ【見込み】
建具などの部材の奥行き寸法。

みず【水】
水平のこと。水平または垂直の墨。

みずいと【水糸】
水平を示すため，またはチェックするために使う糸。

みずをだす【水を出す】
水平の線を引くこと。

みずこうばい【水勾配】
水を流すために付ける勾配。

みつけ【見付け】
建具や家具の正面部分。「見付き」ともいう。

みみ【耳】
角材などの両端で不要な部分。

むく【無垢】
真物（まもの）であること。練り物，張り物でなく心まで一つの材で出来ているもの。

むねあげ【棟上げ】
上棟のこと。

めあらし【目荒し】
下地表面を荒らして凹凸を付けること。モルタルや漆喰の表面を荒らして仕上げ材のくい付きをよくする。

めぎ【女木】
木材の凹状のある材。凸状の材を男木（おぎ）という。また上下2段に重ねた場合の下段の材をいう。

めくら【盲】
①隙間や開口部のない様。「盲連子」「盲窓」。②細かくて隙間のない様。「盲目地」。③隠して見えなくすること。

めじ【目地】
部材の接合端の線状部をいう。

めしあわせ【召し合わせ】
扉や引き分け戸の2枚が会うところ、およびその部分。

めすかし【目透かし】
板などを張るとき少しずつ隙間を空けて張ること。

めちがい【目違い】
①2枚の材を継ぎ合わせたとき目地が食い違っていること。②継ぎ手や組み手部分で、捻れを防ぐために設ける突き出し部分（目違いほぞ）と、それを受ける穴（目違いほぞ穴）をいう。

めつぶし【目潰し】
表面の隙間をふさぐこと。

めづもり【目積もり】
図面を見て大体の工事費を割り出すこと。

めん【面】
角材の角を削った部分。

や

やくもの【役物】
①瓦、タイル、レンガなどで標準型以外の形状の製品。コーナー品など。②木材で上級品のもの。

ようじょう【養生】
①工事箇所の保護の意。塗装や左官工事で工事箇所の周辺、仕上がり面を保護すること、また塗装材、左官材が飛散、落下してもよいように周辺をシートなどで覆い保護すること。また材や建具、製品の搬入時に傷を付けないよう互いを保護すること。②工事現場の危険防止。

ら

ろく【陸】
「りく」ともいう。水平のこと。面が平であること。

わ

わらう【笑う】
①材の接合部に隙間が出来ること。造作工事などで仕口、継ぎ手が乾燥により隙間が出来ること。②塗装工事で、下塗りと上塗りの馴染みが悪くところどころに凹部ができること。「笑ってるところをダメが入る前に直しておく」

略号

AD【Aluminiumi Door】
アルミニウム製ドア

AD【Air Diffuser】
空調用の空気吹き出し口

AEP【Acrylic Emulsion Paint】
アクリル系エマルジョン塗料、塗装の総称。

EP【Emulsion Paint】
合成樹脂エマルジョン塗料、塗装の総称。

DS【Duct Space】
空調、換気のためのダクトを内蔵するための空間。建物の縦方向と、天井などの横方向がある。

DW【Dumb Waiter】
料理や小荷物などの上下運搬に使用される搬送設備。有効床面積1m²以下、有効高さ1.2m以下（建築基準法施行令129条の3）。リフト（Lift）ともいう。

EPS【Electric Pipe Shaft】
電気設備、通信設備用の配線、配管の専用スペース。ケーブル・シャフト（Cable Shaft）ともいう。

FB【Flat Bar＝フラットバー】
平鋼。肉厚の薄い帯状鋼材。小型、中型、大型に分類され、厚さ6〜30mm、幅25〜300mm。

FL【Floor Line】
床仕上げの基準となる標準床仕上げ面

FL【Fluorescent Lamp】
蛍光灯。放電現象によりガラス管内で発生した紫外線が、ガラス管内壁に塗布された蛍光塗料を刺激し発光するランプ。白熱電球と違いランプを安定して発光させるための安定器が必要である。

GL【Ground Line】
建物が接している地盤面。立面図、断面図の標準地盤面を示す線。

HL【Hair Line Finish】
ヘアライン仕上げ。ステンレス鋼の表面仕上げの一種。表面に極微細な筋目をつけて艶を消した仕上げ。溶接部分を消すことにも役立つ。

LGS【Light Gauge Steel】
厚さ1.6〜4.0mm程度の薄肉の軽量形鋼。溝形、山形、Z型などがある。小型建築物の構造材に使われるほか、インテリアでは天井などの下地組みに用いられる。

OP【Oil Paint】
油性塗料、塗装の総称。

PL【Plate＝プレート】
板状材のこと。スチールPLなどと記す。

SD【Steel Door】
鋼製ドア。框や桟を形鋼、折り曲げ鋼などで構成し、両面あるいは片面に鋼板を貼った扉。店舗設計では、防火戸の規定が鋼製であることから、防火戸を「SD」と表記されることが多い。

SD【Smoke Dumper】
防煙ダンパー

SUS【Stainless Steel】
ステンレススチール。ニッケル、クロムを含む炭素量の少ない耐食性の極めて高い鋼材。SSと記される場合もある。

PS【Pipe Shaft】
建築の各種配管を建物の各階を貫通して集中的に納めたスペース。管の種類、系統によってシャフト内を区切ったり、専用のシャフトスペースを設ける場合がある。

SL【Slab Line】
その階のスラブ（床版）の上端面。

VP【Vinyl Paint】
ビニル・ペイント。ビニル樹脂塗料、塗装の総称。

WD【Wood Door】
木製扉

店舗設計製図講座｜資料

木材規格品の抜粋と木取法

木材規格品抜粋

呼称		断面寸法 mm 尺	断面形状	長さ 尺	材種	用途例
挽角材	正角	2寸5分×2寸5分	☒	7 10 13 13.2	杉 桧	土台 柱 桁 小屋 無目
		3寸×3寸	☒		杉 桧 松	
		3寸3分×3寸3分	☒	10 13.2	杉 桧	
		3寸5分×3寸5分	☒	10 13 13.2 20 22	杉 桧 松	
		4寸×4寸	☒			
		4寸5分×4寸5分	☒		杉 桧	
		5寸×5寸	☒	10 13.2		
	平角	5寸×4寸	☒	12 15	松	小屋 梁
		6寸×4寸	☒	12 13 15 18		
		8寸×4寸	☒			
		1寸×4寸	☒			
	正割	1寸×1寸	☒	13.2	杉	
		1寸3分×1寸3分	☒			
		1寸5分×1寸5分	☒	7 10 13.2	杉 桧	押縁 廻縁 框 瓦桟
		2寸×2寸	☒			
挽角材	平割	1寸×8分	☒	12 13.2	杉	竿木 釣木 押縁 竿縁 野縁 見切縁 押入根太
		1寸2分×1寸	☒			
		1寸3分×1寸2分	☒			
		1寸5分×1寸3分	☒		杉 松	野縁 胴縁 根太 受木 瓦桟
		3寸3分×1寸3分	☒		杉	根太 受木
		1寸8分×1寸5分	☒		杉 松	廻縁 野縁 胴縁 根太 框 見切 敷居 鴨居 手摺 筋違 無目 窓枠
		3寸5分×1寸5分	☒			
		4寸×2寸	☒	13.2	杉 松	用材
	片耳付平割	6分〜1尺×1寸1分	☒	12.5	杉	

呼称		断面寸法 mm 尺	断面形状	長さ 尺	材種	用途例
板割材	板	7寸×3分	▭	6尺3寸	杉	長尺天井 雨戸板 床板 野地板 ラス下地 羽目
		7寸×4分	▭	12尺 13尺2寸		縁板張 堅板張 雨押 床板 野地板 羽目 荒床板 下見板
		7寸×5分	▭			
		7寸×6分	▭			破風板 床板 柵板
		6寸×1分	─	13尺2寸	杉 松	
		6寸×3分	▭	6尺3寸		長尺天井板 雨戸 床 野地 ラス下地 羽目
		6寸×4分	▭	12尺 13尺2寸		横・堅板張 雨押 床板 野地 羽目 荒床 下見板
		6寸×5分	▭			
		6寸×6分	▭			破風板 床板 柵板
	割材	5寸×2分3厘	▭	6尺3寸	杉	羽目板 下見板
		5寸×3分	▭			長尺天井 雨戸 床板 野地 ラス下地 羽目
		5寸×4分	▭	12尺 12尺5寸 13尺2寸		横・堅板張 雨押 床板 野地 羽目 荒床 下見板
		5寸×5分	▭			
		5寸×6分	▭	12尺 12尺5寸		破風板 床板 柵板
		4寸×4分	▭		杉 桧	横・堅板張 雨押 床板 野地 羽目 荒床 下見
		4寸×5分	▭		杉	
		4寸×6分	▭		杉 桧	破風板 床板 柵板
	小巾板	3寸5分×5分	▭	12尺5寸	杉	胴縁 広小舞 巾木 根太掛 平筋違
		3寸3分×5分	▭	12尺 13尺2寸		定規縁 さし貫
		3寸×5分	▭			
		3寸×4分	▭	13尺2寸		鼻隠 束振止
		2寸7分×4分	▭	12尺 13尺2寸		床板
		3寸5分×6分	▭	13尺2寸	桧	床板

呼称		断面寸法 尺mm	断面形状	長さ 尺	材種	用途例
板割材	板	1尺×2分3厘 303×7		6.3	杉	羽目 天井 下見
		1尺×5分 303×15		13.2		横・堅板 雨押 床 野地 荒床 羽目 下見
		1尺×6分 303×18		12.0 13.2		破風 床 柵
		1尺×1寸 303×30		6.6 13.2	杉 桧 松	釘打構造材 胴縁 巾木 甲板 段板
		1尺×1寸5分 303×45		13.2	桧	矢板 桟橋 歩板
		8寸×3分 242×9		6.3	杉	長尺天井板 雨戸 野地 ラス下地 羽目
		8寸×3分5厘 242×10		6.6		
		8寸×4分 242×12		12.0 13.2		横・堅張板 雨押 床 野地 荒床 羽目 下見
		8寸×5分 242×15		12.0 13.2		
		8寸×6分 242×18		12.0 13.2	杉	破風 床 柵
		8寸×8分 242×24		13.2	杉 桧 松	
		7寸×2分3厘 210×7		6.3	杉	羽目 天井 下見

呼称		末口径 尺(mm)	断面形状
丸太	小丸太	6寸(180)未満	
	中丸太	6寸(180)以上 1尺(303)未満	
	大丸太	1尺(303)以上	

呼称		断面寸法 尺(mm)	断面形状
杣角	杣小角	幅 6寸(180)未満	幅×3以下 / 2寸以上
	杣中角	幅 6寸(180)以上 1尺(303)未満	幅×3以下 / 2寸以上
	杣大角	幅 1尺(303)以上	幅×3以下 / 2寸以上

呼称	標準寸法		寸法許容限度	材種
合板（ベニヤ板）	厚(mm)	3 3.5 4 **5.5** **6** **9** **12** **15** 18 21 24	12mm未満は±0.3mm 12mm以上は±0.5mm	ラワン シナ 栓 杉天井板 和材銘木 (桜・ケヤキ・桧 タモ・ナラ・桐 など) (チーク、ローズ ウッド、レオ ウォールナット など)
	幅(尺)	1 1.2 1.5 2 2.5 3 **3.5** 4 5	標準寸法に満たない ものは許容しない	
	長(尺)	**6** 7 **8** **10**		

※太字は規格品

呼称		断面寸法 インチ(mm)	断面形状	長さ インチ(mm)	材種
米材	大角	18×18 (460×460) 20×20 (510×510) 22×22 (560×560) 24×24 (610×610)		24～40 (7,320～12,200)	米松 米栂
	中角	12×12 (305×305) 14×14 (355×355) 16×16 (405×405)			
	小角	3×3 (76×76) 3½×3½ (90×90) 4×4 (102×102) 4½×4½ (115×115) 5×5 (130×130)		10～20 (3,035～6,100)	
	インチ板	1×8 (25×203) 1×10 (25×255) 1×12 (25×305) 1×15 (25×382) 2×24 (50×610)		6～12 (1,830～3,660)	米松 米栂 米桧
	板子	4½×8 (115×204) 4½×10 (115×255) 4½×12 (115×305) 4½×15 (115×382) 5×10 (130×255) / 6×12 (150×305)		13～20 (3,965～6,100) 6～18 (1,830～5,490)	米松 米杉

呼称		断面寸法 尺mm	断面形状	長さ 尺	材種
南洋材	板	1尺3寸×8分 395×24		13尺2寸	ラワン
		1尺3寸×1寸3分 395×40			

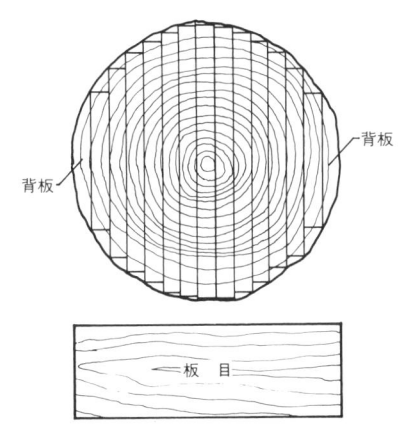

板目で特に木理の
美しいものを杢目という

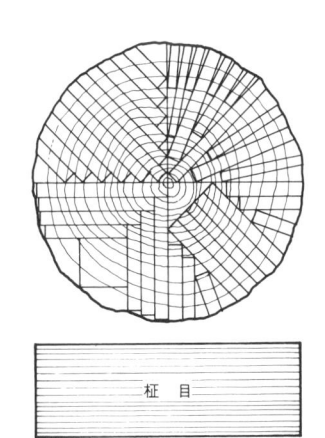

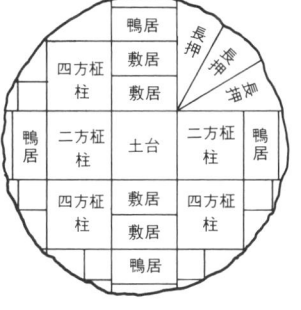

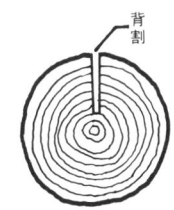

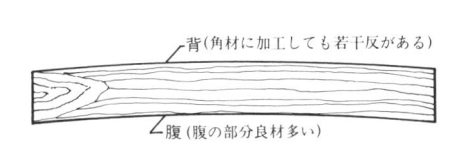

板目

柾目

背(角材に加工しても若干反がある)
腹(腹の部分良材多い)

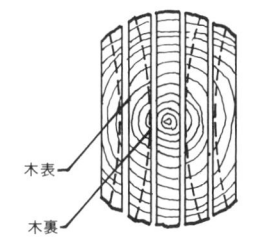

木表
木裏

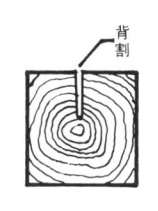

背割

店舗設計製図講座｜資料

合板の規格寸法（JAS）

	種類	用途	標準寸法（1）	標準寸法（2）	ホルムアルデヒド放散量等の基準
JAS 合板	普通合板	建物の内装、建具など一般的な用途に広く使用される合板	厚さ：2.3mm～24mm 幅：910mm～1,220mm 長さ：1,820mm～3,030mm	標準厚さ： 2.3mm、2.5mm、3mm、4mm、5.5mm、9mm、12mm、15mm、18mm、21mm、24mm、28mmなどがあり、その他は注文による。 標準長さ・幅： サブロク（3×9）＝910mm×1,820mm ニロク（2×6）＝610mm×1,820mm シハチ（4×8）＝1,220mm×2,430mm などがあり、その他は注文による。	ホルムアルデヒド放散量の区分／平均値（mg/L）／最大値（mg/L） F☆☆☆☆　0.3以下　0.4以下 F☆☆☆　0.5以下　0.7以下 F☆☆　1.5以下　2.1以下 F☆　5.0以下　7.0以下 注1：ホルムアルデヒドを含む接着剤を使用していないことを登録認定機関または登録外国認定機関が認めた場合にあってはホルムアルデヒド放散量に代えて「非ホルムアルデヒド系接着剤使用」の表示をすることができる。 注2：ホルムアルデヒド放散量の基準はJAS規格に規定されており普通合板、構造用合板、コンクリート型枠用合板、天然木化粧合板、特殊加工化粧合板のすべての合板ならびに単板積層材、構造用単板積層材に適用される。 注3：普通合板、構造用合板、天然木化粧合板、特殊加工化粧合板、単板積層材には、「シロアリムシ」の食害を防ぐため、防虫処理に関するJAS規格も規定されています。用途によって単板処理の表示をしたものを使用する。 注4：普通合板、天然木化粧、特殊加工化粧合板には、難燃処理、防炎処理に関するJAS規格も規定されています。用途によって難燃処理、防炎処理の表示をしたものを使用する。
	コンクリート型枠用合板	コンクリート型枠に使用される合板で、表面に塗装・オーバーレイなどの加工をしたもの	コンクリート打ち込み時にその堰板として使用される合板で、一定の強度を備えた建築用の型枠として多用される	厚さ：12mm、15mm 幅：600mm、900mm 長さ：1,800mm		
	表面加工コンクリート型枠用合板	通常のコンクリート型枠用合板の表面に塗装オーバーレイなどの加工をしたもので打ち放し仕上げに良好な結果が得られるので土木用型枠として多用される			
	構造用合板	建築物の構造耐力上主要な部分に使用される合板	建築物の構造上重要な部位に使用される合板。枠組壁構造、軸組工法専用に作られた下地用資材。屋根、壁、床の下張りに使用すると建物全体の耐久性・耐震性が強固なものとなります	厚さ：5.0mm～30mm以上 幅：900mm、910mm、1,220mm 長さ：1,800mm		
	天然木化粧合板	木材特有の美観を表すことを主目的として表面または裏面にオーバーレイ、プリント、塗装等の加工を施した合板	高級家具用材：和洋ダンス、座卓、棚、机、サイドボードなど キャビネット：テレビ、ラジオ、ステレオなど 建材用：天井、壁面、内装ドアなど、高級品として幅広く多方面で使用	厚さ：3.2mm、4.2mm、6.0mm 幅：610mm、910mm、1,220mm 長さ：1,820mm、2,130mm、2,430mm		
	特殊加工化粧合板	表面または裏面にオーバーレイ、プリント、塗装等の加工を施した合板	Fタイプ：主としてテーブルトップ、カウンターなどの高度耐久性のある品質 FWタイプ：主として耐久壁面、家具など湿度温度変化、衝撃性、摩耗性のある品質 Wタイプ：一般製品、家具などの使用の品質	厚さ：2.3mm～9.0mm 幅：606mm～2,130mm 長さ：1,820mm～2,740mm		
単板積層材（LVL）	単板積層材	構造物の耐力部材以外の造作材に用いるもの	一般用途には建具、家具、楽器などの芯材、パネル、田尾の枠材、マンションの間仕切り下地材、間柱など	厚さ：9.0mm～50mm 幅：300mm～1,200mm 長さ：1,800mm～4,500mm （注）幅と長さは注文に応じて任意のもの	JAS規格のないすその他の加工合板 1. 溝付け加工（U溝、V溝）をしたもの：特殊合板などで板面に加工した、壁面材のアクセント効果を出す。 2. 成形加工（曲面）：いすの背、キャビネット、曲面型枠など曲面を持つように成形圧縮成形加工した合板。 3. 強化成形、強度（硬質化）にしたもの：単板面にフェノール樹脂等を含浸させた高温・高圧で強化、強度、耐水性、電気絶縁性に優れた特性を付加した合板。計器板当て板、ドアのノブ等に加工に利用される。 4. 防腐・防蟻加工した合板：普通合板、構造用合板等に経済産業省の許可を得た木材防腐剤加工注入などの処理を加し耐久性、耐蟻性を付加した合板。 5. 殺菌合板：表面を防かび剤あるいは銀イオンを添加させ、カビや細菌（バクテリア）、ウイルスに対して菌の増殖を抑制させる効果をもった合板。
	構造用単板積層材	主として構造物の耐力部材として用いるもの	木造建築物の耐力部材として用いられ、軸組工法住宅の土台、柱、梁、桁、2階床根太などの小断面、中断面構造材、枠組壁構法の土台、まぐさなど、住宅以外の小断面、中断面構造材。住宅以外の大型ドーム、室内競技場、工場、倉庫、コンサートホール、校舎、体育館、店舗など大型建築物	厚さ：25mm以上 幅：300mm～1,200mm 長さ：用途に応じて対応できる		